我
这

沈
醉
回
忆
录

三
十
年

沈醉回忆录

我这三十年

一个军统特务的忏悔录

沈醉 口述　沈美娟 整理

中国文史出版社

图书在版编目（CIP）数据

我这三十年／沈醉口述，沈美娟整理．—2 版．—北京：
中国文史出版社，2009.6（2019.9 重印）
ISBN 978 – 7 – 5034 – 2403 – 8

Ⅰ．我… Ⅱ．沈… Ⅲ．沈醉—回忆录 Ⅳ．K827 = 7

中国版本图书馆 CIP 数据核字（2009）第 086932　号

责任编辑：胡福星

出版发行：中国文史出版社
网　　址：www. chinawenshi. net
社　　址：北京市西城区太平桥大街 23 号　　邮编：100142
电　　话：010 – 81136606　81136602　81136603（发行部）
传　　真：010 – 81136655
印　　装：廊坊市海涛印刷有限公司
经　　销：全国新华书店
开　　本：787mm × 1092mm　1/16
印　　张：16. 25
字　　数：240 千字
版　　次：2010 年 1 月北京第 2 版
印　　次：2024 年 7 月第 12 次印刷
定　　价：42. 00 元

前　言

　　1980年12月18日傍晚，我女儿兴冲冲地跑回家。一进门就喊："爸爸，告诉您一个好消息。不过，您不许激动。"孩子知道我患有心脏病，不能生气，也不能太兴奋："什么事？你说吧，我不激动。"只见她背在后面的手里拿出两张灰蓝色的卡片说："您看！这是什么？""哦！港澳通行证。"卡片上清清楚楚地印着"港澳通行证"五个字。这么说，我和女儿申请去香港探亲的事，政府已经批准了。我不由得心头一热，情不自禁地流出了眼泪。

　　这不是做梦吧？30多年了，江流日日，梦魂夜夜，我无时无刻不在思念着海外的亲人，常常在睡梦中梦见她们。此刻，往日的情景立即涌上了我的心头。

　　记得那是1949年10月间，蒋介石逃台之前，特意下命令给我，要我"站住脚跟，守住云南"。为了让我表示"不成功，则成仁"的决心，他还要我将一家老少一个不剩地都用飞机送往香港。

　　临送走他们之前，白发苍苍的老母哭着不肯上飞机，要和我一起留下，我只好把她老人家抱上飞机；年轻温柔的妻子扑在我怀里，泣不成声，依依不舍；天真可爱的孩子们听说坐飞机走，高兴得拍手直跳，但在我把他们一个个抱上飞机时，他们见我不和他们一起走，就搂着我的脖子娇声娇气地说："爸爸，你可快来啊！……"

　　事隔30多年了！老母已经过世。儿女均长大成人，成家立业了。妻子在迫不得已的情况下也已改嫁他人。但往日的恩爱之情、骨肉之亲却是终生难忘的啊！我总希望有一天能见到他们，当面向他们道歉，求得亲人的原谅，因为我没有尽到做丈夫和父亲的责任。不过，话又说回来，我毕竟是曾经在历史上有罪于共产党、有罪于人民的人。老实说，我自己也不敢相信，像我这样的人，居然能够得到批准去香港，并且准许我在大陆唯一的女儿一道同去。我真有点不相信自己的眼睛了。

然而，两张"港澳通行证"清清楚楚地告诉我，这一切都是真的。我很快就要和海外的亲人团聚了，这不正说明了共产党和人民对我的谅解和信任吗？面对这突然降临的喜讯，我怎能不老泪纵横呢？

12月23日，我偕女儿终于来到了香港，见到了许多亲朋好友。旅居美国的女儿和远在加拿大的侄儿均来港团聚。只有居住台湾的儿女不能来港相见，这是我此行最遗憾的事。

我多么想见到他们，多么想和亲人们在一起多待些日子啊！有些亲友劝我留在香港，并愿对我赠送巨款；或者劝我去台湾，并愿负责帮我办理去台湾的手续。他们说："'苦海无边，回头是岸'，你何不乘机远走高飞呢？"对亲朋好友的善意，我不能领受，婉言谢绝了。

我执意要回北京，正如香港《新晚报》1981年1月29日报道的那样："……尽管来到了这个东西方的十字路口上，他并不彷徨。说要回去，就回去了，说要在春节前回去，果然在春节前回去了。"许多亲友不解地说："你过去那么精明能干，现在怕是老糊涂了吧？你能活着出来多么不容易啊！你也不想想，这30多年你是怎么过来的，难道你对大陆还有什么可留恋的吗？"

是啊！这30多年，我是经过了一个艰难曲折的过程的。我是怎样走过来的呢？这个问题确实值得我很好地回顾一下。这不仅是对我自己的回答，也是对我在海外的亲朋好友的回答，对读者的回答，对整个社会的回答。

目录

造政策的英明、正确，不是共产党的胸怀宽阔、真诚相待，杜聿明这个赫赫有名的国民党司令官、忠心耿耿效命蒋家王朝的将军，怎么会说出这样一番话？怎么会发出这样的感慨？

目录

笑：你们这些家伙，就这么几下子想整倒我？还是好好跟我学上几年再说吧！

目录

我这

这

沈醉
回忆录

三十年

身陷囹圄，反感抵触

1949 年 12 月 10 日，我签字起义后，以为很快将获得自由，与家人团聚。然而事态的发展，却完全出人意料。起义通电发出的第三天，第二十六军和第八军不但没有按起义通电的要求服从卢汉指挥，反而开始了对卢汉的进攻。第二十六军从东南角开始向昆明进攻；第八军驻在大板桥的一个补充团，也与卢汉的保安团打了起来，形势越来越紧张。这时，卢汉发表了李弥和余程万为云南临时军政委员会委员的通电，但是局势并没由此缓和下来。

一天上午，云南保安旅旅长龙泽汇陪李弥的妻子来见李弥，并传达了卢汉希望李弥通知部下

28 岁晋升为少将总务处长的沈醉 (1942 年)

不要攻打、听候改编的意见。李弥按卢汉的意见写了一封信，交给他的妻子，送到大板桥去。当天下午，李弥的妻子就回来了，并带来了一封复信，信中表示愿意接受李弥的命令，并提出让李弥本人早日返回部队的要求。李弥把信交给了杨文清，杨文清便拿走这封信送给卢汉去了。等杨文清他们一走，李弥的妻子见室内没有旁人，便把自己的旗袍掀起向着李弥。李弥伏身一看，原来在他妻子的旗袍里子上，用毛笔写了几行小字。这也是他部下给李弥的一封信，内容却与刚才

那封完全相反，说全军的官兵表示：不但不准备停止进攻，而且要竭尽全力攻打昆明，救出李弥。

第二天，第二十六军和第八军果然集结了所有的部队向昆明进行猛烈的袭击。在不得已的情况下，卢汉便将李弥和余程万放了出来。第二十六军还是不同意，一定要师长石补天返回部队，卢汉只好又把石补天也放了出去。他们出去之前都满口答应，归队后，一定制止部队攻打昆明。结果，李弥等人出去后，不但没有停止对昆明的进攻，反而打得更加激烈了。这两个军的装备和人数都远远超过卢汉的几个保安团，形势越来越紧迫，昆明眼看就要被攻下了。卢汉怕我们出去后会与李弥一起攻打昆明，就继续把我们软禁在五华山省政府办公大楼里。

12月19日上午，台湾派来的飞机开始轰炸五华山，卢汉已做好了随时突围的准备。因为怕昆明被攻破时，带着我们突围会增加麻烦，他便将我和李楚藩、沈延世（国民党空军五军区副司令）、童鹤莲（宪兵西南区司令部副司令兼参谋长）四人移送到了钱局街陆军模范监狱。由于飞机不断地轰炸五华山，我们也乐意离开那里，免遭不测。

尽管李弥等实力雄厚，但卢汉在云南人民的全力支持下，终于击溃了他们的进攻。加上人民解放军已经向云南挺进，李弥只好率部仓皇逃往滇缅边境，最后还在边境骚扰了多年。

1950年3月，人民解放军进驻昆明后，实行了军管。卢汉在办理移交时，把

1949年12月，云南起义时亲手写的起义通电

我们在陆军监狱的人都当成要犯交给了昆明军管会。当时，我对这种情况一点也不知道，还满以为：我的绝大部分部下，已按我的手令，将电台、武器都交了出来，并没有参加李弥的反攻战斗。现在战局平定了，我的问题总该得到处理了吧。可是，事与愿违，解放军接管陆军监狱之后，这里的情况完全变了。原有看守和负责人都已大部撤换，制度比过去严格得多，我的行动受到了限制，关押的性质也变了，因此，思想越来越抵触。

在这之前，卢汉将我转移到陆军监狱关押时，我的思想还很乐观，认为自己在监狱不过是暂避一时而已，只要战事平定下来，无论谁胜谁负，我都是可以出去工作的。若中央军取胜，自然会救我出狱，官复原职；若卢汉的保安团取胜，同样会因参加起义之故而释放我。心想在这战火纷飞、硝烟弥漫的时刻，自己能在这个"保险箱"里坐观龙虎斗，倒也是不幸中之万幸。

陆军监狱是我过去与之常打交道的地方，这里从上到下的工作人员几乎都认识我。我曾到此陪审过案件，典狱长和总务主任等人都待我为上宾。此刻我被关到这里，看守们出于职责而不敢放我出狱，但给予我最大限度的自由。在这些人的心目中，我还是过去那个可畏可敬的"云南区专员兼军统局云南省站站长"。《云南日报》上发表的起义通电和我的亲笔手令，他们都早已看到，也都认为我在此关押只是暂时的，将来出去以后，还会像过去那样威风的；在我关押之时，给我一些关照，日后若有求助于我的地方，我也自然会给予方便。所以，无论是监狱长官还是看守，替我办事都很殷勤，多方对我给予便利。

我在狱中，不仅可以四处走动，任意吩咐看守买东西、送信、打听情况，而且当我母亲和妻子生日时，我说一声"给我往香港发个电报"，总务科长就立即帮我发出去，我就在电报里向母亲、妻子祝寿和问候。生活无拘束，倒也蛮舒适。

还有是同狱的许多旧部下和国民党军政界的一些犯人，并不因为我被关押，而一反过去对我的态度。他们仍像以前一样尊敬我、体贴我。吃饭时，我常常在馒头里发现他们对我进行安慰、让我保重身体的纸条。我过去从来不打牌，更不会打牌，他们为了让我开心，每当白天没事干的时候，就来拉我去打牌，而且每次都让我赢。我常开玩笑地说："这可真是在鸡脚杆上刮油啊！"

实际上，我当时并不缺钱花。昆明的几个大资本家，如西南银楼专做金银首饰生意的孙子顺等，因为解放前我帮过他们不少的忙，他们在我被关押时，常常给我送钱送物。有一次，监狱不让孙子顺送东西进来，他便与看守大吵大闹，拍着胸脯说："沈醉是我的朋友，我就是要给他送东西。"当时的监狱旧人员多，只好让他送。每当看到这种情况，我总是很感动。我想如今身陷囹圄，这些人还这样同情、支持我，心里感到非常欣慰。

当时，在监狱中我唯一的苦闷就是和徐远举、成希超、周养浩等人关在一起，他们老是骂我"卖友求荣"。特别是徐远举，向来脾气暴躁，一见到我便圆眼一瞪，连讽带刺地说："你出卖了我们，怎么也关起来了？没给你一官半职当当？"我听了这些话，心里非常难过。其实，我何尝愿意"卖友求荣"呢？实在是因为他们都是重庆大屠杀、大破坏的直接参与者和主持者，我既参加了起义，再把他们放走，就不好交代了。在说出他们几个人之前，我也是经过一番很痛苦的思想斗争的。我一方面考虑到自己的利害关系，另一方面也考虑到不交出他们，他们不免要遇到种种不测。因为当时卢汉已完全控制了机场，完全控制了整个昆明市区，他们坐飞机逃走是不可能了，若坐汽车逃跑，他们对昆明的地形又不熟悉。如果让当地群众或保安团抓住，徐远举的脾气又暴躁，可能当时就会遭到杀身之祸，不如我起义后，倒有可能将他们保住。当然，在我自己的问题没解决之前，他们也只好在狱中委屈一下了。

据说，在我说出徐远举等人的住处后，卢汉派去的人便立即行动。当时，徐远举在朱家材家里，一直没见到朱家材的面，他已感到情况不妙，就开上朱家材挂有特别通行证的汽车往外跑。汽车开到胡同口，刚好卢汉派去的人赶到，将他截住逮捕了。周养浩在机场也觉察到情况不妙，连忙穿上便服，化了装想溜走，结果还是被保安团查了出来。郭旭从未到过昆明，他离开我这个向导，又带着那么多黄金，真不知往哪里走好。他住在"皇后饭店"，看到保安团挨个房间搜查，知道无路可走，就主动地交代了自己的身份，并把随身带的几百两黄金交了出来，愿去自首报到。

对于徐远举等人的愤怒，我是理解的。不过我也感到很委屈。平心而论，我对朋友一向还是忠诚的。例如，在昆明与我私交最好的平民日报社社长丁中江，曾多次帮过军统的忙，经常写文章为军统捧场。他看到发表了我参加签名的起义通电后，以为我不会被扣押，因而不准备逃

周养浩

徐远举

走。我得知这个情况，非常着急。想到他是一个文人，没有直接参与过对共产党的屠杀，他走了不会对我起义有什么影响，何必让他陪着我倒霉呢？于是，我趁只有一个看守在的时候，便对这个看守说："你能不能给我送封信出去，取点钱来？"看守说："取钱可以，送信可不行。"我说："那好，不带信，只带一个纸条出去，取200块银圆，给你100块，我100块。"重赏之下必有勇夫，看守果然答应了。我立即写了一张纸条给丁中江："请速交来人200块银圆。"我故意把"速"字里的"束"写得很小，而把"走"旁写得特别大，拉得长长的。我知道丁中江是个聪明人，一看这个"速"字的写法，定会明白我让他快走的意思。果真不出所料：钱取回的第二天，我就听说丁中江走了。我相信他能够脱险，因为昆明地形他都熟悉，而且还有个记者身份证。唯独对徐远举等人，我不敢轻易放他们走，因为他们杀人太多，民愤太大。所以这件事一直在折磨着我。我觉得对不起朋友。为了消除徐远举等人对我的愤怒，我常常把别人送给我的衣物和钱转送给他们，想求得谅解，可是，他们并不理解我的心情，见面依然讽刺我。

　　对这件事我很苦恼，但又不便对别人说。当时唯一能够与之畅所欲言、说心里话的人，只有同狱的国民党《中央日报》副总编辑陆铿。他与我私交一向很好。解放前夕，他跑到了台湾。蒋介石得知卢汉将要起义的情况时，叫与卢汉私交较深的阎锡山写信，劝卢汉不要起义，并派陆铿带着阎锡山的信，到昆明来做

说客。不想陆铿到达昆明，卢汉不但不见，反而把他关进了监狱。他认为自己是个文人，又没有太大的罪行，不会把他怎么样，所以情绪还挺乐观。我当时说话很不注意，常常发牢骚，他就提醒我说："时局既然如此，以后说话可得小心，要注意明哲保身啊。"由于我们无话不谈，而且互相保密，便成了生死之交。

军管会接管监狱后，没有释放我，我便开始胡思乱想起来，错误地后悔不该参加起义，不但没保住自己，还连累了部下和朋友。由此，我也更加怀念死去的戴笠。我还错误地认为，戴笠若不死，国民党决不会败得这样惨；我自己也不会落到这种地步。

我18岁参加军统，戴笠待我一直很好，他亲自栽培我、提拔我，希望我能像他那样忠实于蒋介石，忠实于蒋家王朝。而我却辜负了他的一片苦心，没有为蒋家王朝殉葬，亲自交出部下、电台、武器，参加了起义，倒落得个身败名裂的下场。我越想心里越内疚，越想对共产党的抵触情绪越大。

有一次，我在狱中见到了一个刚从台湾派来昆明的特务郑世勋。他告诉我：毛人凤对我事前不能防阻卢汉起义，事后没能以身殉职，反而参加了起义，非常痛恨。说毛人凤曾经向蒋介石夸下海口说："军统的高级骨干都是忠于领袖的，决不会公开反叛的。"却万万没有想到，全国二十几个省、市解放之后，在大陆的最后一个根据地上，军统局的将级特务、地方负责人公开起义的，居然会是我这个18岁参加军统、戴笠一手提拔起来的人。毛人凤认为太给他丢人了，非要置我于死地不可。

当蒋介石派陆军副总司令汤尧从台湾飞来昆明指挥两个中央军攻打昆明时，毛人凤特意委托汤尧，在打下昆明之后，立即用专机将我押送台湾。如果昆明没有攻下，他还准备秘密派特务到昆明来暗杀我。

得悉这个情况后，我心里恐惧不安。最担心的是居住在香港的老母、妻儿会遭到军统的暗害，因为我知道军统特务是什么事都干得出来的。所以，我很希望能与台湾方面取得联系，求得台湾方面的谅解。由于有了这种想法，我便开始对共产党采取了抵抗行动，拒不接受改造。

当时，监狱制度虽然严格，但对我还是比较优待的。我一个人住一个房间，伙食也比一般犯人好。还让我参加了狱中成立的技术研究室，每天领着几个过去的报务员收听西南方面的各种电台，看是否有潜伏电台。我不但不帮助辨别，而且当看守人员不在场时，便收听"美国之音"。一天，我听到美军在朝鲜仁川登陆并接近鸭绿江的消息时，心里非常高兴，忍不住地把这个消息告诉其他的犯人，暗示他们不久就会有出头之日了。我过去在中美合作所时认识许多美国人，对美国有着一种非常崇拜的心理，总认为美国人一定能打胜，更希望他们打胜。

毛人凤

心想，只要美国一出兵，共产党肯定会垮台，蒋介石又会卷土重来的。

在高兴之余，我又有点担心，万一美国人打到云南，共产党会不会像国民党那样，在逃跑之前搞一次大屠杀，把我们都干掉呢？如果共产党不干掉我，国民党回来之后，毛人凤会不会饶恕我呢？思前想后，内心矛盾重重，不禁感到前途茫然。

为了提防国民党打回来以后自己无法交代，我一方面将几个大资本家送的钱物，按月分给我的旧部下；另一方面决心在狱中与共产党对抗到底，决不再干一件对共产党有利的事。

这个时期，昆明军管会公安部的刘部长经常找我谈话，进行开导、教育。我表面上应付，心里却想："不放我出去，说什么都是空头支票，再也不上你们的当了。"一次，刘部长让我在狱中向几千名犯人讲述军统的罪行，我只挑一些众所周知的事讲了讲。有人多次问到戴笠的罪恶，我总是一带而过地说："戴笠虽是军统的创办人，但他已经死了，不用讲他了。"实际上，我从心里不愿说戴笠一个"不"字。

还有一次，刘部长让我在云南省公安人员会议上讲特务活动情况和特务行动技术，我很不情愿，但又不能不讲，只好简单地拣些鸡毛蒜皮的东西谈了谈。最后还不无讽刺地说："你们是依靠人民的，人民的眼睛是雪亮的。军统特务那一

套东西是搞不过你们的。"

一天夜里，刘部长又找我谈话，只派一个小通讯员押送我。从看守所到市公安局有一小段距离。当我被押着走到街口时，突然停电了。我立即想到：这是一个多好的逃跑机会啊！昆明地形我很熟悉。昆明刚解放，群众觉悟还不高，只要把小通讯员打倒，我就可以逃之夭夭了。在昆明，我的熟人很多，自己身上又带着五两黄金，只要找个地方躲几天，就可从小路逃往边境，偷越国境，去香港或台湾了。可又转念一想，到香港或台湾后，若得不到军统的谅解，反而怀疑我是被共产党收买后，派出来工作的，那不是自讨没趣吗？同时，自己既然通电起义了，何必再去冒那么大的风险呢？万一被捉回来，事情就更不好办了。由于这一瞬间的闪念，才没有逃走，没有造成终身大恨，但思想上的抵触并没有消除。当看到同狱的犯人认真接受改造时，我便深有感叹地写道：

> 对镜无言只自伤，懒从邻院学新装。
>
> 承恩怕问前朝事，未启朱唇自断肠。

借诗来表示我对蒋家王朝的怀念，不愿像别人那样去接受改造，揭发国民党的罪行。

当看到有人向政府交出贪污的财物时，我则认为他们是在向共产党献媚取宠，又用旧官词的形式写了一首诗：

> 佳丽三千入六宫，自怜倾国与人同。
>
> 君王未许承颜色，不惜金钗赠画工。

把监狱比成旧式的宫廷，把共产党影射成皇帝，将犯人比成宫女，借以讽刺共产党，挖苦那些向政府交出财物的犯人。认为这种诗即使让人看见，也只会当作写汉元帝时宫女贿赂画师、向皇帝求宠的故事。

当看到西监一些态度顽固的犯人，戴着手铐脚镣到院子里活动，排着队艰难行走的姿态时，我表示非常同情。为了发泄自己心中的苦闷和怨恨，我这样写道：

> 环珮声飘逐队来，西宫遥见禁门开。
> 珊珊莲步轻移缓，知是庭前献舞回。

看起来好像是在描写宫女们佩戴着金玉装饰，去庭前献舞后，排着队莲步轻移，缓缓而来的情况，实际上却是对戴着手铐脚镣行动艰难的西监犯人寄予深切的同情。

有一次，听到一个刚从南京押来的犯人被拉出去处决，我心里非常难过，整夜不能合眼，提笔写道：

> 孤芳自赏立深宫，来自姑苏倍有情。
> 一夜朔风吹折尽，隔帘愁煞惜花人。

在我的心目中，这些被镇压的人才是英雄好汉，他们像花一样的美好，而共产党却像冷酷无情的寒风，把这样好的花都毁坏了。

我讽刺那些认真学习毛主席著作、改造思想的人是：

> 新诗御制竞相传，日向君王诵百遍。
> 堪笑杜鹃空泣血，衰颜何事博人怜。

我挖苦那些对我们进行耐心细致思想工作的管理人员是："东风枉费吹嘘力，不及前朝雨露多。"

不仅如此，我还经常以看相的方式，进行反动宣传活动，暗示别人说："这是临时的灾难，只要坚持忍受，必有出头之日。"让他们不要靠拢政府，不要靠拢共产党。

不久，镇反运动开始。监狱里看不到报纸了，外面的情况也不知道了。可是，关于镇反的事倒听了不少。有些没有撤换的旧看守常常告诉我说："今天又

枪毙了人。""报纸上登了，又有一批反革命被镇压。"我听到这些消息，心里惴惴不安。有时偷偷地问旧看守："你们听说共产党准备怎样处置我们吗？"有的回答说："不知道。"有的却答非所问地说："像你这样的人，让共产党拉出去枪毙了，实在太不光彩。"有的还莫明其妙地说："你如果需要刀片、绳子，我可以给你送去。"我反复琢磨他们话中的意思：到底是怕我被拉出去公开枪毙不光彩呢，还是让我自杀对他们有什么好处呢？

有一次，两个旧看守押着我和另一个因有特务活动嫌疑而被捕的商人，到牢房外的监狱办公室照相。在走过牢房外那长长的甬道时，我问看守："给我们照相干什么？"两个看守互相看了一眼说："一般地说，第一天照了相，第二天就会被拉出去枪毙。""哦！这倒不错。我死了还会有张照片留下来，这倒是值得庆幸的事。"我故作镇静地说。没想到，与我同行的那个犯人，听到对话，吓得面无人色。他结结巴巴地说："为什么……为什么要枪毙我？……"两个看守也不理他，一边一个缠着我说："现在镇压反革命的运动厉害得很，你可别说出我们过去帮你送过信、买过东西的事，你要是说出来，我们可就没命了。"听到他们的话，看到他们那副紧张的样子，我终于明白了，原来他们一再暗示我的那些话，无非是想让我自杀，让我早点死，免得揭发他们。我心里不免有点不痛快，便想拿他们开开玩笑，于是一本正经地说："那怎么行？你们不是说要对共产党忠诚吗？我也要向你们学习，把过去的事告诉政府。"这两个看守一听，都吓坏了，小声地央求我说："你就当没那回事，不就行了吗？""那怎么行？每件事我都记在日记本上了。"我继续开着玩笑。

此时，这两个看守和那个犯人都面色苍白，走不动了。一个看守建议，坐下来歇会儿，他要小便去。谁知等我照了相回到牢房时，发现我的日记本被人偷走了许多。我分析：这肯定是那个借故小便的看守干的。实际上，那些事我根本没记在日记本上，更没有揭发他们的意思，只不过开个玩笑罢了。既然要枪毙我了，日记本丢就丢了吧，我也懒得再追问。

当天夜里，我对于第二天要被枪毙的事想了很多。我想，让我自杀，我决不会干的。我倒希望能把我拉出去，公开枪毙。只要我被共产党杀死的消息一登出去，台湾方面一定会谅解我的。这样死，既能表现自己所谓的"军人气节"，又能说明自己对国民党的忠诚，同时还能起一个反宣传的作用，这就等于是告诫其他特务：共产党对特务是不会留情的。这样，即使我死了，香港的老母妻儿也就不会受到军统的迫害了。

想是这么想，但这天夜里我怎么也睡不着。特别是想起妻儿老小无人照顾的情景，心里就感到一阵阵的酸楚。一个人在牢房里踱来踱去，悲愤之极，即提笔作诗，以表自己临死前对老母、妻儿的怀念：

> 终宵坐立听更残，今日方知一死难。
> 险讯频传心欲裂，危言不信胆能寒。
> 夜焚积稿诗同劫，晓看遗书血未干。
> 含泪临窗遥拜母，长怜老幼倍难安。

> 思亲欲哭泪先枯，怒斥苍天有眼无？
> 万念俱灰拼一死，满腔悲愤欲三呼。
> 红颜未老怜妻寡，白骨抛荒叹我孤。
> 料得人亡情更冷，哀哀八口倩谁扶？

> 离魂夜夜绕天涯，世事茫茫只自嗟。
> 死若有灵长佑汝，生无一刻不思家。
> 难分昼夜人如梦，不辨晨昏眼渐花。
> 怕听杜鹃惊坐起，一轮寒月又西斜。

当时只有二三天的时间，我就写了十首这样的律诗。由此可见，人之将死，真是思绪万千啊！后来，我才知道，让我们照相，原是为了监狱里存档备案，并不是拿我们去枪毙，完全是一场虚惊。

尽管当时没有枪毙我，但我对共产党的抵触情绪并没有丝毫减少。我想枪毙

我是必然的，无非是个迟早问题。

有一次，刘部长找我谈话，他告诉我说："现在正在镇反高潮中，过去许多被你关过的人，以及亲人被你杀害的人，天天找到公安部来，要求镇压你，特别是你过去几个学生的家属，经常来找我们。我们想把你转移到重庆去……"对刘部长的话，我半信半疑。他所说的那几个学生我是知道的。

原来，在军统局举办的参谋训练班里，有几个学生毕业后，被军统派到东北的云南部队（卢汉的部队）做情报工作。后来，云南部队在东北打了败仗，这几个学生被共产党俘虏了，进行教育后又放回云南。这几个人回来后，有人向我汇报说："他们投靠了共产党。"还有的说："这几个人被卢汉收买了，现在派回来，是了解你的情况的。"听到这些，我非常气愤，就不分青红皂白地派人把他们骗到昆明郊外枪毙了。现在可能是这几个人的家属来找我要人的。不过，我不相信，共产党真的是因为怕别人找我的麻烦，而把我转移到重庆去。我认为一定是把我押到重庆以后再处决我。

于是，我在临走之前，将我在狱中写的诗稿卷在一支毛笔杆上，用两缕白棉线缠在上面，交给我的一个亲信，让他替我保管，免得离开昆明时，被监狱没收。

这是1950年12月底的一个早晨，我刚刚起床，看守就通知我去钉脚镣。我知道是要押我去重庆了。

当时，为了怕昆明的人认出我来，便在我头上罩了一个棉口袋，只露出了两只眼睛。我看见几个曾经认识的熟人，想让他们知道我被押走了，但有看守在旁，无法同他们说话。上飞机后，我见斜对面坐着一个曾经认识的商人，便故意把头靠在机座靠背上，把棉口袋弄歪，露出半边脸来。商人一见是我，吓得目瞪口呆，一句话也不敢说。我想只要让人知道我离开昆明就行了，自己的这套行装就等于告诉了对方一切，无须说话。

记得当时我乘坐的那架客机是"上海号"。飞机起飞了，我的心禁不住一阵酸楚：两年前，我从这里送走了妻儿老小，她们日日夜夜在盼望我从这里飞到她们身边去。而今，我离开这里却是飞往重庆，何时能再见到亲人！此去重庆，是凶是吉？真是未可预卜啊！

押迁重庆，一波三折

飞机在重庆上空徐徐降落，美丽的山城尽收眼底。看到它，我的思绪立即飞到了解放前我在重庆的那段岁月。

重庆曾是我官运亨通、连升三级的发迹之地。那是 1939 年，我从常德稽查处调到重庆当侦缉大队长。我的前任侦缉大队长叫蒲岗，是黄埔四期的学生，资格很老，而且是一个帮会的头目。他这个人很怪。办公的时候，他从来不在办公室，而是在附近的茶馆里包了三张桌子，工作人员向他汇报工作，都到茶馆去，边喝茶，边谈工作。

在办交接手续时，他也把我领到茶馆。我一看，连忙摆手说："这可不行，还是到队部去吧。"他只好领我到队部办公室。谁知打开办公室的门，我一看就皱起了眉头。办公室里乱七八糟，桌上的尘土足有铜钱那么厚，不知多长时候没有人来过了。他也抱歉地笑着说："我干不了这玩意，你来了就好啦。"他不得不派人把办公室打扫干净之后，才开始办移交。

我一上任，就把上海侦缉队的做法用到了这里，分别设立了指纹室、警犬室、行动组、直属情报组等机构，工作安排得比较有条理，破案率也明显地提高了。

上任不久，重庆市警察局长唐毅的家里丢失了两床鸭绒被，唐毅限侦缉大队三天之内找回。两天后，我就派人把他的被子找回来了。我按照常规的做法，给失主开了个领取通知单寄去。没想到这下可惹恼了唐毅。他派自己的干儿子来责问我：为什么不亲自送去？我因为有戴笠做后台，根本没把他放在眼里，毫不客

任少将总务处长的沈醉（1943 年）

气地说："把东西给你找回来了，通知你来领，有什么不对？""你知道这被子是谁的吗？"他的干儿子气冲冲地说。"我不管它是谁的，重庆的大人物多的是，丢了东西，难道都让我亲自送去吗？"我也毫不示弱地顶他。来人一听，大发脾气，拿出名片用力往桌上一拍说："你好好睁眼看看，这是谁！"我顺手将名片往地上一拂，说："管他是谁。"唐毅的干儿子气不可遏地对我就是一拳，他的拳头还没打着我，便被我一把将他扔到门外。他爬起来，恨恨地说："好，你等着。"

他走了，我也知道大事不好，因为侦缉大队的顶头上司就是唐毅。我连忙向戴笠汇报了这一情况。戴笠说："你马上辞职，我另给你安排工作。"在我辞职、办移交手续时，唐毅故意想找我的麻烦，特派他的干儿子来查我的财务账。结果，在我任职的四个月当中，经济上一分不差。戴笠听我汇报了这个情况后，得意地使劲朝我肩上拍了一巴掌，说："好！你可给我争了口气。"随后，戴笠就安排我当了重庆卫戍总司令部稽查处督察长，与唐毅常在一起开会了。

不到三个月的时间，我又被提升为稽查处副处长兼督察长，还代理过处长。一年之后，我又被晋升为军统局少将总务处长。每次出差，都受到机场的特务和工作人员迎送。

如今，我在这里下飞机，却成了被人押送、戴着手铐脚镣的犯人。回首往事，心中苦涩的滋味，实在无法形容。

下了飞机，我即被送到了白公馆。这个地方楼台花榭，环境幽雅，若不是被当成了监狱，肯定是一处理想的风景区。解放前，这里就是关押要犯的监狱，共产党的许多地下工作者，如江竹筠、许云峰等，都在此关押过。我自己也曾多次到这里来视察过，真没想到，过去用来关别人的地方，如今却成了关自己的地方。我感慨万千地想，社会的变化竟是这样的不可思议、这样的凑巧！

"哦！你也来了。"当我被送进楼房时，徐远举、周养浩等人都惊喜地围过来问长问短，他们是早几个月前被押来重庆的。当时正是镇反高潮，我想，他们几个原是在重庆进行大屠杀的主持人，一定是押到重庆来公审镇压的。没想到他们都还活着，我异常高兴。

徐远举见我手里提着一盒点心，就高兴地一把抢过去说："这倒不错，今天我生日，还带盒点心来了。"说着，打开盒子就吃。我忙说："慢点，慢点，一人一块嘛。"他们一边吃，一边问我："哪来的点心？""飞机上乘客送的。"我很得意地说。

原来，飞机从昆明起飞时，已经是 10 点钟了。那时由昆明飞往重庆要坐几个小时。中午，机务人员给每个乘客发一盒点心当午餐。当飞机飞在云、贵、川交界地区时，特别颠簸。高空空气又非常稀薄，许多乘客都晕机，吃不下东西。而我坐惯了飞机，毫无不适之感，接过发给我的点心就大口大口地吃起来。一会儿，我就把自己的一份点心吃完了。两个押送人员见我吃得这么痛快，便对机务人员说："他还没吃饱，再给他一份吧。"机务人员客气地说："对不起，我们只计划每人一份，没有多的。"对面坐的乘客，对我这个头戴棉罩、身穿呢军服、手铐脚镣的人，本来就很好奇。这时见我这么能吃，就说："我们吃不下，都给你吧。"几个乘客又给了我几盒，我也不客气，又吃了几块。后来，实在吃不下了，押送人员说："你把它带回去，慢慢吃吧。"于是，我把点心集中在一个盒子里带了回来，没想到这却成了我给他们的"见面礼"。

我们所住的房间，正是过去关押叶挺将军的房间，同室的犯人，除了徐远举、周养浩两人外，还有四川省主席王陵基、川湘鄂绥靖公署中将主任宋希濂、十四兵团司令钟彬、宝鸡警备司令刘进、绥靖总队长郭仲容及我的一个旧部下。据说，我的这个旧部下是被派来专门照顾我们生活的。

王陵基这个人向来爱开玩笑。我刚来，他就向我介绍说："我们住的这个地方叫'四望楼'。"我不解地问："为什么？"他摇头晃脑地说："夜里望天亮，早上望吃饭，中午望晚饭，晚上望睡觉。"引得大家哈哈大笑。

宋希濂

第二天早上，刚起床，所长就派人叫我，说是去开脚镣手铐。到了所长办公室，有人帮我把脚镣锯开，可是开手铐的钥匙却不知放到哪里去了。押送人员急得满头大汗，所长在一旁略带责备地说："怎么能把钥匙丢了呢？"我见他们急得不知所措，就笑着说："你们真的是要解掉我的手铐吗？""当然是要解掉的，给你戴手铐脚镣是怕你在路上逃跑嘛。""那好，我自己开。"说着，我就从床上折下一根竹片，轻轻地在锁里一捅，手铐就开了。所长和押送人员都大吃一惊。"好家伙，你还有这么一手啊！你要是在路上打开，跑了，那可就麻烦了。"押送人员情不自禁地说。我笑了笑，心想，要跑，我早跑了，也不会等到现在。

去掉了手铐脚镣，我觉得非常轻松，回到房里一看，同室的人并不像王陵基所说的那样，干巴巴地等着开饭，都在自我消遣：宋希濂与钟彬在下棋，郭仲容在看报，大多数人却围在一起摆龙门阵。

宋希濂与钟彬坐在那里"拼杀"得各不相让。钟彬连输四盘，很气馁，不想再下了，可宋希濂正"杀"在兴头上，说什么也要拉着钟彬再下。两人拉拉扯扯，惹得大家看着好笑。王陵基对宋希濂说："你连一个兵团司令都肯让给他，怎么连一盘棋也不肯让他呢？""那是两回事。"宋希濂一本正经地说。

原来，宋希濂和钟彬都是黄埔一期的同学，两人私交很好，宋希濂当川湘鄂绥靖公署中将主任兼十四兵团司令时，钟彬是二十六军军长，后调任广州第四编练司令。当时，宋希濂就向蒋介石保荐，让钟彬来接管他的十四兵团司令的职位。可是，在下棋的时候，他却一步也不肯让，大家都觉得好笑。

初到这里，我便发现，同室的人大部分显得比较轻松。没事时，就围在一起讲述自己过去"过五关斩六将"的得意事。只有郭仲容经常是愁眉苦脸，不知为什么。

后来，我才知道，他原来担任过国民党军令部派驻八路军的联络参谋，他在延安住了好几年，经常跟共产党的高级领导人打交道。共产党在生活上对他热情款待，在政治上帮助教育他，经常把学习材料送给他看。可是，在共产党领导人耳提面命之下，此君思想却丝毫没有改变。解放前夕，他当了绥靖总队长，顽固地与共产党为敌。被俘后，他总是少言寡语，闷闷不乐，担心家里的妻子、孩子无法生活，担心两个成年的女儿会堕落。其实，他的两个女儿，在解放后都参加了工作。但他听到这个消息，并不相信。直到他的女儿来监探望，亲口告诉了他，他才不怀疑。

过去，我一直认为共产党只讲阶级仇恨、阶级斗争，不讲私人交往。到重庆后，我渐渐发现，并不完全是这样。

有一次，中共高级领导人陈赓大将去重庆，特意来到管理所看望他在黄埔一期的同学宋希濂、钟彬、刘进、曾扩情，还专门请他们去吃饭，邀请了西南公安部部长作陪。餐桌上，陈赓大将谈笑风生，气氛十分融洽。最后，陈赓大将还指着西南公安部部长对宋希濂等人说："有什么困难可以向他反映，他会帮你们解决的。"宋希濂等人每提起此事，就显得很激动。

共产党的高级干部来监探望郭仲容的最多。因为，他在延安工作时认识共产党不少的高级干部。这些人一到重庆，总是要去看看他，和他聊上几句，鼓励他一番。他却总是摇头叹气地说："我是失败者，你们是胜利者，还有什么好说呢！"每当这时，来人就开导他说："这不是你我个人的胜负问题，而是革命的胜利，反动阶级的失败。你只要好好学习，接受改造，靠拢政府，同样是有前途的。"可他却不以为然。

有一次，他还闹了一个笑话。一天中午，一男一女去看他，他正在午睡，来人见他已经睡熟，没有叫醒他便走了。他们刚一走，郭仲容就醒了，知道有人去看他，赶到窗口大喊："请那位男先生回来！"管理人员闻声赶来，问道："你乱叫什么男先生？""我们不能称呼他们同志，不叫男先生叫什么？"郭仲容理直气壮地答道。于是管理人员告诉我们一个新名词："首长。"因为来的人，大多是中共的高级干部。他们对我们都很客气，并不装模作样地摆出一副胜利者的姿态，和我们谈话时，有安慰，有勉励，使我们觉得比较轻松。

　　初到狱中，我是不愿看《新华日报》的。我总认为，历代的统治者，当他们在台上的时候，总是有人捧场的，所以对报上报道的材料，我总抱着怀疑态度。有一次，我无意中看到报上刊登这样一则消息：贵州一个县长，遗弃前妻，与税务所一个青年女职员同居、结婚，并派人阻止他的前妻进城，终于受到撤职、判刑处分。这使我大感惊异！我过去一直认为国民党宣传共产党提倡"共产、共妻"的说法，总是有他的道理的，没想到共产党对这种事还如此认真。

　　在国民党里，像这种事情是没人过问的。即使有人告发了，也是官官相护，认为家丑不可外扬，最后也就不了了之。而共产党对这种事不但严肃处理，而且敢于公之于世，这种处理问题的态度，倒不得不使人佩服。更出人意料的是：报道最后还强调指出，这种行为是党纪国法所不容的。这件事使我很受震动，我由此渐渐对《新华日报》发生了兴趣。

　　还有一次，我从报纸上看到成渝铁路通车的消息，我几乎不相信这会是真的。因为解放前，蒋介石曾一再扬言四川人民在抗战期间做出了很大的牺牲，政府一定要尽快地修建成渝铁路，来报答四川人民对抗战的贡献。结果喊了好几年，铁路没建成。现在才解放三四年，共产党未必就能把成渝铁路建成通车。我觉得共产党人也是人嘛，他们既然要统治一个国家，当然表面文章总得做一做的。然而这种看法很快就被一次偶然的事情所推翻了。

　　这天，我正闲得无事，在牢房坐着，突然站在门边往外张望的原军统局业务处处长黄逸公，神秘地压低声音喊道："快看，快看，这就是原来负责管理嘉陵大队的大队长。"我站在门边一看，这个大队长戴着沉重的手铐脚镣，在过道里正艰难地往普通犯人的牢房走去。

　　原来，黄逸公被俘后送到了看管中下级国民党军政人员的嘉陵大队，后来才转到我们这里来。他曾告诉我们，嘉陵大队原来看管得很松，行动也比较自由，后来逃跑了几个犯人，才渐渐地严格起来。他在嘉陵大队时，有个大队长犯了错误，据说是利用自己的职权贪污和勒索犯人的财物，而被判了刑。当时，我还不相信，认为这只不过是骗骗犯人而已，既是共产党的干部，犯了这么一个错误，最多不过是把他调开一下，根本不可能处分得那么严，而现在看到的，却是千真万确的事实。我感到共产党与其他党派是有些不同的地方。

不久，我们从白公馆搬到松林坡附近新盖的看守所去了。这里条件很好。生活安排好后，看守所就组织我们集体学习，由原中统陕西省负责人李犹龙当学习组长。当时主要学习《社会发展史》和《论人民民主专政》等文章，并且要求我们在学习中联系自己的思想实际。在学习时，看到《论人民民主专政》有这么一段话："……'即以其人之道，还治其人之身'。我们就是这样做的，即以帝国主义及其走狗蒋介石反动派之道，还治帝国主义及其走狗蒋介石反动派之身。如此而已，岂有他哉！"我的心不由得往下一沉。心想：糟了。如果这样的话，我们以后可要受罪了。过去，我们抓到共产党以后，常常是严刑拷打，坐老虎凳、灌辣椒水、进行人身侮辱。毛人凤在逃走之前，还布置了重庆大屠杀，好几百人都惨遭杀害。看来共产党是不会饶过我们的，对我们这些干特务工作的更不会放过。现在组织我们学习，无非是先让我们认识自己的罪恶，然后再处决我们。让我们死了还觉得自己罪有应得，杀了我们还想让我们颂扬共产党的正确。我越想越学不下去。认为长痛不如短痛，共产党如果用国民党的那一套来对付我们，那还不如死了好。因此，情绪越来越悲观、消沉。

后来，看守所来了一批刚从公安学校毕业的年轻人。他们让我们联系学习交代问题，常常提我们去审讯。审讯是在松林坡过去戴笠的别墅进行的。在这里我的感触更多：过去自己是这里的"座上客"，如今却成了这里的"阶下囚"。加上许多问题，我在昆明时已经交代过了。这些年轻的审讯人员总怕我有所隐瞒，一个问题老是问来问去，有时上午问了，下午换一个人又问。因此，我抵触情绪很大，认为他们是在搞疲劳战术。有一次，把我问烦了，我就拍着桌子跟他们吵。审讯人员说："你清楚的事情交代完了，也可以把估计可能的事情谈一谈嘛。"我气得扭头就走。审讯人员说："我还没让你走，你怎么就走了？"我气呼呼地嚷道："你不让我走，我也要走。不行，你就枪毙我吧。"我猛地扒开衣服扣子，拍着胸脯说："你打吧，你现在就打死我好了。"就这样我跟审讯人员闹了好几次。后来，我为了躲避提审就装病，不吃饭或少吃饭。所长以为我真的病了，便和他的爱人一道给我端来面条、鸡蛋。我想：他们这样做，无非是想让我把问题交代

出来，好处决我。这时，我还是没好气地要求所长马上枪毙我。所长见我情绪这样不好，怕我一时想不开，会自杀。他就让两个人夜里陪我睡，一边睡一个，时常摸摸我还有没有气。对此我非常恼火，有机会就跟审讯人员吵。不久，西南公安部的处长和所长找我谈话。他们说："你的问题交代清楚了，说明白就行了，何必闹呢？"我愤愤地说："这些审讯员要我把估计和可能的事也说出来，我能说吗？乱说一气不是要害许多人吗？"他们笑着说："你是干特务工作的，你也教过学生。你的学生审案的方式一定不会和你一样吧？这些年轻人刚从公安学校出来，有时审讯方法不对头，你也用不着发这么大的火嘛。以后有事可以向所长反映，好好学习，不要再闹了……"

同室的宋希濂与我私交不错。他见我闹情绪，也常开导我。一天夜里，他见我翻来覆去睡不着，就悄悄跟我谈天。他诚恳地对我说："咱们都是少年得志，过去没栽过什么筋斗，骄傲得很。现在这种情况下，咱们的脾气都该改一改，这样闹下去，对你自己不好。咱们都还年轻，你才30多岁，我也不过40多岁，只要不死，我想将来总还是有用的。"他苦口婆心，一直跟我谈了一夜。我想他说得也对，如果我死了，我在香港的老母亲和年轻的妻子及六个年幼的孩子可怎么办呢？只要我还活着，将来总会见到他们的。这样，我的火气才慢慢压了下来。正在这时，看守所有个曾在中美合作所工作过的美国人要提前释放回国。我知道后，想请他路过香港时，去看看我的妻儿老小，让他们知道我还活着。他是信奉基督教的，我就写了这样一张纸条："请你看在上帝的面上，去香港看看我家里的人，告诉他们，我还活着。"我借着在过道上散步的机会，将纸条丢到他的房间。等他捡起来后，向我点了点头，我才放心地回房去了。后来，又有个在西藏捉到的英国特务，名叫福特，他被释放回去之前，我也设法托他带个口信给我在香港的妻子。此后，看守所让我们集体写材料，我的心情才慢慢地好转了。

后来，到了清明节和11月27日重庆大屠杀的日子，松林坡附近的烈士陵园里，传来数以千计的群众高喊口号的声音，这时，看守所就特别加强警戒，防止愤怒的群众冲进来找我们算账。我留心观察看守所干部的言行，觉得他们处处与国民党不同，特别是执行政策方面，绝不像国民党那样阳奉阴违。渐渐地我也试

着接近一些管理人员，向他们
谈点自己的思想，从而得到他
们耐心的教育和启发，改变了
自己对共产党的一些错误看法。

　　不久，西南公安部撤销了，
我们被移到西南公安局。以后，
西南公安局又撤销了，我们被
送到重庆石板坡的市监狱里。
一路上，亲眼看到重庆解放后
的崭新面貌，加上从报纸上经
常看到关于国家建设迅速发展、

宋希濂与沈醉

蒸蒸日上的报道，思想上很苦恼，认为国家的前途光芒万丈，自己的前途漆黑一
团；新中国再好，对我们来说，不过是"水中月""镜中花"。我们被送到重庆市
监狱后，担心会像一般的犯人一样，在这里关一辈子，自己的问题不知何年何月
才能得到解决。看到这里的狱规非常严，行动也不方便，伙食又不好，我们都感
到悲观、失望。特别是看到报纸上关于清除所谓胡风反革命集团的报道，提出要
坚决、彻底、全面地肃清一切反革命分子，我们更加觉得自己随时都有被镇压的
可能，于是对共产党的抵触情绪又抬头了。后来，监狱让我们自己整理自己的档
案，要求在一个月的时间内整理完。我们面对着自己的档案疑虑重重，不知道这
意味着什么，大家情绪都不好。

　　一个月后，档案整理完了，大家正焦急地等待下文。突然，一个看守人员兴
冲冲地跑进来说："恭喜啦！你们的好事来了。"听到这句话，我们一时都愣住
了。因为过去在监狱里"恭喜"就等于是要处死。我们都木然地坐着，一言不
发。那个一直跟着照顾我们生活的旧部下吓得面无人色，苦苦哀求道："我的罪
恶没有他们大，饶了我吧。"看守忙说："没你的事，我说的是他们几个。"这个
旧部下听说没他的事，心里高兴了。这时，我忍不住问："什么时候？"看守笑着
说："可能是明后天吧。"我气愤地说："你也积点德吧，什么时候处决，什么时

候再告诉我们不好吗？这两天你还让我们吃饭、睡觉不？""咳！不是！不是！你们弄错了，真的是好事。"看守忙解释道。"什么好事？"大家异口同声地问。"你们几个又要搬回松林坡去了。""这算什么好事呀？""你们不知道，中美合作所的房子都腾出来了，专门做你们这些国民党高级军政人员集中训练的场所。那里条件好，生活好，每月每人16元钱的伙食，他想去还不够资格呢。"听到这话，我们才高兴起来。晚上，监狱给我们开了一顿丰盛的晚餐。我们吃得很饱、很痛快，觉得又有了新的希望。可是那个旧部下却很懊丧。他说："你们走了，我就再也吃不上这么好的饭菜了。在这个监狱里，还不知要关到什么时候呢。"我们也有点可怜他。临走时，把我们多余的东西都送给了他。

　　尽管看守说集中训练场所的生活条件如何好，但我在亲眼看到之前，是不会轻易相信的。我想：共产党把我们这些高级战犯集中起来，将会采取什么样的方式来对待我们呢？

春风化雨，开始认罪

　　1956年初，我们从重庆市监狱转到了战犯管理所。其他的国民党高级军政人员，也从各地监狱、劳改农场和看守所等处陆续集中到这里来了，总共有100多人。许多熟人一见面，无不感到惊诧、悲喜交集。因为在国内战争中，国民党军队纷纷溃败后，被俘的高级军政官员，大都分别囚禁在各个不同的地区，几年来无法互通消息，所以，一旦见面，感到特别兴奋。我们是第一批到这里的，见到后来的熟人，第一句话便是惊喜地叫道："你也来了！"或者感叹地说："真想不到你我还能见面！"或者噙着泪水说："想不到你我都还活着！"1951年镇反高潮中，有许多谣传，说这些人都被枪毙了，这次见面，真有"恍如隔世"之感。

　　战犯管理所就设在过去中美合作所的所在地，对外说是训练班。我们被安排在过去被军统霸占作为"乡下办事处"的缫丝厂大院里。房屋粉刷一新。一个房间四五个人，每人一个单人床，床单、被褥都是新的。每个人从里到外全都换了新衣服。每月16元钱的伙食，每餐都是一荤一素，吃得非常好。管理所的工作人员还告诉我们说，可以在管理所的范围里自由活动，只要不走出这个范围就行了。管理所的范围很大，其中有一条小路穿过原中美合作所，直通歌乐山。解放前，这里是不许老百姓通过的。而现在这条路上，人来人往，有卖鸡蛋的，有卖青菜、鱼、肉的，像集市一样热闹。看到这种情况，我们心里非常高兴。特别是四川省公安厅厅长来这里给我们讲话以后，我们更是兴奋不已，觉得前途有望。他开诚相见地说："你们这些国民党的高级军政人员是集中到这里来加速改造的。

蒋介石在中美合作所

你们要好好学习，改造思想。你们这些人以后还是很有用的。你们在这里，以后不要互叫'难友'，也不要叫号码了，彼此就叫'同学'好了，因为，你们是到这里来学习的。对你们这些人，我们的政策是不审不判。你们只要靠拢人民政府，靠拢共产党，改恶从善，人民是会原谅你们的。"厅长的话给了我们很大鼓舞。我暗地里想，共产党既然这样以诚相待，我们也不应继续顽抗了，常言说得好："人以国士待我，我必以国士报之。"此后，我们都积极参加学习，并且参加一些力所能及的劳动。我从来没挑过担子，乍一挑东西，真是笑话百出。开始挑水，老弯着腰，两只手紧紧握着扁担的前半截，走起路来摇摇晃晃，两桶水没挑到家就洒了一大半，大家都笑我是"苏秦背剑"。

战犯管理所从外面看完全像一个什么机关单位，根本看不出这里住的都是战犯。特别是许多当地的老百姓，都以为这里是个学校或训练班。有许多老百姓见这里每天买进许多鸡蛋、鱼、肉，从这里出去的人，都穿得整整齐齐，认定这是个好地方，很想到这里来学习。有一次，我正在院外散步，一群人圈住我说："同志，让我们参加这个训练班吧？"我心里好笑，回答说："我管不着，你去问他吧。"用手指了指门口站着的一个工作人员。于是，这群人蜂拥上去，围住那个工作人员，七嘴八舌地要求参加学习。工作人员说："不行，你们不够条件。""要什么条件？你快说说，我们也好争取嘛。"工作人员笑了，他说："你们这一辈子也争取不上了。""你这话说的可不对了，怎么我们这一辈子都争取不上呢？太不合乎辩证法了。"有的年轻人很不服气地说。工作人员也有点不耐烦了，说："我说不行，就是不行。"王陵基、徐远举等人正在院内闲谈，听见外边争吵，都跑出来看热闹。没想到这群人里，有见过王陵基和徐远举等人的，一见到他们，才恍然大悟地说："原来是这样的训练班呀，别说我们这辈子争取不上，就是二辈子也争取不上啊。"其他的人心里明白后，都说："和这些人一起训练，会吓死我，请我去我也不去了。"从此以后，再也没有人上门要求进训练班了。不过，消息泄露了也是麻烦事。因为王陵基过去在四川几十年，杀了不少人，徐远举在重庆大屠杀时也杀害了好几百人。为了避免被害人的家属来找他们的麻烦，不久就把他们转送到北京去了。

　　1956年的春节来到了。这是几年来最愉快、最有意思的一个春节。春节期间，我们同样放假三天，每个人都出去买了一些自己需要的东西，还自编自演了许多文艺节目，到处都是一片欢声笑语。在缫丝厂大门上，贴上我们自己写的春联，那刚劲潇洒的字体引得来往行人连连称赞。在春节联欢晚会上，有的表演魔术，有的演唱京戏、川戏，各种各样的小节目生动有趣，真是"百人汇集，五艺俱全"。连管理所的工作人员看后都拍手称好。他们说："想不到，这些人还有这两下子。"特别有趣的是那个表演魔术的，他两手空空地走上台，不知怎么搞的，一下子变出了一根又一根的香烟。他变出一根就送给一个观众，再变出一根，再送给另一个观众。突然一个观众说："咦！我的香烟呢？"原来他口袋里的香烟不知何时飞到了表演者的手里，惹得大家哄堂大笑。同时，政府还专门请四川京剧团来到附近原立仁小学的礼堂为我们演出。剧团的演员知道是给我们这样一些人演出，既好奇，又紧张，演得特别认真，也演得特别好。有人不解地问他们："你们为什么这次演得这么好，这么卖劲呢？"他们说："你们不知道，这班人过去什么戏都看过，要是演得不好，他们会喝倒彩的。"原来，在他们的心目中，我们这些人还是像过去那样横蛮可怕，这使我们感到很惭愧。

　　春节过后，我们集中学习了一段时间，政府就安排我们到重庆各地去参观。我们先后参观了成渝铁路、发电厂、重庆西南医院、历史博物馆、重庆大学和朝天门码头等单位。前两年，我在报纸上看到成渝铁路通车的消息还半信半疑，认为宣传总归是宣传。原任国民党成渝铁路警务处长的曾晴初也告诉我说："别听那一套，成渝铁路那么容易建成？无非是修成一段，让大家参观参观罢了。我过

去在那里，哪些事能瞒得了我？"我觉得他的话有理，就和他一起抱着不相信的态度去参观。

当我们在车站看到一列客车徐徐开进站后的时候，我就问铁路工作人员："这辆列车从哪里开来？"工作人员说："从成都。""不会吧？"我不相信地摇摇头。这位工作人员很友好地对我说："不信？请你们去问旅客吧。"这倒是一个好办法，我和曾晴初挡住一个下车的老头，问道："你从哪里来？"老头操着满口的成都话说："从成都来的。"曾晴初听到这话很惊诧，连声说："想不到，想不到……"我也在想：看来，共产党并不像国民党那样浮夸不实，并责备自己看问题太主观。

在参观中，有一件使我觉得特别新鲜的事，那就是车站设立的母子候车室。这在旧社会是想也想不到的。过去，铁路上只设有为富豪权贵们服务的专门候车室和头等车厢，劳动人民及其妇女、儿童是不会有人去过问的，谁还会专门为他们设立候车室呢？由此可见，共产党真是替人民干事的。心想，自己过去对共产党的一些错误认识，看来是站不住脚了。

重庆发电厂，是解放以后在苏联专家帮助下，新建成投产的一座规模较大、具有现代化设备的发电厂。解放前，重庆只有一个大溪沟发电厂，设备条件很差，连重庆市的日常用电也供应不足。解放前夕，这个小电厂也被军统列入炸毁项目之一。由于工厂的工人们拼命护厂，它才免遭破坏。今昔对比，真是天壤之别！足见共产党的确领导有方。

解放前，朝天门码头到处是货物堆积，杂乱无章。衣衫褴褛的码头工人，整天把沉重的货物从船上背下来，再一步步艰难地爬上朝天门那上百级的阶梯。有一次，我亲眼看见一个搬运工人，背着两百余斤的货物，从高高的阶梯上滚了下去。对这种情况，国民党政府却从来没想到如何改进一下。如今的朝天门码头上，货物摆放得井井有条，机械搬运代替了工人的繁重体力劳动，呈现出一片热火朝天的景象。

在重庆西南医院，我们看到许多劳动人民有了病，受到了很好的治疗和照顾。我不由得又想起解放前自己亲眼见到的一件事情。那还是我在重庆当军统局总务处处长的时候，有一次，我驱车去歌乐山的中央医院。院长是我的一个好朋友，他是个有名的外科医生。在快到医院的地方，我看见一个老年农民，一手拿着一小瓶药，一手捧着肚子，一边走一边呻吟。突然，身子向前一扑，栽倒在地上。车开到医院时，我把这个情况告诉了院长，请他派人快去把那个老头抬回治疗，他却满不在乎地说："这是常有的事。""你们是医院，不能见死不救吧？"我说。院长哈哈一笑说："好呀，你这个总务处处长拿钱来吧！每天都有好几个这样的病人，他没有钱，我们拿什么给他看病呀？""那你们总得给点药吧？""不是给了他一小瓶药吗？这还是从公费里开支的呢。"后来我办完事回去时，只见一群野狗已把那个老头的尸体撕食得残破不全，肠子都被拉了出来。我又回头去告诉院长，他只叫几个人打扫一下，就把残骸丢到山沟里了。那个时候的劳动人民该是多么地受罪啊！如今解放了，共产党对广大劳动人民的关心和爱护，真是无微不至。

通过这次参观，我的思想震动很大。我想了很多，很多。前几年，有人说我是人民的罪人，我怎么也想不通。我觉得自己过去在军统干反共反人民的事，那不过是"各为其主"，不能说是有什么罪。所谓罪者，只是由于"成者为王，败者为寇"的缘故罢了。在争夺天下时，不是我杀共产党，就是共产党杀我。要说有罪，都有罪；要说无罪，都无罪。戴笠过去一直培养我，我对戴笠一直有着深厚的感情。你要说戴笠如何如何坏，我却认为戴笠是个"智勇双全"的"奇男子"。当我听人说军统是一个最反动、最残暴的机构时，心里就很不服气。我想，戴笠一手创办的军统，在抗战期间杀过汉奸，又敢于反对贪官污吏，敢于反对地方恶势力，还应该说是一个强有力的"革命团体"。现在我才渐渐明白了这样一个道理：军统的那些活动，都是为了维护蒋家王朝、四大家族和少数剥削阶级的利益，从没替广大劳动人民干过一件好事。抗战期间，军统虽然杀了一些汉奸，那也不过是杀了几个与军统没有联系的汉奸罢了，真正与军统勾结的大汉奸如周佛海、陈公博、任援道、汪时璟等人，军统不但不杀，反而竭力保护。周佛海的母亲死在息烽时，戴笠还代替周佛海去充当孝子。不仅如此，戴笠甚至派了不少的人去当汉奸，利用日本方面提供的情报，来了解新四军的动向，借日本人

军统局头子——戴笠

的枪来杀害新四军和抗日游击队的指战员。这些情况，我自己知道得很清楚，只是由于自己也是这些罪恶活动的主谋或参与者，过去不愿去想它，也不想承认它。至于说军统反对贪官污吏和地方恶势力的事，那更是欺人之谈。如果用"只许州官放火，不许百姓点灯"这句话来形容这种情况是最合适不过的了。实际情况是军统一方面装模作样地到处设立关卡，检查走私越货的人；另一方面，戴笠却以"缉私署长"兼"战时货物运输管理局局长"的双重身份，大规模地公开进行走私贩毒活动，并且大量印制日伪钞票，运到沦陷区去抢购黄金、棉布等物资，充作反共反人民的经费和供他私人荒淫生活的花销。他们排斥甚至消灭地方恶势力，也无非是想发展自己的势力，取而代之罢了，丝毫没有为人民除害的想法。他们为了保住蒋家王朝的天下，甚至不惜对共产党和人民用尽一切惨绝人寰的罪恶手段。

　　远的不说，就拿解放前夕在中美合作所内屠杀杨虎城将军及其秘书宋绮云全家的事来说吧。有两个八九岁的小孩，看到自己的父母被杀，吓得相抱大哭，抖个不停。这时，特务刽子手持着刚从他们父母身上拔出的利刃向着他们走来，两个吓得发抖的孩子一同跪了下去，举着小手求饶，而灭绝人性的特务刽子手却一刀刺进了其中一个孩子的胸膛，另一个孩子马上扑上去拥抱，结果都一起被刺死在他们父母的身旁。宋绮云的夫人这时身中几刀还没有死，在临终前还为孩子们流下了一长串的血泪。军统残害被囚在白公馆的革命烈士，因怕枪声惊扰附近的军队，都是一个一个叫到山沟里用刀杀死。有位叫黎洁霜的女烈士，抱着不满一岁的婴儿被押到刑场，她看到在血泊中已倒下十多个人，自知不免一死，便请求让她喂饱孩子最后一顿奶再受刑。当凶手告诉她孩子也不能幸免时，这位曾受多次酷刑而坚强不屈的英雄，为了希望保留婴儿的生命，连连恳求，宁愿自己多受几刀，让孩子活下去。凶手却有意增加她临死前的痛苦，竟把孩子抢过去，用力摔在地下。黎洁霜愤恨万分地站起来向凶手猛扑过去，另一个凶手便对着她拦腰刺了一刀。她痛极倒地，肚肠都流了出来，还在地上滚了一丈多远，挣扎着去拥抱被摔得半死的婴儿……这些灭绝人性的罪行，都是我一向认作"革命团体"的军统所干出来的。想到这些，我自己也压抑不住内心的愤恨。谁无父母？谁无子女？悔恨的眼泪不由得夺眶而出。我十多年一直忠心耿耿为之卖命的，就是这样一个残暴、罪恶的集团。由于这个集团让我升了官、发了财，自己身在其中却不以为耻，两手沾满

杨虎城

了共产党和人民的鲜血却不感到内疚、惭愧，实在是忘掉了做人的良心和本性；也忘掉了我母亲经常教训我的一句话："一个人可以不做官，但要做人！"如今，我们同样身在中美合作所这个地方，但共产党对我们这些十恶不赦的罪人却是不打、不骂、不侮辱，耐心教育，以诚相待，怎不令人羞愧万分呢？

参观完之后，管理所的工作人员组织我们讨论，谈感想。我把自己所想到的这些都谈了，很激动地说："我现在才认识到共产党是真正为中国人民谋利益的党；反对共产党，实际上就是与全国人民为敌。"表示今后一定要进一步揭发军统一伙人的各种罪行，让生活在今天幸福日子里的人们，从反面材料中得到启示，知道今天这种美好的日子是多么来之不易！

由于认识到了自己和国民党反动派的罪恶，良心上受到了很大的谴责。政府待我们越好，我越觉得自己罪恶深重。在学习当中，只想尽力争取多干些活，加速对自己的改造。但当时管理所是以学习为主，劳动很少，我就主动要求跟管理人员去采购东西，帮着挑担子。有一次，刚走到由原中美合作所大礼堂改建的烈士陵墓附近，突然有几个人把我揪住，要我还他们的父兄，说："生要还人，死要还尸。"原来是1941年，我在重庆当了一段时间卫戍总司令部的稽查处副处长

和代理处长，抓过一些人，可能都在重庆大屠杀时惨遭杀害了。面对这些愤怒的被害者家属，我羞愧难当，只好一个劲地向他们认罪道歉。这时，管理人员马上转去带来了几个解放军战士，一面向群众做解释工作，一面把我护送回去。

这件事，使我由衷地感到自己过去的所作所为，实在是愧对先烈、愧对人民、愧对共产党。我过去杀害了不知多少革命先烈，真是血债累累。当先烈们的亲属揪住我要人、要尸时，管理干部还设法替我解围，为我做解释工作，这就更加使我内疚于心了。那些曾经被我捕杀的共产党人，他们何罪之有呢？他们无非是为了救国、救民。而我为了国民党反动统治的利益，却毫不留情地对他们大肆屠杀。如今，共产党并不记前仇，以诚相待，耐心教育，这是多么宽大的政策，多么宽阔的胸怀啊！我有什么理由不努力学习，加速自己的思想改造，向人民赎罪呢？从此，我便经常向工作人员亮出自己的思想，求得他们的帮助和指教，并经常在管理所办的墙报上，谈自己的学习心得体会，比较主动地暴露自己的错误思想，加强改造的自觉性。

杜甫的"咏春雨"诗有两句说："随风潜入夜，润物细无声。"我觉得共产党的改造政策，如同春雨一般，滋润着我这个像被蛀虫早已蛀空、几乎枯死的老树，又渐渐地从根部生长出了新的枝芽。

1957年的国庆节来到了。由于自己对共产党的看法有了比较正确的认识，逐渐改变了原来的敌对思想，我浮想联翩，欣然命笔，第一次填写了两阕《念奴娇》，歌颂共产党。词虽然写得不好，但它却是我思想转变的一个标志。

中秋才过，正丰收，又逢国庆佳节。六亿人民同感戴，各族空前团结。领导英明，辉煌建设，历史创新页。八年成就，岂容任意污蔑。请看戈壁荒滩，钻机频转，万灯时明灭。喜今天堑变通途，南北一桥飞越。四海渔歌，三边牧笛，乐事无间歇。艰辛缔造，曾流多少鲜血！

桂香飘逸，又欣逢，八年建国佳节。每到今朝多悔恨，无颜愧对先烈。屠杀人民，摧残革命，两手尽鲜血。滔天罪恶，论理应遭毁灭。谁知一再宽容，感怀人道，千古无前例。铭心刻骨永难忘，忍负再生恩德。逆子回头，父兄招手，期望倍殷切。加深改造，早入建设行列。

　　国庆节后的一天，管理所的干部把我和原国民党热河省主席、云南绥靖公署副主任孙渡、江阴要塞司令孔庆桂、刘文辉部二十四军参谋长王靖宇等四人叫到办公室，告诉我们说："上级决定把你们四人转到北京去，你们好好准备准备，一两天就动身。"这个消息对我们来说，并不突然，因为我们在重庆参观之前就听说了。后来，孙渡生了病，因而没有去成。现在果真能够去北京了，我心里有说不出的高兴。心想：这下到了北京，我的问题一定能很快得到解决了。对我来说，能去北京，意味着我的新生，意味着犯人生活的结束。

真诚相待，接受改造

这次从重庆到北京，完全不像我从昆明来重庆时那样戴着手铐脚镣，而是由两个管理所的干部陪同，和普通人一样，从重庆乘船到武汉，再从武汉坐火车到达北京。

在船上的时候，我和孙渡等四人住在一个客舱里，不知情的人，根本看不出我们是罪犯。管理所的干部告诉我们，在途中，只要不乱走、不与熟人说话就行了。当客船顺流直泻而下，通过长江三峡时，我站在甲板上欣赏着两岸的峭壁悬崖，观看着奔腾湍急的江水，心里感慨万分。解放前我曾多次乘船经过这里，从没感到过祖国的山河是这样的壮丽、可爱，江面的空气是这样的清爽、醉人。此刻，有一个人从甲板的那头向我走来，定睛一看，原来是我在重庆时的一个旧部下。我正想迎上去同他打招呼，猛然想起了两位干部的嘱咐，只好暗暗地向他摆摆手，表示不要说话。这样一来，刚才的闲情雅趣便一扫而空，心情变得沉重起来。想到自己毕竟还不是一个自由人，连跟熟人攀谈一下都不可能，觉得非常难受。

经过三天三夜的行程，我们终于来到了北京。下火车时，天色已近黄昏，一辆吉普车把我们送到北京郊外的一座大院。下了汽车，我抬头一看，四周高墙耸立，墙头灯火通明。大门前方有一个广场，南面三幢房子，前两幢是楼房，后一幢是平房；东面是一排排的平房，放射形地围绕在一幢几十米高的八角楼四周。"这是什么地方？"我暗暗地想。忽然哐啷一声，身后的大铁门紧紧地关上了。这一声像一桶冷水，从头到脚把我浇了个透心凉，我意识到这是一座真正的监狱。

当晚我们被暂时安排住在大门南面的一间房子里。管理员告诉我们，这两幢楼房，在解放前是给有钱的高级犯人住的，现在是作为新来犯人的临时住所。并说："你们现在住的监狱，就是有名的京师第二模范监狱。"解放前，我就知道这个监狱，是北洋军阀政府建立的，位于北京德胜门外。原来这里有一座叫功德林的庙宇，为顺天府习艺所。民国二年改为宛平监狱。民国四年开始由当时监狱里的囚犯按照图纸重新建造，到民国八年才竣工。内有16座监房，共计350多间，能容犯人1000人以上。第二天一起床，我就借在广场散步的机会，把这座监狱仔仔细细地看了一遍。昨晚我说的八角楼，实际上是一座十六方亭，每方都对着一栋监房。亭的顶端只要站一个哨兵，就可以看清各条胡同的情形。十六方亭下有两个小八角楼，小八角楼的大门，正对着胡同，每个胡同都有一个铁栅，打开铁栅，便是一个个由两壁胡同围成的三角形地带。每个胡同口都是按甲、乙、丙、丁、戊、己、庚、辛的顺序编名。抗战胜利后，我清点军统在各地没收的敌伪产业时，曾到过这里。万万没料到我会走进这样一所地地道道的监狱，因而情绪一落千丈。随后，我被分到戊字胡同第二组，与原国民党的十二兵团司令黄维、第二绥靖区中将司令王耀武和黄维手下的两个军长方靖、覃道善等人住在一间房里，睡的是大通铺。我与覃道善挨着睡，他是个大胖子，夜里睡着后，总是鼾声如雷。我心烦得翻来覆去睡不着，心里直想：进了这所监狱，何时才能出去？问题何时能够解决？

头天早饭后，我听到对面第一组房内传出几声很熟悉的四川口音，那高大的嗓门，一听就知道是比我早来几个月的王陵基。我跑过去看他，刚一踏进房门，就看到杜聿明躺在一个有半个床铺那

王耀武（左）与郑洞国（右）

杜聿明

么大的石膏模内。我与王陵基打了招呼之后，便向杜聿明走去。杜聿明也从那个石膏模里坐了起来。我一把握住杜聿明的手，半天没说出话来。此时，我心里又诧异又不安。诧异的是他还活着。因为我在重庆时，看到1952年编的一本《名人字典》，在杜聿明的名字下，明明写着他在淮海战役失败突围时，下令放毒气，被俘后，因全体战士请求而被枪决了。直到今天才晓得他并没有死。不安的是，看到他躺在那样一个石膏模内，以为这一定是监狱的工作人员故意折磨他，感到很难过。解放前，杜聿明与戴笠关系不错，我也曾陪戴笠去看过他，和他的私交也很好。1946年春，他在北京中央医院做肾脏切除手术时，戴笠特意从重庆赶到北京去看望。我因初到这里，不敢贸然问他，只看了看就很快离开了第一组的房间。这时，我心里总是嘀嘀咕咕：在功德林里，都是军长以上的战犯，把这些人集中到这里来，将来准备如何处置呢？许多原国民党的下级军官，被捕后，判了刑，倒也有个刑满释放的想头，而我们这些人，既不审，又不判，不知何日是尽头。

几天以后，我乘第一组房内只有杜聿明、王陵基等几个熟人的时候，悄悄地问道："你们说，在北京好，还是在重庆好？"王陵基和廖宗泽都说是北京好，功德林的干部政策水平高。我不由得指着杜聿明睡的石膏模问："这是什么意思？"杜聿明哈哈大笑道："这是为我治脊椎病的呀！我患脊椎结核后，脊椎变形，管理所特意为我定做了这样一个石膏模，用来矫正我的脊椎变形。"哦，这可真是出乎我的意料！由于我自己有情绪，把功德林想得太坏了。后来，杜聿明告诉我说，他曾两次自杀未遂。被俘时，身患四种疾病，不过他自己只知道三种：胃溃疡、肺病、肾结核，第四种病是他进功德林后被管理处的李科长发现的。一天，他在洗澡，李科长看到他双腿打颤，忙问是怎么回事，他一言不发。其实他自己早已感觉到腰胀腿痛，但不愿意治疗，准备来个慢性自杀。李科长急了，命令他站起来，双脚靠拢，终于发现他的臀部一边大，一边小。第二天，就用小车送他到复兴医院检查，诊断为脊椎结核。开始，管理处没有告诉他患的什么病，却在他的床上放了一个石膏架子，叫他躺下去，坚持数

黄维与沈醉

年。此后，管理员天天给他送来鲜牛奶，医生、护士经常来给他看病，送药打针。

　　他有胃溃疡，不能吃硬的，炊事员就给他吃软的；不能吃冷的，炊事员就给他吃热的。

　　杜聿明、范汉杰等人都患有严重的结核病，非常需要医治结核病的特效药——链霉素。可是，内地当时还不能生产这种药，政府为了挽救他们的生命，专门派人到香港、澳门等地设法购买。现在他的其他三种病都已好了，只有脊椎结核尚未痊愈。为了矫正已经畸形的躯体，他在石膏模里已经躺了将近三年。最后，他感情激动地对我说："共产党真是我的再生父母啊！"

　　杜聿明的这番话，使我非常感动。我想：倘若不是共产党改造政策的英明、正确，不是共产党的胸怀宽阔、真诚相待，杜聿明这个赫赫有名的国民党司令官、忠心耿耿效命蒋家王朝的将军，怎么会说出这样一番话语？怎么会发出这样的感慨？相比之下，我对共产党的认识还远不如他啊！

　　然而，在功德林里，与我同室的黄维，却是与杜聿明完全不同的另一种典型。他少言寡语，一心挂在他所研究的"永动机"上。他常常一个人双手剪背，在走廊上长时间地来回踱步，或者坐在室内看书，一坐就是几个小时。

　　据说，他初到功德林时，身患重病，不能行走。管理员扶他去解手，他宁愿

摔倒在地，也不让扶他一下。我来到之前，他一直留着长长的胡须。在他看来，这胡须是靠吃国民党的饭长出来的，决不能轻易剃掉。后来，宋希濂在狱中发动一次"斗胡须"的活动，其他的几个人都先后把长胡须剃掉了，唯有黄维那又黑又浓的、足有一尺五寸长的胡须还挂在嘴上。直到有一天宋希濂指名点姓地把这问题提出来，他才依依不舍地忍痛割爱，将长须剃掉。

管理所由于人多事也多，往往一波未平，一波又起。有一天，我们在八角楼的娱乐场闲聊，突然一个人跑进来说："快看看去，范汉杰在写遗嘱，他们的组长找管理员去了。"我和几个爱凑热闹的人连忙赶往范汉杰的住处，刚进门，就听见管理员对那个学习组长说："你怎么不把事情弄清楚就乱汇报呢？这样多不好！这次就这样算了，以后要注意点，你也不要批评他了。"后来我才知道，范汉杰这个人最爱开玩笑。有一次，管理员让大家填家庭情况表，范汉杰就在表上写着："老婆有半打，儿子一个班。"大家都说他胡闹，太不严肃，他却一本正经地说："我有六个老婆，不正好是半打吗？十六个儿子，不正好是一个班的编制？这有什么错？"这张表交上去后，有人估计管理员一定会批评他，没想到管理员看后，只是笑了笑，叫他再好好填。这一次，范汉杰因为一个人坐在房内抄东西，抄得有点累了，就停下来，揉了揉眼睛。正在这个时间，学习组长走了进来，以为他在擦眼泪，就着急地问："你怎么啦？"范汉杰愁眉苦脸地说："唉！反正活不多久了，先写了遗嘱吧。"学习组长一听，大吃一惊，连忙跑去找管理员。管理员跑来询问，范汉杰说："根本没有的事，我什么时候写遗嘱了？"学习组长急了，冲着他说："你刚才不是亲口对我说的吗？"并一把抓过桌子上写的东西，一看，原来是抄的报纸上的社论。

到功德林不久，有一件事情落到了我的头上。一天，外地来了两个干部向我了解情况。开始时，我如实地写了一份材料给他们。不承想，几天以后，这两个人又来了，说我反映的情况不真实。我说："我知道什么就写什么，不知道的我当然不能乱写。"来人火了，拍着桌子训斥我说："你放老实点，你知道你是什么人吗？"我也不服气地顶他一句说："什么人？犯人！"心想你能把我怎么样。"你知道你是犯人就好，就应该老老实实地向党把问题交代清楚。"我在气头上也管不了那么多了，就气愤地嚷道："你能代表党吗？党就是你这样的吗？我不知道的就是不知道！"这时管理员走了进来，对我说："你先回去吧。"我往回走的时候，听到管理员问那两个人："你们是干什么来的？""调查材料。""既然是调查材料，那你们把材料拿走好啦，谁给你们权力在这里拍桌子训人？我们管理人员如果这样做，都是违反政策的……"听到这些话，我又有点后悔刚才不该发脾气，心想：这次学习会上做检讨是躲不过了。

范汉杰

过了一会儿，管理科长来到我们学习组，对组长说："今天吵架的事，不是沈醉的错。又要让人家写材料，又要拍桌子训人，太不像话，你们不要让沈醉做检查。"科长走后，我激动地对组长说："想不到共产党处理问题这样是非分明！"组长点点头，若有所思地说："是啊，共产党对我们这些人的改造政策，确实是很英明。"接着，他又对我说："你来得晚一些，有些事不知道。大集中时，公安部的姚局长给我们讲了话，说把我们集中到这里来，是为了加速改造，是由强迫改造阶段进入了自觉改造阶段。只要我们努力学习，认真改造，是会有出路的。"他还告诉我：不久前，张治中、程潜、章士钊、邵力子、傅作义、蒋光鼐、唐生明等前国民党高级将领及爱国民主人士，都先后来这里看望过旧属、同学、同乡，勉励他们努力学习，加速改造，给了大家很大的鼓舞。

组长又把他日记上抄的一段毛主席1956年4月在中共中央政治局扩大会议上的讲话给我看。其中有这么一段话："……连被俘的战犯宣统皇帝、康泽这样的人也不杀。不杀他们，不是没有可杀之罪，而是杀了不利。""……不杀头，就要给饭吃。对一切反革命分子，都应当给以生活出路，使他们有自新的机会。这样做，对人民事业，对国际影响，都有好处。"

听到组长说的这许多情况，特别是看到毛主席的这段讲话，我不禁感慨万千，深深感到自己初来时的那种悲观、抵触情绪，以及认为功德林不如重庆的看

法，都是错误的，很不应该的。事实充分说明，功德林的管理干部，不但认真执行了毛主席提出的"不审、不判"的政策，而且做到了对犯人"不打、不辱"。即使对个别坚持反动立场、态度相当顽固的人也是这样。

通过这一段时间的教育和启发，我进一步认识到，我们这些人，虽然经过了八九年的学习改造，但思想上反动的东西还是不少的，如果现在不抓紧改造，即使被释放了，到了社会上也是会犯错误的。记得当时我写了这样一段日记，表示了自己改造的决心："一、对坏思想应当敢于暴露，进行正确的批判，否则迟早会出问题；二、人民政府对任何问题的处理都是实事求是的，从不因为我们这些人过去作恶多端，而进行人身侮辱，我们有一点进步，政府都是予以承认的；三、进一步认识了继续学习、改造的必要性；四、对党的宽大政策有了进一步的理解和认识。自己虽然是被迫起义的，但这点成绩比起自己对人民所犯的罪恶，多么微不足道。几年来，背着起义这个包袱，思想抵触、悲观，真是太不应该了。新生有望，当加速改造方可！"

战犯所内，趣事连篇

我们虽在高墙铁窗之内，但这里的生活却别有一番情趣。

当时，我刚44岁，在这些同学们中间，可谓年轻力壮了。我除了主动抢着干些重活，如担热水、送饭菜等工作外，就是爱看这些老头们出洋相，如果没有那高墙、铁窗，我会觉得这里是"养老院"或者是"幼儿园"。

有一次，我看到操场上有条裤子晒在那里十来天了，便问他们："你们谁的裤子忘记收进去了？"原国民党第九兵团中将司令廖耀湘看到后也说："这人真糊涂，裤子晒这么多天都不收。"后来有人指出是他的，他走过去一看，大喊着："这是6号何文鼎的。"原骑兵军长何文鼎立即从屋内走出来一看，也大声说："这哪是我的呢？明明是9号的。"因为两人站的方位不同，所以一个看成6号，一个看成9号。大家拿下来一看，确实是9号廖耀湘的。在场的人都哈哈大笑。廖耀湘自己也不好意思地说："人老了，不中用了。"

在功德林里，每个周末都让我们洗一次澡。负责安排洗澡的原四十九军军长郑庭笈是海南岛人，他说话时总是"洗""死"不分。每次洗澡前，他就说："第一组先'死'，第二组后'死'。"两个组的同学都异口同声地说："还是你先死吧，我们还不想死。"他气得又笑又骂："鬼崽子！让你们'死'，你们就'死'，不'死'拉倒。"彼此之间，经常这样嬉、笑、怒、骂，使人觉得他们活像一群"老儿童"。

我这里说他们像一群"老儿童"，是因为大家生活轻松，精神愉快，似乎都

康泽特赦时接过特赦书

是无忧无虑的样子。而另一方面，也是因为他们过去大都让别人伺候惯了，生活上完全不会自理，像一群需要别人照顾的"孩子"。

其中，最典型的一个就是王陵基。他级别最高，但独立生活的能力最差。过去总是姨太太或副官帮他挤牙膏、刮胡子；被俘后，他自己刮胡子，常常把脸刮破几道口子。刷牙时，连牙膏也不会挤，因为过去一直使用牙粉。有一次，我和他在盥洗间刷牙、洗脸，他的牙粉用完了，刚刚发了一筒牙膏，他挤了一两次没挤出来，便用两手捏住使劲挤，结果，牙膏跑出了尺多长，他连忙问我："哎，啥子方法收回去？"我正含着一口水，见此情景，忍不住噗嗤一笑，把水喷了他一身。想不到堂堂的四川省主席，连这点生活常识都没有。

在重庆时，我们早上和中午休息时间都做广播体操。而在功德林里，人们却在休息时间里打桥牌、闲聊天。康泽最爱站在花坛边抓蜜蜂，据他自己说，蜜蜂的刺蜇能治疗风湿病。阎锡山的绥靖副主任孙楚最讲迷信，他一有空就面朝西边，盘膝而坐，说什么"佛在西边"。许多同学批评他，他却依然我行我素。廖耀湘是湖南宝庆人，个子比较矮，经常爱说："我们宝庆出了两个人物，一个是蔡松坡，另一个就是我。"这天，他又对我说："你知不知道我们宝庆出的两个大人物？"我说："我只知道出了个蔡松坡，不知道另外一个是谁。"他拍着胸脯得意地说："另一个就是我呀！"我故意把他从头到脚看了一遍，笑着说："可惜矮了一点，再长高一尺还差不多。"说完我就笑着跑了。谁知刚跑出门，差点撞在两个人身上。原来是管理员正和另外一个同学在说话，我听到那个同学说："管理员，孙楚又在那里盘腿打坐了。""哎！信仰自由嘛，他爱坐就让他坐去，不要勉强。"管理员答道。我连忙走过去建议说："管理员，让大家在中间休息的时间做做广播操吧，我们在重庆的时候就这样。""好哇！就是没人会喊操。"管理员说。"这么多军长、兵团司令，还会没人喊操？""确实是没人会喊，以前我们都问过。""也难怪，'喊操'是下级军官的事，这些将军级的大官们可能早把'喊操'忘得一干二净了。""你会喊操吗？"管理员问我。"会！过去在军统时，每次集会或蒋介石来视察，常常是我当总值日官，喊口令，所以我喊操是不成问题的。""那好，明天你就领着大伙做体操吧。""这些人的级别比我高得多，我给他们喊操能行吗？"我犹豫地说。"那有什么不行的？为了大家的身体健康嘛！"于是管理员当众宣布："明天开始，中间休息时间，由0063号教你们做广播操，在外面活动活动筋骨，对你们的身体是有好处的。"

第二天，同学们都到操坪上，按小组站好。我一看这个"体操队"就不由得想笑，高高矮矮，参差不齐，有的大腹便便，有的瘦高细长。我大致调整了一下高矮和间隔距离后就开始教广播操。自己先做一个示范动作，然后让大家跟着做。大家都很认真地学，无奈有的人实在太胖，做操时，总是达不到要求。有的人做踢腿动作时，刚抬起右腿，左腿就站不住了，不由得右腿像新兵学正步走一样，向前迈了一步，为了立即恢复踢腿的姿态，就顺势将左脚往上一踢，正好踢到前面一个人的屁股上。看到这种情况，我总忍不住想笑，但又不敢笑，只好背过脸去偷笑。做弯腰运动时，那就更是洋相百出了，有的只把背向前弯一弯，有的只把两只手往下伸一伸。我要求他们尽量地把腰弯下去，没想到有的腰往下一弯，人就失去了重心，身不由己地往前一蹿，一头顶在前面一个人的臀部，结果是一个顶一个，一行人就像外国的"多米诺骨牌"一样，一个倒了，一行都跟着全倒。我是又好笑又害怕，担心摔坏人，便连忙跑过去看，还好，只有最前面的一个，鼻尖擦破一点皮。管理员知道后，一再嘱咐我说："不要要求他们像你一样做，他们年纪大了，身体也胖，只要让他们比画比画就行了。"从此以后，我每天只管"喊操"，按照自己所知道的两套广播操，领着他们做就是，至于他们做到什么程度，我也就不管了。后来有人开我的玩笑说："没想到你还真有两

孙楚　　　　　　　　方靖

套。"他们所指的"两套",就是我从重庆带去的两套广播操。

不知不觉,1958年的春节来到了。这是我在北京度过的第一个春节。我和另一个同学负责文娱方面的灯谜工作。

大年三十下午,我们两人抄了200多条灯谜,我自己也编了两条。记得一条是这样写的:"此物太稀奇,生就千金体,走路不用脚,瞬刻千万里,处处可见他,天天在喊你,少数人害怕,多数人欢喜。"另一条是:"日看像条龙,夜看像长虹,身长肚子大,能吞千万人,无论上中下,处处都可通,从前不会有,今日方能成。"第一个谜底是人造卫星,后一个谜底是长江大桥。这天晚上,我们举行了文娱晚会,节目虽不如在重庆过春节时那么多,但却有意义,我们一直活动到10点多钟才休息。

大年初一下午,由于有几个炊事员回家了,吃饭时少了一个菜,有些人发牢骚,表示不满。我觉得这些人太没有自知之明了,忘记了自己是一个犯人,好像人民欠了他的债一样。今天虽少了一个菜,但菜里的肉很多,别的东西也很多。当我吃到这丰盛的菜饭时,就想起了老母和妻儿:她们过年是不是也能吃上这样的饭菜呢?昨夜梦见爱妻和老母,她们面带怒意,都不理我。是啊,我没有尽到做丈夫和做儿子的责任,我对不起她们。半夜我被节日的鞭炮声惊醒,就翻来覆去睡不着了。妻儿的生活怎样了?老母亲是否还健在?我真后悔当初不该将她们送往香港,去托庇于英帝国主义,致使自己迄今不能与家人取得联系。我曾给唐生明去过信,他是解放后回国的,我想他一定知道我妻子的下落。年前,他来信说,1951年他见过我妻子一面,以后就没有往来了,也没有留地址。唯一的希望成了泡影,我难过了好几天。同学们见我情绪不好,劝我别想得太多。我也知道,目前只有好好学习,认真改造自己,争取早日释放,才有可能与家人团聚。

然而每到节日，对家人的思念之情又油然而生，不能自已。

　　春节后，班组编制要重新分配。某学习组的副组长，原是国民党东北营口市市长，一再向管理员要求把我调到他那组去。别人告诉我这个消息后，我知道大事不妙，他肯定是想让我在他那个组里，好对我进行报复。我到功德林后，与所有的同学都相处得很不错，唯独此人对我耿耿于怀。因为他在东北时，曾被解放军俘虏过，后来解放军把他放回云南老家。他到云南，到处宣传共产党的俘虏政策如何如何好，我知道后，就派人把他关押了一段时间，并且让他做反共宣传。解放时，他又被捕了。到功德林后，他一看到我就说："就是你把我害的，我早就拥护共产党了，就是你又逼着我反共，害得我和你一样坐牢。""还是你不真心拥护共产党，如果你真心拥护共产党，就是我要枪毙你，你也不会再反共啊。"我也不示弱地顶他一句。所以他更气了。听到他要求把我调到他那组去，我感到很懊丧。心想：这可真是"冤家路窄"，但愿管理员不答应他才好。我知道，如果真的把我调到他那组去，肯定会闹许多摩擦。根据以往的经验，我想只要把情

1945年抗战胜利时在重庆照的全家福（自左至右：沈醉大哥沈玉龙、大嫂刘承蕙、二哥沈仲雄、二嫂王舜华、沈醉、妻粟燕萍、弟媳王醉琴、弟沈季龄、中坐为沈母、其余为子侄辈）

况向管理员讲清楚，管理员是不会把我分到他那组去的。于是，我见到管理员就表明了自己的想法。管理员有点奇怪，说："你们过去都在云南，不是老熟人吗？"旁边一个知情的人插嘴说："他们这叫'他乡遇故知——仇敌'。"管理员不解地问："为什么？"我便将我和他的关系说了一遍，并告诉管理员："过去，人们常说，'久旱逢甘雨，他乡遇故知，洞房花烛夜，金榜挂名时'，是人生最快乐的事情。后来有人在每句话后加了两个字，就成了'久旱逢甘雨——几滴，他乡遇故知——仇敌，洞房花烛夜——隔壁，金榜挂名时——未必。'我和他的关系正好应了'他乡遇故知——仇敌'这句话。"说得管理员也笑了。他说，既然你们有矛盾，那就不把你分到他那组了，不过即使分到他那组，他也不会把你怎么样的。后来，我就被分到了原四十九军军长郑庭笈那个组。

天气渐渐转暖了，春天姗姗地来到了人间。管理员让我们到功德林外的大操坪去参加劳动，主要是清理垃圾，挖平土堆。这是我到功德林后正式参加的第一次体力劳动，我选了最用力的挖土工作。一天劳动下来，还没有吃不消的感觉，我心里暗暗地高兴。这说明我的身体越来越好了，将来释放后，凭着自己的双手去劳动，成为一个自食其力的劳动者，可能问题不大。不过，在功德林里，管理所对我们这些战犯采取的政策，是以学习改造为主，劳动改造为辅。我们参加体力劳动的机会不多，即使有时参加一些体力劳动，管理员也总是叮嘱我们要量力而行，不要操之过急，免得出事故。

后来，管理所为了让我们自己解决一些日常生活上的问题，组织我们成立了几个劳动小组。我记得有理发组、缝纫组、补鞋组、木工组、洗涤组、挑饭菜组。最先成立的是挑饭菜组和理发组。我先参加了挑饭菜组，第二绥靖区副司令牟中珩参加了理发组。但理发组还少一个人，牟中珩就动员我去。我小时曾看到理发店门口贴有两副对联：一副是"磨砺以须，问天下头颅几许；及锋而试，看老夫手段如何。"另一副是："虽然毫末生意；却是顶上功夫。"这两副对联使我很感兴趣，也很想学点"顶上功夫"。心想，将来自己被释放后，能有一门手艺也不错，对自己这样过去不劳而食的人，必须逐渐养成爱劳动的习惯才行，参加理发组对自己也是一个锻炼。于是我就除了参加挑饭菜组外，又加入了理发组。理发组只有星期天才有事干。为了更好地锻炼自己，我除了每天争取挑饭菜外，还申请参加了缝纫组。原来功德林里有两部旧缝纫机，没人会用，一直放在那里。杜聿明病好之后，就主动承担缝纫组的工作，负责给同学们缝补旧衣裤。开始，我一直不相

王耀武在秦城战犯所参加劳动

信杜聿明会使用缝纫机，后来他告诉我说，他在机械化部队时，妻子曹秀清在那里的缝纫厂当厂长。他不但会使用缝纫机，而且会修理。他还特意表演给我看，果然熟练自如。他教我如何使用机子，如何防止断针，并一再叮嘱我不要把针弄断了，因为每台缝纫机上只有一根针。我开始使用缝纫机时，非常小心谨慎，生怕把针弄断。可是，缝好一条裤腿后，我觉得并没什么难的，于是有点"艺高人胆大"了。没想到缝第二条裤腿时，刚一启动机子，针就被打断了。这可非同小可，管理员要是说我故意损坏公物，那可怎么办呢？杜聿明和其他的人也替我捏了把汗。于是，我写了一篇长长的检讨，给自己加了许多不实之词，扣上什么"不爱惜国家财物""损坏公物"等一大堆帽子。写好之后，主动交给管理员，并准备听取管理员的批评。管理员接过检讨一看，笑了笑，转身就拿了一根缝纫针，连同检讨一起退给我说："针断了，以后注意点就行了，写这么长的检讨干什么。"管理员和颜悦色的态度，反而使我觉得不好意思，心想再也不能把针弄断了。以后每次启动缝纫机的时候，我就把右手食指插到机盘中，让它向自己这个方向转，这样就再没有断过针了。

　　通过参加劳动小组的劳动，我不但学到了手艺，而且体验到了在学习小组上体验不到的东西。在缝纫组里，我看到杜聿明、王泽浚等，工作中总是勤勤恳恳、一丝不苟。这些人过去的地位那么高，如果不是亲自跟他们在一起，亲眼看

杜聿明（左）、夫人曹秀清及女婿杨振宁

到他们那一股工作热情，确是难以相信他们会这样心悦诚服地在劳动中改造自己。有一次，十七兵团司令刘嘉树和王泽浚第一次参加缝纫组钉扣子的工作，我们都以为钉扣子没有什么难的，谁知他们刚缝了两针，就听到旁边的人"哎哟"一声。王泽浚抬头一看，大事不好，原来是他拔针时用力太猛，一针正好扎在旁边一个同学的脖子上，发生了一场"流血事件"。针对这件事，几个老头子围在一起研究来研究去，得出一个经验：拔针的时候，必须把针尖朝里，才不会扎着旁边的人。见到他们那股认真劲，我觉得又好笑，又钦佩。还有一次，我缝制20条衣服领子，由于不仔细，缝偏了一点点，杜聿明一检查，认为不合格，就让我一针针拆下来，进行返工。当时，我满肚子不高兴，心想：反正都是同学们自己穿，领子偏点、正点有什么关系。事后，我又仔细一想，他这样要求是对的，我们在工作中就是应该时时处处克服得过且过、不负责的毛病。杜聿明等人年纪比我大，身体没我好，过去的地位比我高，他们尚且能对工作这样认真负责，在劳动中改造自己，我又有什么理由不更严格地要求自己呢？

日子就这样一天天地过去了，1958年的国庆节即将来临。据说，以前过"十一"，同学们都去天安门参加观礼。但去年没有参加，只是晚上去天安门观看了焰火。今年会怎样安排呢？大家正在猜测不定的时候，管理所的干部告诉我们，上级决定让我们这些战犯去参加国庆节观礼，大家都非常高兴。听说，去年国庆节的时候，毛主席突然问起身边的公安部长罗瑞卿："战犯所的那批人来了没有？"罗瑞卿回答说："今年忘记安排了。""应该安排他们来参观国庆节典礼。"

毛主席叮嘱道。以后每逢"五一""十一"，功德林的战犯们都被安排去参加观礼，几乎成了惯例。

9月29日这一天，早上起来，我就开始给同学们理发，和牟中珩两人一天理了72个人的发，一直干到吃晚饭也不感觉疲乏。因为我想到这是为同学们去天安门参加国庆观礼而整容，所以特别来了那么一股劲儿。夜里，我一想到明天就要见到国庆节那样伟大的游行场面，就激动得无法入睡。我是有生以来第一次在祖国首都参观这种活动，第一次有机会和千百万劳动人民共同享受节日的快乐啊！

为了赶去参加国庆观礼，夜里3点钟，我和同学们就起床了。吃了两碗面片后，我便穿上了临睡前自己赶做的一条蓝布裤子。4点钟左右，大家登上了租来的公共汽车，不到一小时便到了公安部，暂时被安排在公安部图书馆休息。到8点钟，我们就前往公安部搭好的临时看台去参观。

当我们到看台时，长安街早已彩旗招展，花环如林，整齐的游行队伍在那里等候。9点整，游行开始了。人群像潮水般地涌向天安门。这场面是如此雄伟、壮观，我有生以来第一次见到，心情的激动真是难以形容。在旧社会，我虽身居高官，却不曾见过这么伟大的场面，不曾见过人民群众这种出自内心的激情。如今以我这个负罪之身，置于人民群众的大海之中，既激动，又羞愧。

特别是当我看到和毛主席、刘主席并排站着的宋庆龄副主席时，我既深深地感到内疚，又不免有些恐慌。因为抗战前，我在上海担任特务处上海特区法租界组的组长时，对她犯下了种种罪行。在《我所知道的戴笠》一书中，我只简单地说蒋介石对她仇恨万分，多次想下毒手，因怕受到全国人民的指责，迟迟未敢下手，却成天派大批特务在她所住的法国公园附近莫里哀路住宅前后进行监视。有时，特务们写信或打电话去恐吓、侮辱，宋不但不曾被这些无耻的卑劣行径所吓倒，而且更积极地从事反蒋活动。最后，蒋介石叫戴笠派上海行动组长赵理君（化名陶士能）于1933年6月间，将中国民权保障同盟执行委员兼总干事杨铨（杏佛）打死在离宋宅不远的亚尔培路，企图以此威吓宋。我写到这里便没有再写下去了，实际上当时特务处对她搞的阴谋活动还有不少，我没有详细写出来。特别是蒋介石指示戴笠对宋副主席进行的许多罪恶活动，都有我的一份。

　　那时，我感到她住在法租界内，是我们法租界组的一个最大包袱，除了每天要写"监视日报"外，还要去侦察与她往来的人。所以我曾两次寄手枪子弹对她进行恐吓，只想促使她离开法租界，住到别处去或出国去，这样就可以省去不少的事。戴笠还一再命令我：一定要派人设法打进她的家中，收买她身边的人。我曾派了一个女特务去设法接近她身边的一个女佣人（可能是姓李，已记不清楚）。当时她才20多岁，我满以为很有把握收买她。那个女特务接近她一个多月以后，跟她一道去过宋家几次。宋由此引起了注意，叮嘱女佣人少与这个女特务往来。不久，这个女特务开始向女佣人打听宋家来往客人的情况，并送她不少东西，女佣人便将这些情况一五一十地告诉了宋，宋叫她除把东西全部退还外，坚决不再和女特务往来。这一招儿失败后，我并没有死心，又通过宋的邻居的几个女佣人去做工作，仍然没有成功。但还有一条很重要的线索，可以达到收买甚至吸收她当特务的目的。这就是我派的那个女特务在和她往来的一段时间中，知道她刚与一个不务正业的丈夫离了婚，还没有找到适当的对象。想到她还那么年轻，总不能不交男朋友，我便决定采用"美男计"，设法使她上钩。如何具体进行呢？我考虑再三：如果叫一个长相不错的青年特务装成知识分子去勾引她，那样彼此的身份不相称，会引起宋的注意；如果化装成一个工人，附近又没有工厂，一个工人经常远道去勾搭她，似乎也不妥当；最后我叫一个特务化装成汽车司机，这不但彼此身份相当，不容易引起宋的怀疑，而且常有机会在附近或别处与她相遇。果然，不到三个月，这一招儿初步见效了，化装司机的男特务与她常有往来。为了做到一切不使她怀疑，从不探问她主人的情况。只要订婚或结婚之后，就不愁不使她"嫁鸡随飞，嫁狗随走"了。有次戴笠到上海，我去见他时，把这事向他报告。他很高兴，要我把这个男特务带到上海特区接头站与他见面。他还指示应当力求避免引起宋的怀疑，千万不宜急躁，不要露出马脚，并发给这个特务100元作为奖励。但这个女佣人，对宋一向很忠实，曾主动把自己交男朋友的情况告诉了宋。宋仔细查问了双方认识的经过，听说介绍人是附近一个开私人车的司机，便叮嘱她应多了解他的情况，然后再带他去见见面。说实在话，当时我对此真感到有些不理解：像宋先生这样有地位和工作繁重的人，怎么会亲自来过问一个女佣人的事？

由于我的精心布置，女佣人到这个男特务家里去的时候，看到来往的人，都是一些汽车司机。因为法租界组有个叫范广珍的组员，既是法租界巡捕房的华探探目，又是帮会头子，他手下有的是司机、工人等。那天女佣人应邀去男特务家里，也许是有意去看虚实的，范广珍故意安排一些汽车司机模样的人来来去去，有的是驾驶出租汽车，有的是给私人开车，都和那个男特务称兄道弟，而且对那个男特务比较尊重。女佣人看到这些情况，认为那个男特务不像她过去那个丈夫流里流气，感到相当满意。这样，第一关总算过去了。

为了把这一台假戏唱好，我又让这个男特务搬到法租界拉斐德路靠近白莱尼门马浪路口一家私人出租的小汽车行楼上居住，而且给他安排在那家出租车行当一名义务司机。这样，宋家女佣人就可以很方便地在那家车行找到他。有两次天下大雨，宋家女佣人为送客人打电话到车行雇车，这个男特务马上把车开去给宋家送客人，这不但可以取信于她，而且可从送客当中得到一点情报。这一布置，我自认没有露出半点破绽，谁知等到他们快要订婚的前几天，突然，宋家那位女佣人不愿再见这个男特务。这个男特务在附近守候了好些天才遇到她一次。她看到这个男特务，气得哭了，一个劲地骂他是坏蛋，想欺骗她。当时还不作兴骂特务，但从她那坚决的态度和语气看，似乎她已发觉了男方的卑劣手段和不正当的目的。我再三责问那个男特务什么地方露了马脚，他经过仔细检查，完全没有使对方产生怀疑的任何言行。为什么会突然发生这一完全出人意料的变化？我当时实在猜不透。直到今天，我也还不知道是怎样被发觉的。

这一"美男计"失败之后，蒋介石和戴笠仍未放弃对宋先生的迫害。有天我去南京，走进鸡鹅巷53号戴笠的办公室，戴笠问我：除了暗杀，还有没有别的办法对付宋？我沉思片刻，提出可否用制造"车祸"的办法，将宋撞伤，让她住进医院，再通过医护人员使她长期住院、不死不活地过下去，这就可以彻底解决这位无法对付的人了。他听后，用手在桌上一拍："我也曾想到过这一办法，你再具体点谈谈。"

当时我的阴谋是这样：搞一辆构造结实的德国小车，由我亲自驾驶，挡风玻

璃换用保险不碎的玻璃。因为一般车祸发生，司机受伤往往是挡风玻璃碎片造成的，只要把它换成保险玻璃，撞后没有碎片，头部就不会受伤，再穿上一件避弹背心，就基本上不会有什么危险，何况又是存心去撞别人的车，更是可保无虞。自己早已做好了一切准备。

戴笠对我的这一阴谋很感兴趣，特别是对我自告奋勇，愿意充当凶手，更加满意，一再称赞。我回答说："士为知己者死，死亦无憾！"

接着他就问我：何时何地最宜？我说，一定要在租界内，紧跟宋的车后。看到宋乘坐的车碰到红灯刚把车停稳时，便朝她的车后撞过去，因为只有在车停稳后撞上去，才能把车内的人撞伤。如果在对方的车行进中撞上去，可能把对方的车撞出很远，但车内的人不易受重伤。车停下后，撞上去的力量大，可以使车内的人受到重伤。撞过之后，马上把自己车内的制动器弄坏，这样，驾驶人员在法律上负的责任就可以轻一些。我还表示：为了工作，不怕坐几年牢。戴笠对于我所提的意见和表现的态度，自然十分称心。平日我去南京见他，遇到快吃饭时，我总是赶快把要说的话说完，从他房内走出，到大饭厅和一些内勤特务一道吃饭，这次他却不让我走，留我和他一道边吃饭边继续谈。他一再鼓励我一定要坚定信念，并说，即使事件发生后万一被租界的法院判了刑，他也会想办法很快让我出来。

我从南京回到上海约一个月，戴笠便从上海青帮头子杜月笙那里给我弄到了一辆构造十分结实的德国小车，挡风玻璃也换成了子弹打不透的保险玻璃。我试了一下，车子很好，只等他一声令下，就可马上出动。事先我观察了一下宋先生每次外出通常经过的几条马路，认为从她的住宅经环龙路、华龙路到霞飞路口等处下手最为适宜，因为法租界巡捕房内我有熟人，出事后也方便些。

我做好一切准备之后，戴笠每次去上海，我总要去问："什么时候下手？"他总是答复："等一等，决定后会通知你的。"

大约在一年以后，他来到上海，要我把小车交还杜月笙一个学生开的汽车行，说这一计划决定不实行了。我问他，为什么要放弃这样一个周密的计划？他没有直接回答，却笑着问我：有什么把握能做到只把前面车内的人撞成重伤而不撞死？我说："没有经验。"他说："问题就在这里。如果撞死了宋先生，多少人都会要求彻底追查，查去查来，查出是我叫人干的，再向上追，恐怕连蒋介石也要感到头痛，脱不了手。"我虽然一再保证决不会说出来，即使要我抵命也决不后悔，他还是一个劲地摇头，并暗示是蒋介石怕自找麻烦，所以才决定取消这一计划的。

20多年过去了，而20多年前我所犯下的许许多多罪行，并没有完全忘掉。所以当看到宋庆龄副主席很健康地和毛主席、刘主席等党和国家的领导人一同在向广大的游行群众挥手时，我就产生一种特别的内疚心情。此刻，宋副主席怎么也不会想到，就在天安门斜对过的看台上，还有一个曾经准备谋害她的战争罪犯，正在饱含着热泪，带着无限忏悔的心情，在默默地向她请罪呢！

劳动改造，净化心灵

劳动，有人会认为这是对我们的一种惩罚。其实非也！劳动不但使我们增长了许多知识，而且给我们带来了无穷的乐趣。劳动不仅使我们体会到了劳动人民的感情，而且使我们获得了许多用其他改造方式无法得到的真理。

1958年10月28日这一天，我和40多个年轻力壮的同学，由功德林的几个干部陪同，来到京郊秦城农场劳动。这是中央公安部干部参加劳动的地方，主要农活是植树造林。为了改善人们的生活，也少量地种些蔬菜、粮食，饲养些家畜和蜜蜂。这里的秋天像画一样的美。山坡上的柿子金黄可爱，马路边的葡萄如同一串串珍珠、玛瑙。夕阳西下时分，整个农场、房舍、田野都涂上了一层耀眼的金光。炊烟、车马、人群、笑声交织成一首美妙、迷人的田园交响乐。这样美好的乡村景色，对我们这些来自高墙之内的人来说，简直是一种奢侈的享受了。

初到农场，一切都是那样的新鲜，那样的陌生。许多人指

杜聿明（左）、宋希濂（中）、王耀武（右）

韭菜为小麦，指青草为玉米苗。特别是廖耀湘看见地里长的胡萝卜，喊道："看，这么多的香菜呀，我最爱吃了。"管理员告诉他说："这是胡萝卜。"他还不相信，坚持说："我们湖南老家的香菜就是这个样的。"指导劳动的老农挖了一捧胡萝卜走过来说："你看，香菜下面有这种东西吗？"说完就拿了一个萝卜在袖子上擦两下，放在嘴里吃起来，并且让我们也吃。可是，我们谁也不肯吃，认为用肥料浇出来的东西，不洗干净不能吃。管理员也让我们吃，我们还是嫌脏，把萝卜拿回住处，洗了又洗，才敢把它吃下去。

　　我们在秦城农场住的地方完全出乎我的意料，既没有围墙，也没有铁门、铁窗。房间宽敞、明亮。每四五个人住一间，睡的是通铺。我们住的和干部们完全一样，不同的只是要求我们夜间在房门外放的便桶里解小便，解大便时两个人一起出去；吃的伙食也跟干部们完全一样，花样多，副食丰富，比功德林强多了。我和原国民党的豫鄂皖边区绥靖总司令庄村夫、浙西师管区中将司令兼金华城防指挥周振强、一一四师上校师长夏建勋、军统华北区长王振山等五人住在一起。王振山是一个回民，平日我们吃猪肉时，食堂要从回民灶内给他牛羊肉吃。一天，在劳动快休息时，我先回去挑饭菜，因为是吃红烧猪肉，他另外领了一份回民肉食。可是，趁我去喊人吃饭、无人在场的机会，他却大吃了一顿红烧猪肉。由于猪肉一次吃得太多，夜里一连拉了七次肚子。我正好睡在他旁边，也被他拉起来跑了七次厕所，弄得我啼笑皆非。还有一个人很爱吃饸饹，一次他吃了四五碗，晚上看电影时，又呕又吐。同我们一起在看电影的护士长很着急，以为他得了急病，要马上送医院。我随口说了一句："不要紧，他是饸饹吃多了，吐吐就好了。"不料这可闯了大祸，他回到住处，整整骂了我一天一夜。

　　在功德林时，我就听说有几个人在改造过程中仍然横蛮不讲理，被同学们称之为"四大金刚"，是有名的"惹不起"。爱吃饸饹的那个人，就是其中之一。过去，我没吃过他们的苦头，这次才真正领教了"惹不起"的"威风"。我只好一言不发，由他去骂。同时，告诫自己：以后一定要做到"静坐常思己过，闲谈莫论人非"。所不理解的是，为什么管理所的干部能容许犯人如此放肆？这个问题直到特赦后，我1964年回秦城管理所探望同学们时，才得到答案。

刚开始到野外劳动时，管理员担心有人逃跑，在劳动场地四周插上四面小红旗，规定我们不得随意走出这块圈地，有事要向管理员报告。实际上，管理员的担心是多余的。因为我们这些人，一方面过去都是带过兵的人，思想上总认为军人死要死得"光明磊落"，如果做逃兵，在背后挨一枪，那是一种耻辱；另一方面是经过近 10 年的改造，知道逃跑是没有出路的，即使跑了出去，也会连累亲友。当然，更主要的是：大家都知道前途有望，根本没有逃跑的必要，唯一的愿望就是努力改造，争取早日得到宽大处理。后来，管理员看出了我们没有逃跑的企图，就把小旗子收了起来。不知情的人，还以为我们是农场请来的老师傅。有一次，我和杜聿明在路边葡萄架下整枝，一个老农路过这里，对杜聿明说："老师傅，给葡萄整枝呀，过些日子天冷了，该用土把枝条压起来吧？"杜聿明只好点头答道："嗯！嗯！"老农走后，我就笑他说："你装得还挺像，他叫你师傅，你还真答应。"杜聿明笑道："我不答应怎么办？难道告诉他我是杜聿明吗？"是啊，如果这位老农知道他就是毛主席著作里讲的那个杜聿明，肯定会吓一大跳的。

到秦城后，我们分成四个生产队，我在第二队，队长是原国民党四十一军军长胡临聪。队员有周振强、庞镜塘、庄村夫、夏建勋等十余人。刚开始劳动就是挖鱼鳞坑。要求两个人一天挖一个两米方圆、一米多深的大土坑。当时我刚 44 岁，自信身强力壮，想在劳动中争取多干点。谁知一天干下来，我和庞镜塘两人连一个坑都没挖好，还累得腰酸腿疼的，饭都吃不下去。先后挖了三天半的时间才挖了两个坑，没有完成定额，但比起其他的同学，又算是不错的了。此时，我意识到自己太缺乏劳动锻炼了，如果现在政府把我释放出去，要靠自己劳动来维持生活的话，恐怕会大成问题的。

鱼鳞坑挖完后，开始修路、植树。计划用一个多星期的时间，从秦城到小汤山的马路两边，栽上 3000 棵杨树和槐树。在这些劳动的过程中，我和大家一样，想到将来秦、汤马路两旁绿树成荫的情景，就干劲倍增，一天干下来，虽也感觉累，却是兴致勃勃的。植树八天，我就写了八首《植树诗》，其中有这样两首：

东风旭日护初林，待看秦汤夹道阴。

一树栽成千滴汗，九分气力十分心。

枝繁叶茂看来春，行列分明气象新。

领导苦心多体念，半培树木半培人。

植树造林是很有意义的一项工作，既美化了祖国，绿化了首都，也改造了我们的思想。在这里种下了树苗，滴下了汗水，却增强了对未来的希望和向往。待到"浓阴十里贯秦汤""一路槐花扑鼻香"的时候，想到自己曾在这里流下了汗水，该会感到多么亲切和安慰！我们经常去小汤山的温泉浴池洗澡，途中总要看看自己亲手栽的小树长得怎么样了。每逢看到小树一天天地茁壮成长，就像看到自己的孩子一天天地长大一样，心里有一种说不出的喜悦。

我们每隔一段时间就去温泉洗澡，这真是一件愉快的事。洗去的是满身的泥土和汗水，带回的却是温暖和对党的感激。每次我们去洗澡，浴池就停止半天对外营业，专门让我们洗。有时管理员还用汽车接送我们。记得第一次去浴池的那天上午，原是准备出工的。管理员突然宣布去温泉洗澡，覃道善以为洗澡房就在旁边，连忙脱去棉衣、棉裤，穿着单衣就往外跑，看到大家上了路旁的公共汽车，马上转身回去，慌急慌忙披上一条被单就赶来上车。汽车开动时，管理员怕覃道善着凉让大家把车窗统统关上。原国民党第五军副军长李以劻却高声叫喊："没有空气啦！没有空气啦！"惹得司机也笑了起来，说："没有空气，还能活吗？"洗过澡后，大家都争着把自己多穿的衣服匀给覃道善穿，因而没有引起小镇上的人们赶来围观。

这天回到住地之后又休息一些时间，直到下午才出工。晚上，安排我们到附近的工地食堂看电影，片名是《党的女儿》。当我看到银幕上出现反动派用机枪屠杀革命人士时，就联想到解放前夕，军统在重庆白公馆、渣滓洞进行大屠杀的惨痛情景，感到又难过，又惭愧。如果不是共产党的政策宽大，我们这些人真不知该要受到多么严厉的惩办。而今反而得到如此优厚的待遇，真是愧感交集。

　　我们虽然改造思想的决心很大，但实践起来并不那么容易。第一次去猪圈挖肥料时，看见猪圈里猪粪满地，臭水漫流，就不知如何是好，大家都远远地站着。管理员来了，二话没说，卷起裤腿就进猪圈干起来。看到这种情况，我们才硬着头皮跟着干。刚开始，闻着那股熏天的臭气就恶心。不知谁说了一句"这肥料可真臭"，管理员忙说："这才是好肥料呢。肥料越臭，肥效才越大呀！"经过相当一段时间，我们慢慢习惯了，才不觉得臭了。

　　还有一次，我们往菜畦里撒干粪，大家都不约而同地各自找了一个破碗，用破碗盛着粪往菜畦里撒。公安部的刘科长看到这情况，就走过来，毫不犹豫地用手抓起干粪往菜畦里撒，一边撒一边说："这样撒，肥料才能撒匀，用碗撒就会有的地方多，有的地方少，撒不匀。"大家这才学着他的样撒起来。过去在我的思想中，用手去抓粪，简直是不可想象的事，而刘科长干起来却是那样熟练自如。对比之下，我认识到自己头脑中的资产阶级思想太多了，真正臭的不是大粪，而是自己的思想。过去，自己过惯了剥削生活，只知道美味佳肴香甜可口，却不知道没有大粪臭，哪来的五谷香呢！要想成为一个自食其力的劳动者，就必须处处严格要求自己。

　　北国的冬天渐渐来临，刺骨的寒风和漫天的冰雪，对我们来说，又是一场更严峻的考验。地冻了，树坑挖不成了，我们便开始打田埂，修堤坝，剪树枝，修猪圈。打田埂的时候，我们都没有经验，打出的田埂歪七扭八。只有农民出身的陈士章干得又快又好，打出来的田埂又直又匀。管理员表扬了他，并让我们向他学习打田埂的方法。修堤坝时，正值风雪交加，手接触到冰冷的石头上，又麻又痛。我当时产生了畏难情绪。心想这个冬天可真难熬啊！正在这个时候，功德林的孙处长冒雪前来工地看望我们，嘘寒问暖，嘱咐我们在劳动中多加小心，不要出事故。这使我心里很受感动，连冷也不觉得了，越干越有劲。当夜，写了两首诗：

　　　　人人欣慰笑颜开，首长频临月几回，
　　　　郊外莫愁风雪冷，满怀温暖送将来。

> 冲寒冒雪入秦城，不避辛劳感此行，
>
> 望我成人心倍切，真诚远胜父兄情。

　　最使我感动的是有一次修猪圈，管理员让我们一部分人砌圈墙，一部分人去一座破砖窑附近捡砖头；并告诉大家，不要到砖窑里面去抽砖，免得砖塌下来打伤人。徐远举和原国民党天津市警备司令陈长捷两人因为图快，想多捡点，私自跑进窑里去抽砖。结果，砖塌了下来，陈长捷被砸昏了，徐远举的腿被压住动不了，急得大喊："砸死人啦！砸死人啦！"这时，刘科长和几个管理员正站在高坡上，听到喊声，马上从高坡上跳了下来，急得满头大汗地往破窑跑。刘科长跑进窑去，忙把砸昏了的陈长捷背了出来，又派人把徐远举腿上的砖扒开。他还一边派人继续刨砖，一边清点人数，唯恐还有人压在窑里。刘科长和管理员奋不顾身抢救被砖砸伤人员的行动，又一次深深感动了我，心想：政府对我们这些人真是关怀备至！由此更促进了自己加速改造的决心。

　　1958 年的除夕到来了。由于连日风雪交加，我们从 27 日起，就停止了劳动，各人洗澡，理发，买日用品，做过年的准备。除夕那天，公安部的姚局长召集大家开了会，总结了我们两个月劳动的成绩，指出了存在的缺点，给予了大家很大的鼓励和希望。听到首长殷切关怀和诚恳真挚的言语，我深受感动，即兴作诗一首：

> 苦心教育费安排，劳动方能早脱胎。
>
> 最是难忘除夕日，谆谆勖勉倍关怀。

　　晚上，大家在一起吃了一顿丰盛的团年饭。同学们谈笑风生，尽情享受着去旧迎新的快乐。当我吃到美味的饭菜时，蓦地想起了家里的亲人。这天是农历十一月二十一日，正是我的爱妻"雪雪"——粟燕萍 39 岁生日，我不禁暗暗地为她祝寿。然而此时远居南国的雪雪，可曾思念着千里之外的我呢？饭后，我离开欢笑的人群，信步走出门外，望着漫山遍野的白雪沉思，往日为雪雪祝寿的情景历历在目。一朵雪花飘到我的脖颈，清凉而又舒适，这使我想起了 20 多年前的一

天。当时，我在临澧特训班当教官。那天，我领着学生们在学游泳，突然听到学生喊："沈教官快来，有人沉到水里去了。"我抬头一看，原来是一个女学生正在深水区挣扎着。我急忙过去把她救起，本想狠狠教训她不该擅自跑到深水区去游泳，可一看到她是个十七八岁的姑娘，长得美貌、大方，而且经过一番惊险却没有半点恐惧的神情，便又不忍过分地责难她，只说："下次注意点，不会游水，就不要到深水区去，休息去吧。"她冲我一笑，把湿漉漉的头发往后一甩就跑了。头发上的水甩在我的身上、脖子上，也是这样的清凉、舒适。她那甜蜜的笑容、顽皮的眼神，从此便深深地印在我的脑海里……这时，房里的谈笑声，将我从临澧拉回到秦城，环顾四周，除了漫天的白雪，什么也看不见。我进房拿着脸盆出来，盛了一盆雪，回去擦脸。入冬以来，我就爱用白雪洗脸、擦澡，凉在身上却暖在心间。我宁愿冷一些，也不愿看不到雪花。因为看到雪花，我就自然而然地想起我的"雪雪"。在严寒的冬天，她能给我力量和勇气，激励我顽强地劳动，努力地改造自己。我曾写了两首有双重含意的咏雪诗：

朝朝盼雪兆丰年，十载丰收喜事连。
今岁郊居尤爱雪，此身今已属农田。

丰年瑞雪及时飘，好向田间润麦苗。
更喜新栽千万树，不须人力倩天浇。

春节这天，我和大家一起包饺子，心里计划在新的一年里如何努力劳动，得到进一步的改造。春节过后，管理人员让我们开会讨论，总结1958年的思想改造情况。在讨论会上，同学们说我敢于挖掘自己的坏思想，但自我批判得不够；说我在劳动中积极、肯干，但不够主动。我觉得大家说得很对，今后要很好地注意克服这些缺点。有的人还批评我有温情主义，想家的情绪太重，这样会影响改造。我知道这确是自己的大毛病，但总是改不了，今后一定要尽量克服才好。

转眼之间，天气渐渐转暖，桃红柳绿，正是植树造林的好时节。我和同学们都积极投入了栽种果树的工作。为了使自己在劳动中进一步得到锻炼，我总是抢着从坡下往山上挑水的重活干，有时一天挑60多担水，累得肩肿、腿酸。自小时候起，我就把"白米饭好吃田难种，樱桃好吃树难栽""锄禾日当午，汗滴禾下土"等诗歌背得滚瓜烂熟，但只有在今天通过自己的劳动实践，才真正体会到了这些诗歌的深刻含义。农民把庄稼种出来，可真不容易啊！过去自己过着那种奢侈的生活，哪能想到劳动人民的辛苦！政府让我们这些人进行劳动改造，是多么必要啊。

　　随着认识的提高，劳动的自觉性也日益提高。我们常常在劳动之余，还去帮助农场干部干一些别的事情。有一次，我们去为公安部办的一个托儿所修篱笆，天真可爱的孩子们问我们是什么地方来的老头。后来，托儿所的阿姨让孩子们叫我们"爷爷"，我们每次去，都受到孩子们的欢迎。能为这些孩子们干点事，我们心里也感到很高兴，因而经常干到快天黑了还不想收工。孩子们很天真，奶声奶气地说："老爷爷快回家吧，天快黑了，你妈妈在家等你吃饭啦。"说得大家都笑起来。有天早上，刘科长让我们进城去地坛公园参观全国劳动改造罪犯工作展览会。会上有各劳改单位送来的工农业产品。工业分轻、重、电机、建筑工程等四大部分，出人意料的是，这些产品不但品种多，质量好，有的还超过了英美而驰名于世界。参观之后，我不禁感慨万端！展览会上所陈列的各种产品以及各劳改单位所取得的成绩，不正说明了党的改造政策英明伟大吗？在座谈会上，我畅所欲言地谈了自己的许多感想。我认为这次展览会是政府向人民汇报十年改造罪犯工作中所取得的成绩，同时也是对我们进行了一次最生动的教育。由此可见党和政府的一片苦心。座谈会后，我还是意犹未尽，提笔成诗六首，其中两首是这样的：

> 喜看朽木变良材，劳改鲜花处处开。
> 一片欢腾齐感德，酬恩应愧我迟来。

> 会中事事总关情，处处新奇样样惊。
> 更喜浑身添干劲，信心百倍奔前程。

　　展览会不但使我大开了眼界，同时也给我增添了自我改造的勇气和力量。

　　不久，管理员召集我和王耀武、杜聿明、徐远举、宋希濂、王陵基等15人到农场办公室开会。这种事是不常有的，我们心里惴惴不安，不知是祸是福。犯人大都是这样，对任何一点变化都非常敏感。到开会时才知道，原是几位过去没见过面的首长讲话，叫我们写关于反动派历史内幕活动的材料，并说，在不久的将来，政府准备安排我们再出去参观一次。我和徐远举、郭旭被安排在一个组，专门写军统特务内幕的材料。我很乐意接受这个任务。我觉得通过写材料，不但能揭露军统内幕的反动和黑暗，加深对社会主义的热爱，而且是进一步认识自己罪恶、自我改造的一个好机会。

　　1959年4月17日，我从报纸上看到人大第二次会议和政协第三次会议联合召开的消息，心想这次会议一定很重要。我们只希望这次会议能来个大赦，不然，我们的罪恶如此深重，不知何日才能释放。可是，当读到周总理在一届二次人大会上做的政府工作报告时，知道对反革命分子的处理仍然是本着过去"惩办

左起至右：文强、杜建时、黄维、宋希濂、溥杰、赵子立、沈醉、吕光光（1985年）

与宽大相结合"的方针，我不禁有些失望。心想，一两年内得到特赦的愿望很难实现了。在学习会上，我暴露了自己的思想，同学们对我进行了帮助，使我认识到：

从左至右：溥杰、沈醉、黄维、杜建时

只有安心改造才是真正的出路。

按规定，写材料的人可以只劳动半天。几个月来，我由于劳动惯了，不劳动反而觉得不自在。所以我和许多写材料的同学，白天都一样参加劳动，尽量利用晚上休息时间写材料。

由于天气炎热，我自己又心强好胜，除了赶写材料外，在劳动中，我总是尽量地多干活。结果，痔疮和脱肛的毛病复发，经常流血。一天，我挑水的时候，突然眼前发黑，晕倒了。醒来时，只见护士长在我身边，又听心脏，又量血压，诊断的结果是，因痔疮流血过多而引起了贫血。管理员和刘科长都让我好好休息，不要出工。食堂还给我做了病号饭。休息两天后，我实在待不住了，坚持要参加劳动。护士长不放心，再三询问病情，劝我再休息两天。可是我没听劝告，去干了一个多小时，就支持不住了。这时，刘科长让我完全休息，连材料也不准写。我这样一个罪恶深重的人，还能得到这样好的照顾，实在是没有料到的事，心里越想越感到羞愧。在护士长的治疗下，我的病很快就好了。

金色的秋天到了，正是收获的大好季节。我们种的葡萄等水果都已成熟。刘科长亲自剪了一些熟透了的葡萄分给大家吃。自己劳动得来的果实，吃到嘴里觉得特别香甜。我们都知道，这一颗葡萄来得多么不容易啊！从去年秋天开始，挖土栽培，挑水施肥，搭架整枝，不知付出了多少劳动和汗水。记得刚来的时候，

我们没有经验，栽葡萄的进度很慢。后来，杜聿明想出了一个办法，先用铁钎打好洞，再把葡萄枝插进去，又快又好，管理员认为可行，大家都按这个办法去做，五天的工作，一天就完成了。但有些葡萄苗后来没有成活，那是因为洞打得太深，葡萄枝底部没有接触到泥土。这件事也给我们一个教训，干任何事都来不得半点马虎。以后，我们就特别注意质量了。开春后，我和杜聿明两人搭了一个又高又大的葡萄架，经常给葡萄施肥浇水，眼看着葡萄枝叶一天天长满了葡萄架，心里有说不出的高兴。没想到，当葡萄像一串串的绿宝石一般挂满葡萄架的时候，一天夜里突然来了一场暴风雨，把葡萄打得七零八落。第二天早上，我看到被打在地上的那些尚未完全成熟的葡萄时，心痛得一句话也说不出来。刘科长让我们把地上的葡萄捡起来，拿回去吃了，可是我一颗也吃不下去。一年的心血和汗水就被这一场暴风雨摧毁了，我怎么能不心痛、不气愤呢？这个时候，我才真正体会到劳动人民热爱自己劳动果实的那种感情。过去，我们骑在人民头上作威作福，任意挥霍，糟蹋劳动人民的血汗，难怪人民要起来反抗我们。如果我是一个劳动者，看到自己用血汗换来的劳动成果被别人夺走了，我也会起来反抗的。保卫自己的劳动成果，完全是天经地义的事啊！

无怪乎劳动人民要起来推翻蒋家王朝！

首批特赦，榜上无名

事情的变化往往出人意料，以致会使有的人承受不住突如其来的刺激。

1959 年 9 月 16 日下午即将收工之前，我见徐远举像发了疯一样，手里挥舞着一张报纸，狂喊大叫地跑来："好消息！好消息！"王耀武迎上去，抢过报纸大声念了起来。同学们把他团团围住。只听他念道："在庆祝伟大的中华人民共和国成立 10 周年的时候，对于一批确实已经改恶从善的战争罪犯、反革命罪犯和普通刑事罪犯，宣布实行特赦是适宜的……"当我听到"宣布实行特赦"这几个字时，一股幸福的暖流顿时传遍全身，我的眼睛模糊了，思维好像停止了，耳朵嗡嗡作响，以后什么话我也没有听清。在模糊中，我觉得有人在和我握手，有人在柿林里狂奔乱跑，有人在大喊大叫。我不敢相信这消息会是真的。回到宿舍，我找来报纸细细地看了一遍。白纸黑字，明明白白地写着："采取这个措施，将更有利于化消极因素为积极因素，对于这些罪犯和其他在押罪犯的继续改造，都有重大的教育作用。这将使他们感到在我们伟大的社会主义制度下，只要改恶从善，都有自己的前途。"是的，这完全是真的！这是中国共产党中央委员会向全国人民代表大会常务委员会提出的建议，上面还有毛主席签署的名字。激动的泪水又涌出了我的眼眶。我怔怔地坐着，一言不发地听同学们讨论有关特赦的问题。我想党和毛主席实在太伟大了，自己能成为一个毛泽东时代的公民是多么幸福啊！

这天正是中秋节的前一天。晚上，皓月窥窗，房内一片宁静、光明。有几个

1961 年 11 月，第二批部分特赦人员合影。（自右至左：沈醉、董益三、陈金城、罗历戎）

同学承受不了幸福的冲击，兴奋过度，血压升高，住进了医院。我也是激动得久久不能入睡。在这即将得到宽大处理的时候，我更加觉得自己过去的罪恶实在是太大了，而平时自己做的工作实在太少了，思想转变太慢了。

9 月 18 日《人民日报》头版发表的，便是刘主席颁布的特赦令和题为"改恶从善，前途光明"的社论。特赦令的第一条就是："蒋介石集团和伪满洲国战争罪犯，关押 10 年而确已改恶从善的予以释放。"这一条无疑就是指我们这些人啊！我不由得眼泪又流了出来。古人说的"感激涕零"，今日我才亲自体验到了。问题很明确，现在只等处理了。10 年来，我们天天盼望的日子终于来到了，可自己反而不知如何是好。我捧着报纸，看了一遍又一遍，这才看明白，特赦令正是中秋节那天颁布的。1959 年的中秋节是多么难忘啊！我相信，这条消息很快就会在香港的报纸上转载的，我的亲人们看了该会多么高兴啊！我心里不禁暗暗喊道：雪雪啊！我们不久将可团圆了。

特赦令颁布的第二天，功德林的孙处长陪着一批摄影师和记者来了，要为我们拍摄新闻纪录片。我忙着为同学们整修一下头发，希望每个人都欢欢喜喜地完成这次拍摄任务。此刻，我对理发的情趣也与往日大有不同，当看到自己剪出的一个个漂亮的发型时，我心里有说不出的高兴。

摄影师们拍摄了我们讨论学习、搞文娱活动和除草劳动等镜头。从大家的笑声中，不难看出，这是发自内心的笑，笑得那么真切自然、那么轻松愉快，没有一点做作。这说明同学们都和我一样，有这么一个感觉：在此处劳动好像是劝客留宿一样，特赦日不会遥遥无期，在"十一"前离开这里，是可以肯定的了。一向性急的徐远举按捺不住内心的喜悦，悄悄地对我说："咱们如果能一起出去就好了。我还有一笔钱可以分一部分给你。"原来他在解放前曾存了两千美元在四川和成银行一个朋友那里。这个朋友很讲信用，解放后将这笔美元换成人民币交给了徐远举。对他的情谊我很感激，不过，我心里所考虑的第一件大事不是钱，而是如何找到我的雪雪。

不久，刘科长宣布让我们返回功德林。这次回功德林，与两年前从重庆来功德林时的心情完全不一样了。那个时候，一见功德林的铁门、铁窗，心里就很抵触，又看到自己是和全国闻名的国民党高级战犯关在一起，更觉得前途茫茫。现在回功德林，就像新媳妇回娘家一样，感到熟悉方便。环境依旧，情绪已新，再没有过去那种抵触与怀疑的成分了。留在功德林未去秦城的同学，得知我们这几天在秦城拍了电影，也同样是兴奋异常。新生在望，人与人之间也变得更加亲近了。

在兴奋而急迫的等待中，突然有些人被安排去布置监狱大礼堂。我立即想到，这可能是国庆节前最高人民法院要来人宣布特赦名单了。我的心情又一次激动起来。可是盼来盼去，眼看国庆将临，功德林关于特赦的事却不见动静。这到底是怎么回事呢？原来总以为国庆节可以出去，现在看来，不知又要拖到什么时候了。正在大家猜测不定时，刘科长叫我们再好好学习《人民日报》关于《改恶从善，前途光明》的社论。这真够耐人寻味的。最初我们学社论时，只注意"关押已满十年"这一点，而对"改恶从善"这一条认识得不深。我个人认为：服罪认罪，认真改造，就可以算是"改恶从善"了，并自信这一条自己是没多大问题的。通过再次学习社论，我进一步认识到："改恶从善"这四个字的含义很深，不像我所想象的那么简单。自己到底符合不符合"改恶从善"这一条呢？在没有吃下"定心丸"之前，我的心总是悬着的。

国庆节到了，我们像往年一样去参加观礼。能参加国庆观礼，亲眼看到壮观的游行场面，这对我们来说当然是求之不得的乐事。何况今年不同往年，人人都知道新生在望，所以更加兴奋异常。我虽痔疮尚未痊愈，但站了几个小时，毫无

疲乏之感。特别是我们在公安部图书馆休息时，有人发现山东《大众报》和《吉林日报》都刊登了特赦罪犯的消息，因此推断我们这里的特赦问题也会很快解决了。想到这些，我对党和政府的感激之情更加深厚了。回功德林后，我即写诗六首，其中一首是这样的：

十年国庆不寻常，佳节欣逢喜欲狂。

自是终身荣幸事，天安门下沐恩光。

国庆节后，我们一直在继续学习讨论"特赦令"和《人民日报》社论。这时，"特赦令"已颁布一个多月了。一天，孙处长突然宣布，让我们返回秦城。真令人有些不解，我和大家一样不免感到失望。后来一想，何必着急呢？还是安心劳动吧！反正政府会有安排的。

回到秦城后，一切如旧。在劳动中流流汗水，心里倒也痛快，考虑的事也少了。只是每当功德林的人给同学们转来一大堆家信时，我就特别伤感。自特赦令颁布后，同学们都收到不少家信，而我连一封信也没收到。好像在这茫茫人海中，除了党和政府对我的问题还在处理外，再也没有什么人会记得我的存在，也不会有人对我有丝毫的关心了。人生如此，怎不叫我感慨呢？我的爱妻、老母以及孩子们现在怎么样呢？她们知不知道我在天天想念她们啊！

有天夜里我做了个梦。梦中，我似乎经过多方探询，终于找到了雪雪，而她却已改嫁多年，并与新夫生有子女。第一次见面时，她流着眼泪向我表示歉意。我当时很诚恳地说，我不但原谅她，而且同情她，并感激她过去对我的好处。她走后，我一人孤独地居住着，她常来看我，我就安心地住在那里，像盼过年一样地盼着和她见面。醒后，梦中情景历历在目，清楚异常，我不由得感到一阵惆怅。这大概是我白日思念之故吧！我相信，雪雪是不会抛弃我的。

记得雪雪从湖南临澧特训班毕业后，被分配到长沙工作，接着我被调到常德警备司令部当稽查处长，她对此不知道，我也没有来得及告诉她。长沙大火时，她在兵荒马乱中，女扮男装，未经上级许可，就独自准备步行到临澧去找我。有天清晨，我像往常一样在常德去长沙的公路上骑马奔驰，忽然迎面来了一个穿旧棉军服的士兵。当他快走近时，我无意中将手里的马鞭掉在地上，命令这个士兵把鞭子给我捡起来，这个士兵顺从地弯腰捡起马鞭递给我。但他递了一半就停住了，两人当时都大吃一惊，天啦！这个士兵竟是我的雪雪！我惊喜得从马上滚了下来，两人久久哽咽得说不出话来，最后我把她送到常德当时最大最好的一家旅馆——武陵花园住了下来。不久，我们就在常德举行了婚礼。自那以后，我俩心心相印，她在我心中永远是"神圣"的。

在我最初被关押的日子里，我一想到她，就有了生活下去的力量和勇气。她那美丽的容貌，以及对我的温情，深深地留在我的记忆中。因为手头已没有她的照片了，所以当时我尽管只剩下不多的几块钱，而且没有接济，我还是花了1元6角钱把一个日记本买了下来，为的是它有一幅列宾所作的油画，而画中人委实太像雪雪了。有了这幅相似的画，也可聊慰自己的相思于万一。我曾在日记里这么写道：雪雪啊！你怎能知道这些年中我是如何日夜不停地想念你啊！你怎会知道你给了我生的勇气和希望，你使我度过了一段最不容易度过的岁月。今天虽然看不到你，而你的一切却永远像烙印一样存在我的心坎。我思想中永远占有你的影子，好像你和我永远分不开似的。但毕竟你是带着孩子和母亲走了。在这些年中，我虽然对共产党和人民逐渐有了热爱和感情，但你却仍然在我心中占着重要地位，我不能没有你！可是，目前我连你的一丝消息都得不到，这是怎么回事呢？

我相信，我的雪雪只要知道我还在人间，她一定会等着我的。在这新生在望之际，我更加盼望得到雪雪的消息。看来只有等特赦后，我才能打听得到了。可是什么时候方能获赦呢？

正在思前想后之际，我们又接到回城的命令。我想，这次可能是宣布特赦名单了吧？可是上车之后才知道是去参观。第一天，我们参观了十三陵水库、地下宫殿和幸福村，并在那里拍摄了不少照片，感触很深。

回城参观的第二天，我们游览了北京火车站和人民大会堂。北京站的建筑之宏伟，设备之先进，服务之周到，都是出人意料的。举个例子：连开水都降温到

50℃，以便使旅客随时可以饮用。最使我感兴趣的还是电视问讯台，只要人站在问讯台前，立刻可以听到服务员那亲切的声音。我认为在建筑技术方面，资本主义国家是能办到的，但他们的服务态度和热情，却永远不能像我们社会主义国家这样，人人平等，个个都可享受。

不过，使我感受最深的要数只用10个月时间建成的人民大会堂。如果我不是亲眼见到，实在是想象不出它会是这样的雄伟、壮观。各省（区）休息室的设计都是别出心裁，各具风格。湖南的湘绣、广东的红木、西北的地毯、四川的川竹……真是琳琅满目，美不胜收。我认为，这座富丽堂皇的巨厦是我们民族的骄傲，是劳动人民智慧的象征，使人感到作为一个中国人是多么自豪和光荣啊！我过去总以为自己是个战犯，国家的任何事都与己无关；而今天我的想法完全变了。我深深感到祖国的一切都与自己戚戚相关，祖国的昌盛也是自己的骄傲。我多么盼望早一天获赦，让自己也能早一天投入到社会主义建设中去啊！

事情来得又很突然，参观尚未结束，我们就被召回功德林。盼望已久的日子终于来到了。

1959年12月4日，功德林的大礼堂呈现着一种庄严而喜庆的气氛。我和同学们都像过年一样换上了自己最好的衣服，怀着紧张而又喜悦的心情静静地走进礼堂。礼堂正上方高悬着大红绸做的横幅，"首批特赦蒋介石集团战争罪犯大会"几个白色的仿宋体大字，整齐端正地剪贴在上边。大会开始了，我全神贯注地倾听、等待着。坐在主席台中央的首席法官开始唱名了：杜聿明、宋希濂、曾扩情、王耀武、陈长捷……随着法官那时起时落的声音，我的心里像闪电一样交替着两种感情，一是喜，二是忧，喜自己熟悉的好友、同学得到新生，忧的是还没有听到念自己的名字。我紧张地屏住呼吸，生怕喘口气也会漏听掉自己的名字。当听到"邱行湘、杨伯涛、郑庭笈、周振强、卢浚泉"等名字后，法官这时换了一口气，然后接着说："以上人员，改造10年期满，确已改恶从善，现予释放，从宣布之日起，给予中华人民共和国公民权。"法官的声音停止了，我的心不由得往下一沉：完了！美好的前景像海市蜃楼般地在我眼前消失了，我只觉得眼前发黑。

杜聿明代表被特赦的 10 名同学向政府致谢词。特意从学校赶来参加大会的郑庭笈的女儿和杨伯涛的儿子代表家属发了言，表示在其父亲回家后，要继续帮助父亲进行思想改造。代表改造机关的姚局长讲了话。他说："我们祝贺第一

首批特赦战犯会场

批获赦人员，希望你们以人民为榜样；我们期待第二批获赦人员，希望你们以新生者为榜样。过去常对你们说，'亡羊补牢，未为晚也'。现在应该说：'百尺竿头，更进一步，……'"姚局长的话将我从失望的迷途中叫了回来，我心头又燃起了希望的火焰。原国民党山东省党部主任委员庞镜塘代表没获赦的同学们发了言。他说："感谢党的宽大政策，10 名同学特赦了，我们也感同身受。今后，我们一定要努力地改造自己，争取第二批得到特赦。"我觉得他的发言很好，因为他说出了我的心声。

散会后，我们这些没获赦的同学，连中午饭都不想吃，脾气暴躁的徐远举最沉不住气，他嚷道："我也流汗水，写材料，哪件事不如人家……"他的话像一颗火星，使沉闷的空气爆炸起来。是啊！我们哪点不如人家？为什么他们能获赦，我们却不能呢？座谈会上，大家针对这个问题各抒己见。有的说："特赦的这批人，不一定都是改恶从善的，而是为了对台做工作，因为陈诚还在台湾，所以陈诚的部下能获赦。"又有的说："陈长捷是傅作义的部下，一定是傅作义保出去的。"还有的说："特赦的大都是级别高的战犯。"也有许多同学不同意这些看法。他们说：如果说是为了对台工作，是陈诚的部下就能特赦，那么，黄维为什么没特赦呢？黄维是陈诚最得意、最亲信的部属，而且与蒋经国同过事。如果说陈长捷是傅作义保出的，可傅作义的旧部还不少，这些人为什么没获赦呢？如果

沈醉与郑庭笈摄于全国政协文史专员室门前

说级别高的能特赦，那么，在押战犯中级别最高的只有王陵基一个了。他是国民党的四川省主席，只有他一个是上将军衔，那他为什么没被特赦呢？说来说去，整整座谈了20天，最后还是统一了认识，肯定了这10个获赦人员确实是根据"关押已满10年，确已改恶从善"这个条件决定的。杜聿明、宋希濂对工作学习都认真负责，一丝不苟；邱行湘、杨伯涛在劳动中任劳任怨，埋头苦干；周振强、郑庭笈干活时不嫌脏，不怕累……他们每个人都有各自的突出表现，确实都是值得我们学习的榜样。

第二天，《人民日报》第一版刊出了第一批特赦人员的名单。看到党和政府对战犯改造工作如此重视，我和许多同学都非常激动。

在这些日子里，我也仔细地分析了自己未获赦的原因，检查了许多不足之处，自认为够不上"确已改恶从善"这一条。另外，被关押的时间，严格地说来，确实还不到10年。这样一想，心情就平静了下来。我决心继续努力改造，争取第二批获赦。

眼看春节已近，我们还一直留在功德林。在功德林的时间长了，倒很想回秦城。我认为回秦城劳动，日子要过得快些，像这样整天坐食不劳动，总觉是怪不舒服的。正在这时，管理员突然喊了10个人出去谈话。未被喊到的同学们几乎都波动起来，以为这是第二批特赦的征兆。因为按照中国旧习，春节前再特赦一批人出去是很有可能的。这时我想：一定是自己还不够特赦的条件，因此很羡慕别人，也深责自己。午饭后，10名同学回来了，大家才知道是陈长捷、邱行湘等四人回来看望他们，并且告诉他们说，周总理接见了首批特赦人员，勉励他们好好地继续改造自己，希望他们转变立场，成为一个自食其力的劳动者，工作是不成问题的。陈长捷等人还告诉他们说，目前特赦人员正在进行参观座谈，住在旅馆里，生活很不错，同时社会上也没有人歧视他们。听到这些情况，我很激动，更增加了努力改造的信心和力量。因为我一向有自卑感，怕受歧视。这些情况对我来说，确实是起了很大的促进作用。不久，宋希濂突

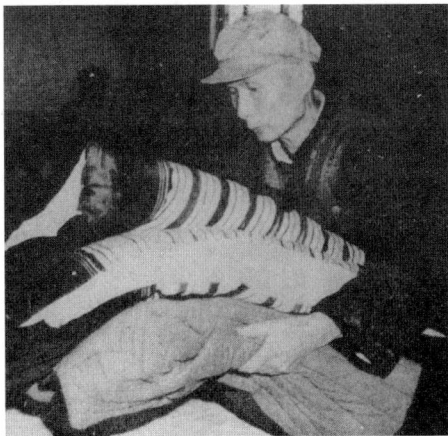

杜建时被特赦时摄

然送来四包蜜饯和糖果，指名给我和其他几个同学。东西虽不多，而领受者却十分感激。他总算没有忘记我们，同时也说明他在外面过得是愉快幸福的。我们都把东西拿回队里，分给大家吃。每人虽只几小块，但都尝到了甜味。

　　1959 年的旧历十二月十日，正是我母亲 80 岁寿辰，我的思亲之心终日不能去怀。老母曾谆谆教我为人立身之道，常说："一个人可以不做官，但一定要做人。"而我过去却不听从母亲的教诲，干了许多伤天害理之事，想起来，真是后悔莫及。现在，不但害了自己，害了妻儿，也连累老母，使她为儿心碎。想到老人离开昆明时，老泪纵横，嘱我早去的情景，我不由得一阵心酸。想到 10 年中音讯不通，老人思儿心切，不知为我流了多少眼泪。如果自己能在第一批获赦，报上刊出消息，并且时间也赶在慈母寿辰之前，老人家不知会如何高兴啊！现在却没有喜讯去安慰老人，我只有在狱中遥望南天，默祝慈母健康长寿。想起这些，心中无限愧疚。我躺在床上，久久不能入睡，口占四首七言绝句，以示此日心情：

　　　　　叩别慈颜逾十年，朝朝暮暮梦魂牵。
　　　　　久无消息传生死，长有思亲泪万千！

　　　　　欲奉余年愿总违，更无喜讯慰庭帏。

遥怜望子依门立，镇日呼孙莫掩扉！

残年晚岁倩谁扶？十载伤心老泪枯。
终日思儿肠寸断，此时有子不如无。

长忆当年离去日，纵横老泪不停挥。
哽咽嘱我还家早，岂料而今尚未归。

　　诗成之后，我想改一下，但心情过于难过，就没去动它。我只盼着自己能在第二批得到特赦，如果能赶在旧历年前的话，全家从报上得知，亦可以过一个愉快的春节了。可是，细细一想，自己这种不安心改造的思亲之念是不好的，这对今后的改造不利。认识到这一点之后，我的心情又渐渐地安定下来。

　　常言说：一波未平，一波又起。思想问题克服了，疾病又发起了对我的进攻。痔疮和脱肛的旧病一齐向我袭来，弄得我非常狼狈。有时坐的时间长了，肛门也会脱落出来；有时夜里肛门流血很多，连被子也染污了。管理员和同学们很关心我，总是照顾我，不让干重活。管理员几次领我到医院去治疗，医生都说："若要根治，必须动手术。"于是我就打了个报告，要求割除痔疮，但心里却在想：政府会不会同意我去住院治疗呢？

　　报告送去不久，管理员就通知我和原二十五军军长陈士章去医院。陈士章是为割疝气去住院的。我真没想到这么快就决定让我去住院了，内心的感激当然是无法形容的。我和老陈由狱中的王医生陪同住进了复兴医院。我俩住在同一个宽敞、明亮的病房里，感到非常高兴。临来时，我把一部分未写的材料带到医院，想利用医病的时间写好。共产党和人民政府待我们这样好，我总觉得应该多做点事情来报答党的恩德。

　　来到医院，便洗澡换衣，一身洗得干干净净，非常舒适。大夫前来初诊，并把我的痔疮形状画了个图，亲切地问我的病情。看到大夫和蔼可亲的态度，我感到人民对我们是没有歧视的，只要我们自己好好改造，人民是会欢迎我们回到他们行列中去的。

手术做得很成功，一个星期即拆线了，大夫让我们回去后好好调理休息。没想到离开功德林才 10 天，自己身上这个多年的老病就被根除了。

有天上午，科长宣布要我们第二天全体返回秦城，所有的东西全部搬去。这意味着我们再也不回功德林了，也说明我们从明天起脱离监狱了！这是一个多么令人兴奋的好消息啊！我感激的眼泪几乎又要夺眶而出。虽然我们没有得到特赦，但功德林再不是我们的后方了。我们将到秦城去落户，不管还要继续改造多长时间，总比在功德林使人感到舒适。秦城不仅吃得好，而且空气好。我的痔疮割除后，劳动已无障碍。我将能更好地在劳动中改造自己，争取早日获赦。

整个下午，人人都忙来忙去，见面时都对即将来到的新生活感到高兴。

别了，功德林！别了，监狱！

改恶从善，终获新生

　　秦城，这个我所喜爱的地方，虽然刚离开三个月，我却十分想念它。它充满了自由，充满了情趣，充满了欢乐。它使我懂得了劳动的真正意义，懂得了人生的真正价值。我常在想：如果特赦后，能在秦城安家落户，倒也是晚年的一件幸事。

　　汽车离开功德林，飞也似的向前驶去，经过好长一段时间，开进一所像是什么单位的大门。

　　这里四周都是高墙耸立，高墙内又分四个院落，每个院子里都有一幢四层楼的房子，楼前有很大一片空地。我们住在第三个院子。从功德林来的 61 个同学，占住了下面一层楼，每间房都很宽敞、明亮。整个环境是那么安静，没有一点嘈杂的声音。

　　当天，管理员就告诉我们说，这里也是一座监狱，休息时可以在楼前空地上活动，不要随便到其他院子里去，也不要上楼。希望大家严格遵守纪律。

　　当我们听到"这里也是一座监狱"时，大都产生了悲观情绪。有的同学认为，这样一来，第二批特赦就会遥遥无期了。我原来也以为离开了功德林，就等于是离开了监狱，没想到这里仍然是一座监狱。这里的设备条件、生活环境虽比功德林都强得多，但毕竟也是监狱呀！我心里很不舒服。不过，我倒不认为会影响第二批特赦。我相信，共产党的政策是不会改变的。

　　很快，我的看法被证实了。有天，管理科长召集我们开会，指出搬家以后一些人存在的不正确的看法，应当纠正。并着重说明：共产党的政策是不会变的，不应有任何怀疑。今后一切都会向好的方向发展。只要符合改恶从善这一条件，同样可以得到特赦。科长的讲话是这样的及时，澄清了一些人的糊涂思想。

春天来了，春风吹进了高墙，吹进了铁门，吹开了院子里的杏花。看到这满树杏花，我就想起自己在农场亲手栽培的那些果树。我多么想去看看那漫山遍野的万树红花呀！可惜，我刚手术不久，管理员不让我和身体好的同学一起去农场参加劳动，而只让我和体弱的同学一起清理垃圾，打扫卫生，整理内务。为了使身体康复后能更好地投入农业生产劳动，我一有空就借些《蔬菜栽培学》《果树栽培学》等农业技术书来阅读，以便在今后的实践中去加深体会，将来能成为一个合格的农民。

"民以食为天"，没有丰富的粮食作基础是不行的。我们在功德林时，吃饭就开始定量了。我主观上认为这是为了节约粮食，因为我懂得每颗粮食都来之不易，而客观上的原因我却是不知道的。

1960 年是全国遭受自然灾害最严重的一年，加上别的缘故，全国人民都处在粮食困难时期。我们这些身居高墙之内的人，并不了解这些情况，只知道政府号召节约粮食，每人每月吃粮 32 斤定量。按说 32 斤定量就不低了，可是，还有许多人想不通，都盼着到秦城以后能像过去一样尽饱吃。厨房第一次开饭时，大家看到这里中午饭像农场一样，有米饭，有馒头，菜也很丰富，皆大欢喜。谁知不到一个月，大家只能吃个大半饱。我是个大肚汉，在这种情况下只好忍着，有时收工前就感到有点飘飘然，有时在夜里会被饿醒。我想国家一定是遇到了什么困难，政府不会无缘无故不让我们吃饱的。

后来，我发现并不只是我们犯人吃不饱，就连监狱的管理人员，也是经常外出打杨树叶子回来，洗干净后，拌和着其他东西，做成窝窝头吃，据说杨树叶子里含有叶绿蛋白。为了给我们增强营养，管理科长号召我们在院内的空地上开荒种菜，并买回许多鸡、兔等让我们喂养。可惜，我们都没有喂养家禽的经验，鸡、兔不久都死了，大家很懊丧。

有一次，管理科长亲自带领我们出去打杨树叶子，结果许多人图快，把地下

的落叶也都收在一起了。科长一看，不行，怕我们吃了坏肚子，就都倒了，没敢让我们吃。以后，监狱里就从农场拉来一些红薯叶子，洗净切碎后，和在玉米面里蒸窝窝头给我们吃。饥饿中这些东西吃起来，也是香的。

现在自己尝到了饿的滋味，才体会到过去劳动人民成年累月挣扎在饥饿线上的艰辛。想到我们这些人曾经不顾人民死活，任意搜刮民脂民膏供自己花天酒地的生活时，就更感到自己罪恶深重，不易得到人民的原谅！

又有一次，我们看了一场名为《林家铺子》的电影，那是描写江南一个小镇，在解放前那种人吃人的社会里，劳动人民挣扎在饥饿线上的惨景和大鱼吃小鱼的社会现象。在过去这种事情多得数不胜数，我们天天可见，而今天看起来，却是那么的不近情理，那么使人愤慨，不由得感到羞愧。我们这些人不都是那种腐朽社会制度的支持者和维护者吗？这种社会制度害得许多人家破人亡，搞得人与人之间尔虞我诈。而新社会则与此完全相反，劳动人民安居乐业，人们相互尊重、相互关心。就连对我们这些犯下了滔天罪行的战犯们，管理人员也是非常关心、爱护的。

我在身体完全康复后不久，参加推板车运砖的劳动。在劳动中，不幸被一个同学拉的车把撞了一下，正好撞在尾节骨上。当时，我痛得坐在地上，冷汗直冒，同学们连忙把我扶起来。刘管理员知道了，急忙跑来叫人扶我回去休息，并亲自跑去把医生找来。医生检查伤情之后，认为没伤骨头，就给我上了药，吩咐我在家好好休息几天，管理员这时才放心地离去。以后管理科长和管理员们见了我，都要亲切地问上一句："好一点没有？"看到他们都能这样关心，我心里感到非常温暖。

还有一次，我们往厨房里搬运红薯，累得满头大汗，连衬衣也汗湿了。后来我们又到厨房的菜窖里，去把红薯蔓上的小红薯摘下来。菜窖比较阴冷，身上的汗凉了之后，冻得我有点发抖。司务长见了，马上把他的工作服脱了下来，披在我的身上。我不好意思披，司务长一定要我披上，并关切地说："年纪一年年不同了，要多注意，免得着凉。"司务长这轻轻的一个动作、短短的一句话，使我感动得眼泪几乎流了出来。

　　管理人员不但对我们生活和身体非常关心，而且对我们的人格也是尊重的。有一次，一个公安干部家里有一台缝纫机坏了，因为是从英国进口的老机器，没有人会修，我和王泽浚在功德林时使用过这种缝纫机，也会修理，管理员就叫我俩去帮着修一下。那天早上，管理员送我们到那个公安干部家里，公安干部夫妇俩正要去上班，见我们来了很热情，并告诉那个在他们家帮忙的农村女孩子准备我俩的中午饭。这夫妇俩走后，管理员也走了，那个农村姑娘把我们领到房里去修缝纫机，她自己却拿了一根擀面杖站在门口。我问她："你这是干什么？"她说："怕你们逃跑。"我说："你拿个擀面杖就能拦住我们吗？"她更害怕了，忙把门关起来，把我俩反锁在屋里。我们也懒得管她，就在屋里开始修机器。快到中午的时候，这个姑娘把门打开，送来了两碗饭，饭上夹了许多菜。她把饭碗往门边的地下一放，说了声："吃饭吧！"就又把门反锁上了。我们俩都很生气，谁也不吃。一会儿，干部夫妇下班回来了，开门一看，两碗饭放在地上。他们很惊诧，问那姑娘是怎么回事。姑娘告诉他们之后，他们连忙向我们道歉说："小孩子不懂事，我们是特意让她多准备一些好菜一起吃的，谁知会这样。对不起，请到桌上一起吃吧。"我们就跟他们在桌上一起用了饭。这夫妇俩笑着责备那个姑娘说："他们是不会跑的，如果他们要跑，别说你一个，就是十个人也拦不住他们的。"饭后，我们把缝纫机修好了，这对夫妇非常诚恳地向我们道谢。这时，管理员还没有来接我们，我俩就自己走回去了。

　　一路上我和王泽浚谈起这些事，心里都很激动。因为我们认识到，公安干部和管理人员对我们的关心、爱护和尊重，并不是仅仅代表他们个人，而是代表着政府和共产党在对我们做工作呵。从他们身上，我们感到了共产党所给予的温暖！从他们身上，我们看到了共产党无比宽阔的胸怀！在这样伟大的党的领导下，我们怎能不痛改前非，改恶从善，争取早日投入到人民之中去呢！

　　1960年的国庆节又过去了。第二批特赦尚无消息，大家都认为今年第二批特赦是不可能的了。在我们去农场劳动时，看到自己曾亲手栽培的葡萄、果树大都已果实累累，心里不禁暗暗地想：我11年的改造，何时方能开花结果呢？

　　收获的日子终于来到了。1960年11月18日《人民日报》报道了国务院105

次会议公报，说第二批特赦名单已送人大常委会审议了。喜讯传来，许多同学都兴奋得彻夜未眠。我也是很久不能入睡。我想得很多。像我这样搞特务工作的人，曾杀害过那么多的革命烈士，而今人民会原谅我吗？许多遭到军统迫害的老干部会原谅我吗？我认为我和其他曾经领兵打仗的战犯不一样，他们在战场上明枪明炮地干，没有直接的个人利害冲突。而我过去的职业，使我伤害了许多革命者，是不容易得到原谅的。想起在重庆时，烈士家属抓住我，生要人、死要尸的情景，我更觉得：特赦对我来说，只是水月镜花，可望不可即矣。

两天后，刘主席颁布了第二次特赦令。这次看到报纸时，大家都不像去年那样盲目乐观了，而是在高兴中带着几分沉静，想法也比过去实际多了。我虽然认为第二次特赦不可能有自己，但是还希望能有自己。我做好了两种思想准备。在第二批特赦名单即将揭晓之前，心情总是激动的，很难平静下来。而在监狱里，犯人表达感情的最好方式就是写诗作词。在兴奋中，我提笔为《特赦专辑》的墙报写了三首《西江月》：

个个欢天喜地，人人喜笑颜开，有无特赦正疑猜，喜讯出人意外。长念恩同再造，苦心换骨脱胎，十年无处不关怀，能不终生感戴。

白日常开笑口，夜间梦更香甜，文章尽写感恩篇，永遵党的路线。论罪原该不赦，尽皆罪恶滔天，人民宽大史无前，伟大崇高表现。

犹存个人主义，徒然枉费心机，英明政策不须疑，怎不包括自己？何用担心着急，只须条件全齐，请看今朝第二批，肯定有他有你！

在写最后这首词时，我想但愿也有自己。词里面没有写出，实际上却真的有了我。

1960年11月28日，这是我毕生难忘的一天。

这天早上，管理员叫我们到干部食堂去布置会场。我知道，是要颁布第二批特赦名单了。我心里忐忑不安，非常紧张，以至于失手把一盆花打碎了。我连忙向管理员做检讨。管理员却笑着拍拍我的肩膀说："没关系！没关系！"我不知这是获赦的预兆，还是管理员在安慰我，心里反而更不平静了。这时，徐远举等几个同学突然被管理员叫去谈话。我和其余的同学，心里都像十五个吊桶打水，七上八下的，总以为这一下又完了，还轮不到自己。徐远举回来时，我连忙向他祝贺，他却只是笑笑就走了。

一会儿，全体集合列队进入会场。这时，我的心情反而平静下来，做好了继续改造的思想准备。当最高人民法院首席法官宣布特赦名单时，我静静地听着，羡慕地看着被叫到名字的同学走上台去领特赦证。没想到叫到第九名时，居然叫到了我。我不敢相信这是真的，法官念了两遍我的名字，我也没敢站起来，旁边的管理员推了推我，说："叫你啦！"我才如大梦初醒般地站起来，匆匆向主席台走去。当我用颤抖的双手接过这张特赦证时，一股暖流涌上我的心头，眼睛模糊了。这不是一张普普通通的纸啊，这是共产党天高地厚的恩情！这是自己11年改造的结果，是我获得第二次生命的见证啊！我坐在特赦席上，一遍又一遍地看着这张16开大小的特赦证：

中华人民共和国最高人民法院特赦通知书
1960 年度赦字第玖号

遵照 1959 年 9 月 17 日中华人民共和国主席特赦令，本院对在押的蒋介石集团战争罪犯沈醉进行了审查。

罪犯沈醉，男性，46 岁，汉族，湖南湘潭县人。该犯关押已经 11 年。在关押期间，经过劳动改造和思想教育，已经有确实改恶从善的表现，符合特赦令第一条的规定，予以释放。

中华人民共和国最高人民法院

1960 年

在落款的地方，盖着一枚带有国徽的最高人民法院的鲜红大印。

　　对我这个曾经罪恶累累的人来说，有什么能比特赦书上"确实改恶从善"这六个字更可宝贵的呢？党和政府给予了我多么高的评价呵！我激动得不能自已，任凭感激的泪水在脸颊上流淌……

　　这批特赦的人员有：李仙洲（原国民党第二绥靖区中将副司令官）、范汉杰（原东北"剿总"副司令兼锦州指挥所主任）、罗历戎（原第三军军长）、胡临聪、陈金城（原四十一军军长和九十六军军长）、李以劻（原第五军副军长兼独立第五师师长）、宋瑞珂、庞镜塘、我和夏建勋，以及原国民党十五绥靖区司令部处长董益三等11人。

　　获赦代表庞镜塘发言之后，由徐远举代表未赦同学发言。这在一般人看来完全是一件小事，而在没有获赦的同学眼里，徐远举却是一个仅次于被特赦同学的值得羡慕的角色。因为在首批特赦时，庞镜塘代表没有获赦的同学发了言，在第二批就得到了特赦。同学们都认为徐远举被安排在会上致辞，那一定能在第三批获赦了。连我和徐远举本人都是这样认为的。会后，徐远举和我两人高兴地抱着跳了一顿。他祝贺我获得新生，我预祝他第三批得到特赦。我俩激动地说："过

1961年春节，第一批和第二批部分特赦人员合影

去我俩一起为国民党效忠，危害人民，以后我们要在共产党领导下携手为人民多做贡献。"

真要离开监狱了，我不免对这里有些留恋。留恋这里认真执行共产党宽大政策的管理人员，留恋谆谆教导我们、关心我们的公安干部，也留念那些一起劳动、学习、改造的同学好友。此时，我深刻地认识到，这11年的改造教育，对我来说，并不是坏事，而是好事。在这11年中，我的立场、观点、思想、感情得到了根本的改变，真正认识了自己的罪恶，体会到了共产党的胸怀广阔、气魄伟大！倘若1949年就将我释放的话，我还不知要犯多少严重的错误呢。

离开监狱时，我将自己的日用品都分送给其他同学。当我把毛巾等物送给原国民党保密局浙江站站长章微寒时，他坚决不收，并诚恳地告诉我："你还是带着吧，出去以后，也许不会如你想象的那么方便。你要有思想准备。"他的关心使我很感动，他自己尚未获得特赦，却先想到了别人。这正是我们这些人在共产党教育下，逐渐恢复了"人性"的表现吧！从他的话里，我也意识到自己有放松思想改造的苗头，这是不应该的。

特赦，并不意味着我思想改造的结束，而应该是进一步自我改造，进一步认罪服罪，为祖国、为人民做贡献的开端。

总理教诲，没齿难忘

生命对于每个人来说只有一次，共产党不仅给了我第二次生命，而且给了我自由，给了我幸福，给了我为祖国、为人民服务的机会。

特赦后，民政局一位负责干部将我们安排在北京崇文门内的一个旅馆里。我和宋瑞珂两人住一个房间，条件非常好。这位干部告诉我们，政府决定每月给我们60元钱的待遇。先在京参观、学习三个月，再到人民公社劳动一年之后，才作长久安排。他还再三叮嘱我们：生活上要克制自己，思想上要彻底改变自己过去的立场、观点，完全站到人民这一边，一切都要从人民的立场出发，不要犯错误。

这位干部语重心长的话，使我非常感动。党和政府不但在生活上百般照顾，而且在思想上也给予了我们无微不至的关怀，我深感自己受之有愧，更加深了自己认罪服罪的思想。

特别是当罗历戎的妻子、儿女来接他时，我不禁想到过去反动派对革命人士大批杀害的情景，他们的亲属不要说见不到人，就是连尸首也见不上，这是多么鲜明的新旧对比呵！谁是仁义之师，谁是残暴之辈，不是一目了然吗？

还有一次，在中央统战部、全国政协、北京市统战部三个单位为我们召开的座谈会上，我见到了曾在重庆时被军统追捕过的易礼容先生。易先生在重庆时，只因为他是一个搞工运的爱国民主人士，军统就要迫害他，幸亏他事先得到消息，提前转移了，否则，后果是不堪设想的。当见到他以后，我感到很惭愧，连忙向他表示歉意和敬意，他却笑笑说："过去的事，别提它了。"然而，我自己干过的罪行，我怎么能忘呢？内疚和自责之心久久不能平息。我没想到，来到新社会后，会处处见到军统的罪痕，会时时想到自己的罪恶。

在两批特赦人员中，只有我是唯一的特务机关的头目。我知道，特务过去对人民的危害是很深的，人民对特务是恨之入骨的。在一次统战部召开的座谈会上，徐冰副部长告诉我说，有些人听到我这个大特务，都有点谈虎色变。后来徐冰副部长补充说："人们的这些看法是难免的，但党是相信你的改造的。"听到这番话，我喜愧交集。心想，我一定要用最大的努力去赎过去的罪恶，用自己的实际行动去扭转人民对我的看法，我应该加强思想改造，在我身上处处体现共产党的伟大改造政策的成功，不能让它由于我而受到任何损害。

新的生活开始了，我最担心的是到社会后，会受到人们的歧视。然而，事实证明，我的担心是多余的。

在旅馆里，服务员把我们的生活安排得井井有条，非常周到。在当时国家处于经济困难、物资紧张的情况下，我们还是每天 1 元 2 角的伙食费，能够常常喝到牛奶，吃上黄鱼。有一次，我患感冒，发高烧，不想吃东西，服务员老洪就特意为我做了一碗热气腾腾的鸡蛋挂面。每一个服务员待我们都非常和蔼热情。

政府和有关单位的领导同志待我们更是关怀备至。民革中央、统战部、全国政协等单位领导曾多次设宴招待我们，勉励我们任何时候都应当相信党、相信政府。并指出，共产党过去没有抛弃我们这些人，今后，也不会将我们弃之不管。无论我们遇到了什么困难，党都会在各个方面帮助我们的。领导同志还诚恳地希望我们继续自觉地改造思想，自己思想上许多过去的脏东西，现在洗干净了，不要再染上污泥。今后，有什么困难和要求都可以向领导反映。领导同志对我们的关心，使我深受感动。作为社会主义祖国大家庭中的一员，我是多么幸福啊！

当我第一次自由自在地走在大街上时，我真想狂奔大喊几声，或者是骄傲地告诉行人：我已经是一个光荣的中华人民共和国的公民啦！我强捺住内心的激动，在附近的商店买了一瓶墨水。我要用新的墨水记下我新生活的历程。

参观学习开始后，我们先后参观了可容 8 万人的工人体育场、建筑宏伟的农

业展览馆、富丽堂皇的民族文化宫和别具一格的军事博物馆。感触最深的是民族文化宫和军事博物馆。

当我看到民族文化宫西藏馆里农奴主用来残害农奴的各种各样的刑具时，我就联想到了军统在解放前迫害革命人士时所用的那些更为残暴、毒辣的刑法。过去我总认为军统是一个"革命"的集团。经过 11 年的改造，思想感情起了显著的变化，在许许多多铁的事实面前，我由衷地认识到了军统是一个最残酷、最法西斯化的反动团体，是蒋家王朝最得力的鹰犬爪牙。因此，我对自己的过去也就更加痛悔。

在参观军事博物馆时，首批特赦的杜聿明、王耀武、宋希濂等人也从劳动的地方赶来了。看到第三次国内革命战争期间的那些展品，真是触目惊心。当年参加各个主要战役的国民党主要将领，如杜聿明、王耀武、李仙洲、罗历戎、陈金城等人的照片都陈列在那里。其中还有一张照片，是罗历戎在石家庄战役失败被俘后，聂荣臻将军接见他的场面。当事人参观亲历之事，真是羞愧交集，别有一番滋味呵！

参观回来之后，大家在座谈会上感想很多，都认为参观对我们的教育是很大

1963 年月 10 日，周恩来总理等国家领导人在人民大会堂接见特赦战犯及家人（第一排左起：溥杰、溥杰夫人嵯峨浩、康泽、溥仪、徐冰、傅作义、傅夫人、周恩来、张治中夫人、张治中、杜聿明夫人曹秀清、陈毅、范汉杰、齐燕铭、许广平），沈醉为后排周恩来总理身后靠右的第三人

的。每参观一次，就增加了一分对祖国的热爱；每看到一项新成就，就更加认识到社会主义制度的优越。

光阴似箭。在轻松愉快的参观学习中，我们迎来了特赦后的第一个春节，这是我11年来最快乐的一个春节，也是我40余年来精神上最轻松、最舒畅的一个春节。春节期间，政府安排我们聚餐，还安排我们到人民大会堂去看了京戏。我真没料到能有机会坐在这举世闻名的大厅中来看戏！

正月初四那天，中央统战部又邀我们和首批特赦的在京人员一起聚餐，李部长和徐冰、薛子正副部长，国务院童秘书长等人都参加。餐后，徐冰副部长谈到对首批特赦人员工作安排的问题时说：首批特赦人员在农村劳动一年期限已满，政府决定安排他们在政协文史资料研究委员会任专员，待遇也会比现在高。这样优厚的安排，实在出乎我们的预料。对于我们这批人员去农村劳动一年的问题，也做了具体安排。家在外地的可以回外地去参加劳动。我和董益三等内地没有家的，即留在北京参加劳动。徐冰副部长再三说明，让我们去劳动一年，是为了让我们在劳动群众中去体会劳动人民的感情，并不在乎劳动多少。他还关心地指出，回外地参加劳动的人员，可能会遇到一些这样那样的问题，希望他们有个思想准备，如果遇到问题，要及时向统战部门反映，政府是会帮助解决的。徐冰副部长还特意对我说："过去你由于职业关系说了半辈子假话，今后应该学会讲真话。"他的谈话是这样的直率、真诚，使我分外感动。我决心在劳动中，在社会上向劳动人民学习，在我的后半生一定要学会讲真话。

最后，童秘书长说，周总理准备接见我们这一批特赦人员。这个消息使我们无比兴奋。真没料到，周总理日理万机，日夜繁忙，还抽时间来接见我们。这是对我们多么大的鼓励啊！

初七这天上午，民政局王主任陪我们去见周总理。在中南海西花厅里，周总理、陈毅副总理、罗瑞卿副总理接见了我们。周总理先过来个别地跟我们每个人谈了话，然后集合起来讲了一些国内外情况。在周总理跟我谈话时，我首先向总理请罪。因为周总理过去在上海、重庆、南京等地时，我曾亲自带领特务，或是指使一些特务，对周总理搞过侦察、跟踪、监视等活动。周总理听了，爽朗地笑

起来，并且很有风趣地告诉我，说我们过去搞的那一套，从来没有对他起过作用，只是当了他的义务随从。他特别谈到，他那次去上海住在新亚酒店的情况。他说，他清楚地知道在他住房的左右和对面房间里，都有人监视着他，服务人员也是由特务来充当的，可是他每天都和在上海工作的同志见面、交谈、传递文件。他问我发现这些情况没有？我说，没有发现，如果发现了，你们的同志便会被特务秘密逮捕。他说，他在上海为共产党工作，与国民党的达官贵人去上海吃喝玩乐不同。他也经常看电影，那就是他与同志们见面的时候。周总理很高兴地告诉我，他发觉他每天出门，总有一大批特务在跟随着他，使他不便去找在上海工作的同志，他就利用看电影的机会来接见这些同志。当他一走进电影院时，特务们就把前后左右的门都守住，怕他前门进去，又从别的门出来，但是他的座位的前后左右位置上，都是他要约见的人。电影一开映，里面黑洞洞的，特务们找不到他，只能守在门口等候散场。他总是在散场时最先走出来，特务们又马上盯住他，其他同志就分散走开了，所以对他的工作从来没有什么影响。周总理说完这些之后，便又严肃地对我说："共产党员只有阶级仇恨和民族仇恨，从来不计较个人仇恨，处处是从党和人民的利益出发。特赦你们，也是为了党和人民的利益，所以希望你们今后一定要做一些对人民有益的事情。"

对周总理的这一段话，我是深有体会的。过去我为效忠蒋介石干过许许多多危害共产党和人民的事，并曾一直担心共产党会用"以其人之道，还治其人之身"的方法来对待我。然而在我改造的11年中，从管理员到高级的公安干部，从昆明监狱到北京战犯管理所，都不曾有人用军统的某种刑法来对付过我；相反，他们都是认真执行党的改造政策，从生活上照顾、从思想上关心我们这些罪人，而且从不侮辱我们的人格，不计较个人仇恨。不过，对总理提出今后一定要做一些对人民有益的事情这句话，有点茫然，我连忙问道："我们还能做出对人民有益的事来吗？"总理说：你在军统那么多年，跟在戴笠身边那么久，你把军统的种种内幕如实地写出来，不论是你自己干过的，或是看到和听到的那些阻碍革命、屠杀革命人士等等见不得人的东西，都揭露出来，让后人知道革命的艰难和反革命的残暴，使大家懂得革命胜利来之不易，是多少人抛头颅、洒热血，前仆后继，艰苦奋斗几十年，牺牲多少人才换来今天的红色江山。你如实地把这些写出来，这就对后人起了反面教员的作用，就是做了对人民有益的工作。接着，周总理再三叮嘱，写这些东西，一定要真实，不要有顾虑，过去没有交代过的，现在写出来，也等于补充交代，政府决不会追究；同时也不要害怕，不要避讳，知道什么就写什么。过去有些同志为了革命工作需要，冒着生命危险同你们去打交道，那也是值得歌颂的，所以都可以把他们写出来。

谈到这里，谭震林副总理有紧急事要找总理，总理便离去了。陈毅副总理就接着对我说：写历史资料，要求真实，不求全面，知道一点便写一点。这不能像写小说一样，可以由自己创作出来，更不能把道听途说的东西也写上去，一定要写亲身经历和亲见亲闻的真实材料。

那次接见，到 12 点多钟，周总理邀我们去后边餐厅吃饺子。他很有风趣地说，今天南方人多，但他还是按北方人的习惯请大家吃过年饺子。今天是阴历正月初七，农村还在过年。不过大家不要在这里闹笑话，过去北京人请南方人吃饺子，南方人以为饺子是点心，好菜在后面，所以只吃几个，等后面的好菜吃，结果是饿着肚子回去。今天只吃饺子，后面没有准备菜，大家一定要吃饱，不要饿着肚子回去。我们听了都笑了起来。周总理要大家随便些，他说有点事进去一下。陈毅副总理便领我们进到餐厅，也没给周总理留下主人坐的席位，叫先进去的先坐。饭厅不大，两个圆桌分坐十多人，我走在后面，便找到一个靠墙的角落坐下。当服务人员把四个冷盘先送上来时，陈副总理还没等周总理进来，便叫大家先吃。我们都不好意思先吃，陈副总理却带头吃了起来。周总理走进来时，只有我左边还有一个空位，便走过来坐下。当时，我心头真感到无比温暖。过去我替蒋介石和戴笠拼命卖力干反共反人民的事，他们却把我当成家奴一样看待。特别是蒋介石，去见他时，有时连坐都不让我坐下。今天周总理接见我们时，是这样随随便便、平易近人，实在出我意外，我几乎激动得掉下泪来。

周总理一边吃一边和我继续谈他那次在上海的情况。他说，他明明知道特务们成天在盯着他，但他还是先后约见了在上海工作的几十位同志。他笑着又问我："你们一个都没发现吗？"我说："是的，一个也没发现。"我很好奇地问总

左起：康泽、沈醉、王耀武、王耀武之侄

理："我们怎么没发现总理通知过什么人在什么地方约见？"他笑着说，他为什么到上海要住在新亚酒店里，就是因为那里有你们的人，也有我们的人，你们会化装成服务员来侦察我，我们的同志也会化装成服务员来保护我，并给我当交通联络。电话你们会偷听，所以我不能打电话。而我每天出去，利用乘坐出租汽车、进餐馆时付账、买东西时付钱等机会，都可以找到我们的人，把我要约会的人的名单给我送出去。周总理还告诉我，军统和中统等特务机关搞的那些鬼把戏，他知道不少，不过不能串联起来，有些关键问题还不十分清楚，所以需要我把这些内幕如实地写出来。

我们辞别总理时，总理和每个人一一握手。他有力地握着我的手，还嘱咐了一句："我等着看你写的东西。"

周总理的话，我一直牢牢记在心上，决心在我的后半生竭尽全力，把过去军统的罪恶如实地写出来。在一次全国政协文史资料研究委员会主任申伯纯、米暂沉等召开的座谈会上，我表示要把戴笠的生平、军统的内幕、杨虎城将军被害经过等材料都写出来，而且一定要写好。这是周总理交给我的任务啊！

在京学习参观虽然只有100天，但这是11年来我感触最多的日子，也是有生以来最轻松愉快的日子。我常常在学习参观之余，独自跑到北海公园或故宫去游玩。我最喜爱坐在北海湖畔或是靠在太和殿前的白玉栏杆上，一边抽着香烟，一边贪婪地尽情地呼吸着这自由、清爽的空气。即使在旧社会，我又何曾如此安然自在过啊。在那时候，我整天想着如何效忠蒋介石，如何效忠戴笠，如何应付各种各样的人物。同时还要时刻提防别人害我，身边总是带着两支手枪，就是在睡觉时，我的手枪也要放在枕头底下，时刻防备，精神总是处在紧张状态。而今天，我再也用不着去与同事们钩心斗角，也用不着终日提心吊胆去防备别人。生活在社会主义祖国的大家庭里，我感到踏实、安全、愉快、轻松。唯一美中不足的是：我的雪雪不在身边。

自特赦以后，我就想方设法打听妻子的下落，往香港寄去了好几封信，均不见回音。是早已搬家了，还是出了什么事？我们特赦的消息在全国各省的报纸上都刊登了，香港的报纸肯定也会转载的，为什么雪雪她们就看不到呢？我越想越不安。

有一天，政协委员唐生明邀请我到他家吃饭，见到他家妻子儿女欢聚一堂的情景，我感慨万分，几乎禁不住泪下。这时唐生明突然想起了雪雪的一个新地址，这是他在香港时，雪雪告诉他的。我回到旅馆立即往新地址写了一封信。可是 20 多天后，仍然不见回音。我忽然想到曾经看过的一个话剧，叫《上海屋檐下》，是写一个人坐了 10 年牢出来后，见到妻子与一个朋友同居八年了。他了解到这个朋友在最困难的时候，帮助过他的妻子，他就主动地离开了他们。我的情况会不会和剧中的这个人一样呢？天哪！如果我遇到这种情况将如何处理呢？我经过共产党十多年的教育，已不是过去那个只顾自己幸福、不管别人痛苦的人了。如果我真遇到这种情况，决心以雪雪的幸福为原则来做抉择。

想到这些，我又立即写了一封信，向她说明，我对她永远是爱护的，决不愿损害她的幸福，让她不必提心吊胆，安安静静地继续生活下去。我爱她是不问什么时候和在什么情况下的，即使她已弃我，我将永不变初衷。我在信中还提到曾经为她写的两句诗："死若有灵长护汝，生无一刻不思家。"想到她过去对我实在太好了，我只有感激，决不因她的变化而有所不同。我认为，一个人的爱情既给了别人，是不应当再收回的。

信寄出后，我的心很不平静。我多么希望我的雪雪不会这样啊！特别是看到家在大陆的同学们陆续回家团圆，我更是想念亲人。然而，这又能怪谁呢？这个

家是我自己亲自拆散的，现在要团圆，可真是难上难啊！

　　参观学习结束了，寄往香港的信仍然不见回音。我抱着希望，怀着对新生活的向往，来到了京郊的红星人民公社旧宫大队。

　　这里正是阴雨初晴，春意葱茏，一派清新的农村春色。由于对秦城农场的怀念，我觉得这里分外可爱亲切。我们到这里后，大队和公社领导对我们都很关心。我们被分配到果树组，每天半天学习，半天劳动，工作非常轻松，而且伙食也非常好。虽然是国家经济困难时期，我们每月粮食定量还是 36 斤，民政局另外还补助我们 5 斤粮食，吃饭是没有问题了。在这样好的条件下劳动、学习，精神上感到非常愉快。

　　我暗暗地下决心：在这一年里，我一定要努力学习、劳动，并抓紧时间把我所知道的历史资料写出来，决不能糊里糊涂地混日子。共产党给了我新的生命和灵魂，我应当珍惜它，不再虚度年华。在未来的岁月中，我应该为祖国、为人民做出贡献，才不会辜负党的教育和关怀。

爱妻别抱，五内俱焚

生活就是这样复杂而微妙。悲欢离合，变化莫测；酸甜苦辣，五味俱全。

在京学习参观之后，我们来到了京郊的红星人民公社旧宫大队参加劳动。在这里没有丝毫被迫的感觉，而是以主人翁的身份去体验劳动人民的思想感情。

在这一年里，我除了每天劳动学习之外，就是写材料。我尽量地把自己知道的历史材料都写出来。写材料的过程，也是进一步认识自己过去罪恶和揭露旧社会黑暗的过程。在这期间，我先后写了《我所知道的戴笠》《杨虎城将军被害经过》《保密局内幕》等十几篇材料，有好几篇材料先后在《文史资料选辑》上刊登了。这些过去不为人们所了解的历史资料，很受大家的重视，我也很高兴，总算能为人民做一点点有益的事情了。这些历史资料都是我过去亲身经历的事情，写起来犹如昨日一样，只不过是心情不同了，感情变化了。过去我认为得意而光荣的事，现在看起来就是一些不可饶恕的罪行；过去认为是"革命"的东西，现在却看到了它的反动性。每当我写完一份材料之后，就觉得像卸下了心上的一块石头一样，感到愉快轻松，精神上的舒畅是无以复加的。然而，美中不足的是一直未与妻子取得联系，心里总是觉得缺了什么似的。

一天，我无意中在报上看到曾在昆明见了我的纸条而逃走的丁中江，他在香港创办的《新闻天地》刊物仍在发行。我高兴极了，立即写信给丁中江，请他帮我在港寻找雪雪。我相信他有办法，也一定会帮我找到雪雪的。事情果真如此，信发出不久，就接到了雪雪的来信。当我看到雪雪那潇洒熟悉的笔迹时，几乎高

前妻粟燕萍与在台湾的子女及孙辈们合影（中间坐者为粟燕萍，其右为四女儿沈思思，左为三女儿沈漾漾，后排立者右一为儿子沈笃礼，右二为二女儿沈逸云）

兴得全身发抖，完全抑制不住自己冲动的感情。特别是看到雪雪和孩子们的照片，我立即当着送信给我的那位干部流出了眼泪。这封信是雪雪三个月前寄往云南省人民政府经法院转给我的。从信中，我得知慈母已于1953年在台湾故去，大女儿小燕也因病夭折，而最小的女儿老五，却已回长沙，现在长沙七中上初中。我真是悲喜交加，想不到慈母和大女儿竟已不在人世，想不到十多年盼望的家信终于来了。这一夜我辗转于床，无法入睡。我总担心这是一场梦，半夜里爬起来，再看看信和照片才算放下心来。

第二天，我把这喜讯告诉所有的同学，同时也向民政局做了汇报。同学们都为我高兴，民政局的领导也向我祝贺。我觉得自己好像变了一个人。雪雪这封信的力量真是太大了，它把我的整个心灵送到了一个无法用笔墨形容的快乐天地。在新社会工作学习已经是很不错了，若再加上能与家人团聚、重叙天伦之乐，实在是锦上添花，而且添的是一束我最心爱的鲜花，还有一群小小的含苞的嫩蕊。这是多么令人兴奋的事啊！我觉得自己仿佛是世界上最幸福的人。

雪雪的信上没有她的地址，我只好往长沙的女儿老五那里去信，让她将妈妈的情况和地址告诉我。同时我也给第二批特赦后回长沙去的夏建勣去了一封信，希望他去看看我的孩子。谁知孩子的回信还没有来，就接到了老夏的来信。他告诉我说，他已经去看了老五，而且暗示我，雪雪已经靠不住了，让我设法把我的儿子毛弟接来。这消息真如晴天霹雳！信读完后，我几乎支持不住了。我的心像被人插上了一把尖刀。这会是真的吗？我们过去的恩爱已经完结了吗？不！我不相信。我要亲自见到雪雪的信，才肯相信。孩子的信终于来了。从她的信中，我看不出雪雪有什么问题。我的心稍微安静了一点，那就只有看雪雪来信如何说了。

不久，雪雪的信来了，真相大白。她确实像我曾在梦中梦见的情况一样。她不但已改嫁，而且与新夫已生一子，因为她以为我早已被共产党枪毙了。天哪！命运为何如此地捉弄我们？20年来春梦一般的生活，却在我一生中印上了这样一个酸楚的烙痕。往日的恩情付诸流水，花前月下定过来生约，谁知今生竟不能结白首缘。然而这又能怪谁呢？归根结底只能怪我自己。倘若我不把她们送往香港，又何至于造成这种误会，又何至于落到这种妻离子散的下场啊！

从雪雪信中，不难看出她的满腔愁苦、满腹心酸。我不忍心去责怪她。在回信时，我强压住自己的痛苦，让她放心，说明不会去给她找麻烦的，祝愿她在新夫身边生活得幸福、愉快。然而这句话却像利箭一样刺伤了她的心。她写来了一封沾满点点泪痕的长信，向我倾诉十多年来她在香港的种种痛苦和不幸。

原来，她领着一家八口，在香港和我联系中断后，不幸的事情就接踵而来。由于她当时年轻，不懂人间险恶。加上人生地不熟，语言不通，她带去的钱不到一年就让别人连骗带偷地弄掉一大半。六个年幼的孩子和年迈的老母亲都要她照顾。过去的亲朋好友见我大势已去，也一改殷勤相助之态。一次，她拿着一个钻石戒指去求与我曾经相处20多年的好友，请他帮着卖掉，结果这好友夫妇却是闭门不纳。眼看钱将花光，她即将母亲送往台湾大哥家中，并让她的弟弟带着我的大女儿小燕、小女儿老五回来找我。谁知其弟将两个孩子放在长沙的伯父母家里，就一去没有消息。后来台湾方面的报纸说我已被共产党杀害，并将我的名字列入了"忠烈祠"。雪雪信以为真，悲痛欲绝。为了能在香港这个人吃人的社会生活下去，为了将孩子抚养成人，她在百般无奈的情况下，改嫁给流落到香港的原国民党某部一个独身团长。谁知毛人凤和我大哥借她改嫁为名，硬要将在香港的四个孩子接往台湾，并不准她去台湾。孩子们走后，她更加陷入了无法抑制的痛苦之中，新夫的安慰和温存都无法使她摆脱这种"丧夫"失子的痛苦。在绝望中，她信奉了基督教，把全部精力都贯注到了教义上，天天祈祷上帝保佑她的儿女。这样，她的心灵才稍稍得到一些安慰。

雪雪还在信中抄来了她在 1955 年信笔写的一首诗：

　　　　　飘泊天涯历坎坷，伤心惨痛泪成河。

　　　　　琵琶别抱成幻梦，孽缘偏聚我奈何。

　　　　　儿女成行留一个，苦命犹将日月磨。

　　　　　恳愿上苍佑我子，个个平安贤德多。

看到她的这首诗，我难过得眼泪直流，如果不是真正伤心到了极点，是写不出这种凄凉痛苦的滋味的。

雪雪在信的最后告诉我说，前两年她还在为我烧纸钱。现在听到我还活着的消息，她那早已痛苦得麻木了的心又感觉到了强烈的痛苦。现在叫她怎么办呢？真是进退两难啊！她还向我道歉，求我原谅。常言说："悲伤到极原无泪，大痛初临转不知。"我还有什么好说的呢？她一个弱女子，在那种弱肉强食的社会里，不改嫁又如何生存呢？我可怜雪雪，也怨恨自己，当初我就不该把她们送到香港那个鬼地方去。许多同学的妻儿留在国内的，不都生活得很好吗？现在家庭不能团圆，应该怪我自己，自作自受啊！幸亏紧张的学习和劳动，使我没有完全沉浸在这种痛苦之中。我每天坚持着学习、劳动，只是吃不下、睡不着。同学们问我为什么，我也不愿说。男子汉的自尊心，使我不愿让任何人知道这件事，只好把苦水往肚子里咽。

几天来，我一直在考虑如何给雪雪回信。我不愿有一个字一句话刺激到她。信写好后，我反复看了

1961 年暑假，沈醉和小女儿沈美娟摄于北海公园（杜聿明摄）

好几遍，怕其中有什么地方又引起她的伤心。我深深懂得她对我的真情，实在不愿在她痛苦之上再增添痛苦。这种"流泪眼观流泪眼，断肠人慰断肠人"的滋味，实在是难为局外人所理解啊！我决心把自己的全部情感，寄托在唯一在国内的女儿身上，把她抚养成人，而不要去影响雪雪的情绪。

这时暑假临近，正好我又领了400元钱的稿费，便着手准备接孩子先到北京来玩玩。我多么希望尽快地见到离别了13年的亲骨肉啊！记得1948年在昆明离别时，老五才3岁。如今一定长得认不出来了。为了让孩子来京时，我好在车站接到她，还特意给她寄去了一件上衣。民政局对我们父女团圆非常关心，他们不但准了我的假，让我陪孩子玩，同时还在城内的旅馆里为我们安排了住处。

孩子终于来了。在车站我一眼就认出了她。当我跑过去叫她时，她怯生生地看着我，小嘴很不习惯地叫了声"爸爸"。13年来，我第一次听到这种亲切的称呼，我感动得热泪夺眶而出。我紧紧拉着孩子的手，许久说不出话来。

来到旅馆后，孩子向我叙述了她在长沙的生活情况。原来，她才5岁时就和大姐小燕到了伯外婆家里。新中国成立期，伯外婆老两口都没有工作，就靠洗衣服和捶石头来抚养她们。政府见他们一家生活困难，就介绍伯外婆到工厂当工人，伯外公因年迈不能外出工作，就在家里领着她们糊火柴盒，待她俩像亲外孙一样。后来，小燕病死了。伯外婆继续抚养她，并供她上学，一直待她挺好。听了孩子的话，我非常感动。特别是孩子的伯外婆，她老人家在解放前是一个贫农的女儿，从没见过我和雪雪的面，更没有得到过我们半点好处。她既不知道我的过去，也不知道我的现在，只凭着她那劳动人民善良的天性，辛辛苦苦地抚养着这两个没人管的孩子。从伯外婆的身上，我看到了劳动人民勤劳善良的高尚品德，看到了新社会人与人之间那种互相关心、互相爱护的美德。回想过去自己欺压劳动人民，残害革命先烈，并罪及妻孥、累及全家的罪行时，我羞愧万分。我觉得自己愧对共产党，愧对劳动人民，也愧对养育孩子的善良的老人。我只有在有生之年，尽力为人民做些有益的事情，来报答他们的大恩大德。

在民政局的照顾和关怀下，我陪着孩子在京玩得很痛快。这些日子是十几年来最快乐的日子，孩子给我带来的安慰是无法用笔墨来形容的。雪雪给我带来的

1961 年暑假，沈醉与小女儿沈美娟摄于人民大会堂门前（杜聿明摄）

痛苦，被孩子的欢笑声和天真可爱的言行冲淡了不少。在京一段日子，孩子很想念长沙和那里的亲人。孩子要走了，我很难过，依依不舍，而她却高高兴兴。孩子毕竟太小，哪里懂得做父亲的心情，哪里懂得这种悲欢离合的复杂感情啊！

孩子一走，我又陷入了对雪雪的思念之中。我希望在有生之年再见到雪雪一面。我一连去了几封信，雪雪却只寄来许多吃的、穿的东西，没有回信。难道雪雪真的准备与我一刀两断了吗？感谢上帝，她终于回信了，不但答应回来看我，而且决定回来之后就不走了。这天大的喜讯使我高兴地哭了起来。我逢人就说，见人就讲，我恨不得让所有的亲友都知道我的爱妻，要从万里之外回到我的身边来了。我向民政局的领导汇报了这件事，并希望雪雪回来之后，能得到妥善安排。民政局的领导向我表示祝贺，并答应雪雪回来后给她安排合适的工作。中央统战部、中央民革和全国政协的领导，得知这个消息后，特意找我去谈雪雪回来的问题。他们说，党和政府都欢迎她早点回来，她在目前国家暂时有困难的时候还肯回来，说明她相信共产党，相信人民政府，也说明她有强烈的爱国热忱。政府不但欢迎她，而且愿意帮助她解决一切困难。政府领导如此关心我们家庭的团聚，实在是出我意料，这比我们过去对待共产党的做法真是天壤之别。我既羞愧又感动，立即把这个好消息写信告诉雪雪。

雪雪接到我的信后，也很高兴，她两次提前了原计划归来的日期。我兴奋得简直要发狂，在劳动时总觉得身上有使不完的劲。雪雪回来与否，直接关系到我下半生的个人幸福，只要有了她，我又可以重新建立一个幸福温暖的小家庭了。十多年的监狱生活之后，我是多么迫切地希望能够在晚年安静地生活在爱妻身边，天天见到自己的孩子啊！在这人间天上的日子即将到来的时候，我的心情反而显得更加紧张、急切。正在这时，我同时收到了雪雪和她的新夫的来信，她的新夫在信上说，他们办的农场现在很忙，准备让雪雪以后再回来，而雪雪的信却表示一定要回来。她说，我现在是在劳动，不是做官了，更需要得到安慰。雪雪的信使我感动得不知如何是好，在这种时候才体现出夫妻的真正的感情啊！同学们也都为我高兴，称赞雪雪是一个深明大义、有情感的"女中豪杰"。我听了更是骄傲异常。

雪雪的电报终于来了，让我去广州等她。民政局的干部帮我买了火车票，而且还发给我150元补助费，并负责办理雪雪的入境手续。

在民政局的帮助下，我终于很快地登上了去广州的火车。这可真是"万里迎鹏，曾经沧海怜娇燕；十年盼雪，又看沈醉护香萍"。我这个人从来不信神，不怕鬼，但在我和雪雪的姻缘上，我总认为是天赐的良缘，是任何力量也分不开的。

记得20多年前，我在临澧特训班当教官，雪雪那时才18岁，是我的学生。一天，我在擦汽车，准备回长沙看母亲，雪雪跑来对我说："沈教官，我要请假。我父亲病危，来电报催我回去。"我看了电报后点了点头。她见我准备开车走，就问我去哪里。当她知道我也是回长沙时，就高兴地对我说："沈教官，我搭您的车回去好吗？"这样，我就和她一起回长沙。在路上，我知道了她的母亲已去世，家里只有继母和父亲，她是老大，下面还有三个弟妹。我很同情她的不幸，用汽车直接把她送到家里。进了门，她拉着继母的手哭个不停，我就走到她父亲床前，询问病情。谁知老人家见了我，以为我是雪雪的男朋友，一把拉住我的手，颤巍巍地说："雪雪托付给你，我就放心了。"听了她父亲的话，我有点不知所措。但见老人那诚恳的目光，我就点了点头说："你老放心吧！"回家后，我把这一误会当笑话一样告诉母亲，母亲却很严肃地说："临终人的嘱托，你既点了头，等于同意了，这是不能违背的。"听了母亲的话，我很高兴。回到临澧后，我特别注意雪雪，发现她不但长得美貌，而且活泼大方，爱唱爱跳，经常在学校表演节目。有一次晚会上，看了她表演的节目后，我立即写了一首诗，向她表示爱慕："华灯辉耀映花颜，疑是嫦娥下广寒。如此风姿天上有，人间能得几回

看。"后来她也回赠我一首诗:"年年憔悴损容颜,谁料心寒梦亦寒。幸列门墙成桃李,满庭红白任君看。"意思是说,父母相继去世,使她憔悴心寒,幸亏成了我的学生;而我的学生很多,可以任我挑看。我将这首诗拿给母亲去看,母亲非常赞赏,夸这首诗写得好,心境开阔,落落大方,定要我把雪雪领给她看看。母亲见雪雪后,更加喜爱她,并对我说:"这孩子很好,长得一副有福的样子。"在母亲的赞许下,我俩就订了婚。20多年来,我一直认为我俩是前世定下的姻缘,今生今世是不会分离的。这次去广州接她,不也说明了这点吗?

然而谁也没有料到,我在广州下车后,广州市民政局的人告诉我说,北京来了长途电话,说雪雪又去了一封电报,说她生病了,不能按期回来,让我不要去接她。听到这个消息,如同平地一声巨雷,把我的心都震碎了。这是怎么回事呢?我连忙给雪雪打了个电报,又写了封长信,告诉她我已到广州等候,盼她立即启程。在我们原来约定的日子,我就跑到车站去接她,结果所有的人都走光了,也没见到我的雪雪。我伤心极了,东倒西歪地信步往旅馆走去,几次都差点撞在来往的汽车上。到了旅馆,我蒙头就哭,整天不想吃东西,真的是雪雪病了?还是受到阻力走不了呢?我越想越不安,一连几天我都跑到车站去,希望能接到她。第六天,天下起雨来,我因连日来吃不下睡不着,身体几乎有点支持不住了;但一想到雪雪如果来了,没人接她不行,便又咬着牙,冒雨去车站,结果还是扑了个空。我已悲痛得麻木了,在大雨中一步一拐地慢慢走回旅馆。浑身淋得透湿,我也毫无知觉。当晚我才接到雪雪的来信,她说,由于她生病推迟了归期,有关当局得知消息后,派人找她谈了话。她非常担心在大陆外的几个孩子的安全。她还告诉我说,有关当局由于我写的《我所知道的戴笠》在《文史资料选辑》刊出后,香港报纸也转载了,大为恼怒。我在海关工作的二女儿小熊被撤了职。雪雪说,这是"神"的意志,"神"不让她回来,所以为了孩子们的安全,她决定暂时不回来了。天哪!"神"难道这样不公平吗?我过去忠心耿耿为国民党效力,弄得妻离子散,如今共产党给了我第二次生命,并尽力帮助我和家人团聚,使我能度过一个幸福的晚年,台湾方面又何苦这样破坏我的家庭团聚呢?又何苦这样折磨我们呢?

外面的雨下个不停，我的眼泪也流个不停，隔着窗户一直滴到天明。我不能怪雪雪失约，做母亲疼爱孩子的心，我是理解的。她一定有比我更为难的地方。可是，我没有雪雪也不行啊！雪雪不回来，老五不能到北京上学，我何时才能有个家呢？

回到北京，我就病倒了，我也不想让人知道。我想，没有雪雪，我还不如死了。我这个曾经在雪雪心目中已经死去的人，何必要再多活呢？弄得我也痛苦，她也难过。

领导和同学们知道我的不幸后，都很关心我，民政局还答应将我的孩子从长沙转到北京来上学。领导的关心，同学们的安慰，使我很感动。我认识到自己的心胸太狭窄了。党和政府如此关心我，改造教育了我十多年，我什么工作都还没有做，周总理交给我的任务还没有完成，我有什么理由如此悲观、如此萎靡不振呢？这件事不正是生活对我的考验、对我的教训吗？不正是说明了国民党的残忍，共产党的伟大吗？在社会主义祖国的大家庭里，还有什么困难克服不了呢？

政府关照，温暖如春

　　党和政府的关怀照顾，犹如春天的阳光一样，温暖了我的心，消融了我心头的冰雪。新的工作、新的环境和强烈的责任感，给予了我生活的信心和力量。

　　在农村劳动一年后，民政局即通知我们回城，等候分配工作。我既高兴，又有点依依不舍，留恋农村那些纯朴忠厚的人们，留恋农村那诗一般美丽的风景，留恋自己亲手培植的果树和庄稼。在人生的道路上，这一年的劳动，确实给我留下了一段美好的回忆。

　　回城后，北京市民政局李局长和统战部廖部长、贺副部长等，邀请我们到北海公园的仿膳饭庄吃饭。廖部长总结了我们一年劳动的成绩，指出了不足之处，希望我们坚定地相信党，不要怀疑、动摇；要搞好团结，处理好群众关系；树立集体主义精神，克服个人主义，并希望我们不要服老。宴后，廖部长还特意向我问到雪雪是否回来的问题。面对领导殷切的期望、无微不至的关怀，我感激不已，但对雪雪是否回来的问题，我却不知如何回答才好。

　　雪雪虽然失约未归，但她来信总是表示很想回来，不过，为了孩子们，她现在还不能回来。她转来了在台湾的几个孩子写给我的信，我看了感触很深。

　　在台湾的四女儿在信上说："月有阴晴圆缺，人有悲欢离合。我相信，我们家分离了这么多年，总会有团圆的一天。我天天都在祈求神，保佑这一天早日到来。"这些话出自一个不满18岁的女孩之口，实在是令人又心酸，又感动。

　　我最小的儿子才14岁，他也工工整整地在信上写道："爸爸，我们没有一天忘记您……"这孩子在离开我的时候，只1岁多，连自己的名字都不会说，如今却会写信了。我不由得老泪纵横，舐犊之情溢满胸怀。我深深地感到自己对不起孩子们，是我使他们陷身孤岛，备受凄凉。

最使我伤感自责的是二女儿的来信。她说："我们不愿让妈妈离开香港。因为弟妹都小，还需要我照顾。妈妈在港，我还可以写信去诉诉自己的苦衷，发发牢骚。如果妈妈回大陆，我们几个孤儿心里有苦都无处诉说了……"孩子的话像针一样扎疼了我的心。不正是我们这些蒋家王朝的"忠臣"，造成了祖国的分裂，造成了骨肉分离吗？既害自己，又害子孙，这妻离子散的苦痛理应由我来承受，我不能夺走孩子们这唯一的一点可怜的寄慰。我只有在今后的有生之年里，为祖国的统一多做工作，来赎自己过去的罪过，把祖国的统一和家庭的团聚统一起来。

现在，我不再强求雪雪回来了。我只求工作固定下来后，把在长沙的小女儿接到北京，把她抚养成人。

不久，我与留京劳动的几个人都被安排到了全国政协文史资料研究委员会任专员，和杜聿明、溥仪在一起。这个职务是周总理亲自安排的。当专员每月100元工资，国内物价又低，这真不算少了，完全可以生活得非常好。安排第一批特赦人员的工作时，我们第二批特赦的人员也在场，我很羡慕杜聿明他们能得到这样优厚的待遇。想不到一年之后，我也得到了这种优待，心里有说不出的高兴和感激。

工作安排后，罗历戎等家在北京的人都回家去住，有的人结了婚，而我和李以劻等眷属在海外的人，仍住崇内旅馆，每天1元钱的伙食费，可以吃上四菜一汤，生活可以说是很不错了。然而，我这个人家庭观念很强，总希望有一个自己的家。领导上原是有意安排我的女儿转来北京的，于是，我打了个报告，想早日促成此事。当时北京正在压缩人口，我很担心女儿来北京有困难。没想到报告送上去不久，政府就批准了，并分配给我一套三间带卫生设备的住房。

孩子在长沙参加升学考试被录取后，就被安排到北京女六中上高中。我终于有了自己的家了。每当我做好饭，看到孩子坐在对面吃得津津有味的时候，我心里总是有说不出的快乐。有时我为想念雪雪而烦恼时，孩子几句嫩声娇气、略带责备口吻的劝慰，就会使我心头的烦闷全都消散。我们父女俩相依为命的生活，

左起：宋希濂、溥杰、沈醉、文强

是平静而快乐的。每到假日，我总爱带着孩子骑车到北京的名胜地去玩：去颐和园划船，去香山爬"鬼见愁"，去八达岭游览长城，有时来回100多里路程，我也毫不在乎。看到孩子天真、活泼，我好像年轻了许多。

　　1962年的中秋节来到了，政协机关邀请我们和在京的政协委员及其家属，到政协礼堂楼顶的露天平台上参加赏月晚会。明月当空，一个个小圆桌上摆着水果、月饼等食品，人们一边赏月，一边观看东方歌舞团的表演，欢声笑语，喜气洋洋。我领着孩子坐在圆桌边，望着玉盘般的皓月，欣赏着精彩的节目，感慨万千。孩子第一次见到这种场面，笑得很开心。突然，有人站起来，有人向后望去，原来是周恩来总理、陈毅副总理和邓颖超大姐来了。总理频频招手，微笑着请站起来的人们坐下。他和陈毅副总理走到前面，把两个七八岁的儿童抱在怀里，就坐下来看演出。邓大姐正好坐在我女儿旁边，她拉着孩子的手问长问短，并从桌上拿了一个苹果递到孩子手里。看到周总理和邓大姐这种和蔼可亲的举动，我很感动。我觉得我的这个小女儿能生活在新中国，确实要比她在台湾的几个姐姐幸福得多。此时此刻，我心里又是感激，又是难过自责。中秋之夜，我那远在天边的雪雪和在台湾的几个儿女，他们是如何度过的呢？

　　自从特赦后，这种自责与感激的心情，常常在我心中交错出现。

　　有一次，中国新闻社在民族饭店举行宴会，邀请我参加。会上，我见到了政协常委刘芦隐先生。刘芦隐先生曾是胡汉民先生领导的"新国民党"的成员，是胡汉民先生最得力的助手。蒋介石为了巩固自己的统治地位，排除异己往往是不择手段的。

　　那是 1937 年初，蒋介石因抓不到胡汉民先生，就决定逮捕刘芦隐先生，将他置于死地。当刘芦隐先生从广州到上海时，戴笠就让我绑架他，把他押往南京，秘密处死。记得那天正下小雪，我带着几个特务驾着一辆汽车到处找刘芦隐先生在上海的关系。后来，我发现刘先生的夫人住在上海法租界贝当路附近。我正开着车向西走去，突然发现刘先生和他夫人乘一辆墨绿色的轿车从对面驶来。我立即掉转车头，紧紧跟在后面。因为他的车子比较新，跑得快，我们没有跟上，只记住了他的汽车号码。当晚，我便开着汽车到处乱找，结果在三马路扬子饭店发现了他的汽车。我们守了半夜，才见刘先生和他的夫人一道从旅馆里走出来。我原打算利用他的汽车将他绑走，只因他夫人发觉了，大叫起来，惊动了附近的英国巡捕，才由秘密逮捕变成公开逮捕，结果一同到了英租界老闸捕房。以后我们利用杨永泰在武汉被刺事件，硬把这一罪名加在刘先生身上，将他引渡到武汉归案。由于秘密逮捕没有成功，戴笠大发脾气，因为公开逮捕，就不便随意杀掉他了。

　　看到这位年过七旬的老人，我感慨万端，连忙走上前去，向他道歉。老人慷慨地说："过去的事就别提了。"刘先生和我倾谈了近两个小时，新闻社的同志还为我们拍了不少照片。分别时，刘先生深有感触地说："这只有在共产党的教育下，咱们才会有今天哪。"是啊！如果不是共产党对我的改造和教育，我是决不会认识到自己的罪恶的，而过去的仇人也决不会与我握手言欢的。

　　1962 年，我所写的《蒋介石准备暗杀李宗仁的阴谋》一文，在《文史资料选辑》第 32 辑上刊登了。李宗仁先生从美国回来后，看到这篇文章很诧异，便叫曾担任过他的秘书的尹冰彦同志，约我到史家胡同他的住宅去见他。李先生和他的夫人郭德洁很高兴地接待了我，并留我在他们家吃了午饭。

　　原来在 1948 年 11 月间，我担任保密局云南站站长，突然接到毛人凤给我的一份"立即赴南京，另有重用"的急电。我于第三天由昆明飞抵上海，即转乘火车去南京。毛人凤派当时的总务处长成希超到车站接我，一直把我送到军统招待美国人的"诚庐"招待所。我感到很奇怪，问成希超是什么事。他说，他也不知

沈醉与黄维

道，只听说有一项重要任务，是蒋介石亲自指定调我去干的。当天下午，毛人凤赶到"诚庐"，先来找我。一走进客厅，毛人凤即关上房门，通知卫士不要让人进来。他小声地告诉我：这次来南京，是蒋介石指定要我主持暗杀李宗仁的事。毛人凤原准备派保密局行动处长叶翔之主持，后来蒋介石知道叶翔之是个文人出身，连手枪都不会使，便指示立刻把我从云南调来，接替叶翔之主持这件事。交代完后，毛人凤便领我去见蒋介石。

我们到达黄埔路蒋介石的官邸后，等了两个多钟头，蒋介石才抽出时间见我们。这次见面，我觉得他特别和蔼，他从座位上站起来和我们握手，并在离我们很近的地方坐下来。他谈话也表现得很亲切，先问我云南的局势、工作情况、与地方势力相处的情况，以及我的家庭情况，然后才言归正传。他问我知不知道调我来南京的新任务，我说，毛局长已经告诉我了。他连说："那很好！"他又问我有什么意见，我忙表示说："效忠领袖，愿赴汤蹈火！"他很满意，并郑重其事地说明，这次行动是关系到大局，关系到党国安危的大事，叫我绝对保守秘密，一定要从速布置好。他还说，共产党是迟早可以打败的，而内部的捣乱却比共产党更难处理，这是在万不得已时才决定采取这个办法的。他叫我把一切准备妥当，等他决定行动时，便要绝对去完成使命。我也一再表示："不辱所命。"他听了很高兴，又用历史上的英雄人物来鼓励我。

在谈话中，蒋介石始终没有吐出"李宗仁"或"副总统"三个字来。我懂得，他为了要除去这个和他争夺总统宝座的对手，是希望我在执行命令时不惜牺牲自己的生命；并准备事败之后将我抛出去当替罪羊的。所以从他嘴里，决不会说出叫我去杀李宗仁的话。

后来，由于淮海战役中蒋介石的精锐部队全部被解放军歼灭，时局紧张，他为了缓和矛盾，才假意宣告"退休"，让李宗仁代理总统。这才暂时取消了这次"特别行动"。

一开始，李宗仁先生便告诉我，他过去一直不知道蒋介石要对他下毒手，看到我写的那篇东西后，才恍然大悟。过去，他在南京时，看到在他住宅附近和每天出去时汽车经过的几处地方，都有些人在注意他，他还以为是南京卫戍总司令部和首都警察厅等地方治安机关，在派便衣保护他呢。

说到这里，他很气愤地对我说："你还不知道吧？我和蒋介石是换过帖的兄弟。他当时口口声声欢迎我去南京，没想到他准备干掉我。我过去一直尊重他，一直到今天，还是称他为蒋先生。今后，我再不这样称呼他了。"

这时，郭德洁女士插嘴说："你写的东西，还有一个最重要的内幕没有写上。我今天给你补充一下。"

她告诉我说，她和李宗仁先生那次刚到南京不久，蒋介石夫妇便请他们吃饭，表现得非常亲热。宋美龄首先提出，把以她的名字命名的"美龄"号专机送给李宗仁夫妇使用，并说这架飞机设备如何好。宋美龄还说自己另有一架"中美"号专机，所以"美龄"号正好给李宗仁夫妇使用。蒋介石也一再说明"美龄"号如何安全，只要李先生夫妇想去什么地方，打一个电话到飞机场，随时都可以使用。

从蒋介石夫妇的那种热情来看，谁也不会料到这是要李宗仁的老命。当时郭德洁女士很想坐这架专机去杭州、上海等地玩玩，也享受一下那架专机上的豪华设备。由于李宗仁先生天天忙于见客、开会，老是抽不出时间，所以他们一次也没有坐过。

听了郭德洁女士的话，我便笑着说："好在你们没有去乘坐那架专机。只要去一次，那就不能到北京看毛主席，而早去看孙中山了。"因为那时我主持的暗杀行动，其中一项就是只要李宗仁夫妇乘飞机一飞出南京，我马上带两架战斗机把它击落。只是我不知道蒋介石夫妇还亲自安排了这一暗杀活动。

　　后来，李宗仁先生又说，他有一件事至今也不理解。他问我说："1949年11月我在云南游览石林时，卢汉为什么不派宪兵或他的特务营担任警卫，而派军统掌握的特务武装交警总队来保护我？"我向他解释说，那是卢汉玩的一套手腕。因为卢汉知道蒋介石与李先生的矛盾，他担心军统会随时干掉李先生，然后向他要凶手，拿他当替罪羊，所以他通过与桂系有关系的滇越铁路局长唐宇纵，要铁路警务处派出两个交警分队去保护李先生，万一出事，他可以推卸责任，也可以防止军统派人在荒僻的石林地区去搞暗杀。

　　实际上，卢汉估计得完全正确。1949年11月2日，我就得到李宗仁先生将于第二天到昆明的消息。我便用"限即刻到"的电报向毛人凤报告和请示。3日一大早，我就得到毛人凤给我的复电。毛人凤指示我除密切注意李先生在云南的一切活动和言论，以及卢汉对李先生的态度外，还突出地用过去少有的口吻说："奉面谕：指明吾兄亲自从速做好如同在南京一样的布置，随时听候行动命令。"这一句话无疑是告诉我，蒋介石当面指示他，叫他通知我，要我在昆明准备暗杀李宗仁。因我在南京布置过这件事，也只有我一看才能明了。并特别说明这是蒋介石亲自指示叫我干的，以加强这一复电的重要性。

　　当时，我在卢汉身边布置了几个人，而最能接近卢汉的是他的副官处长朱家材。他是通过军统特务、昆明警察局刑警大队长周伯先与军统发生关系的。他和周是连襟，关系很深，所以也乐意为军统做一点卢汉的工作。虽然他用脚踏两只船的办法，把卢汉的情况向我反映一半保留一半，也把我对卢汉的布置向卢汉谈一点以表忠诚，但别人和卢汉的谈话内容，他是可以完全告诉我的。我几乎把李先生在昆明的言行基本上弄清楚，并随时向毛人凤报告。

　　蒋介石当时最担心的，是怕李宗仁先生把桂系残部调到云南，和他争夺在大陆上的这一最理想的反共基地。李先生几次和卢汉的谈话，我都是随得随报。如李先生向卢汉发牢骚，说自己这个代理总统是有名无实，变成了"代而无人理"，没法行使总统职权，主要原因是那位"退而不肯休"的人在幕后操纵着一切，半点也不肯放松。当时我认为这些言论很重要，谁知汇报上去后，却没有什么反应。

　　一次，在卢汉家中吃饭，郭德洁女士向卢汉表示：他们此行是到昆明避避难，玩几天便要走的。这么两句话我认为无足轻重，而且出自郭德洁之口。谁知情况汇报上去后，却引起了蒋介石的重视。毛人凤又"奉面谕"要我亲自核实补充。我只好把卢汉宴请李宗仁夫妇时，在场听到郭德洁女士说这两句话的两个卫士，由朱家材陪同到我家，亲自问了之后，又复电毛人凤。这时，我什么都准备好了，只等一声令下，便可以马上干掉李先生。结果，一直到11月9日，李先生夫妇在昆明和宜良石林玩了六天走了，我也没接到暗杀李先生的命令。

后来，我把这事告诉徐远举。徐远举说，李宗仁夫妇到成都时，毛人凤也叫他布置暗杀。也是在四川省主席王陵基请李先生夫妇吃饭时，郭德洁女士向王陵基说，他们是到四川避几天难，玩玩就走。所以没有在成都干掉他们。这时我才恍然大悟，为什么蒋介石那么重视郭德洁那两句话。

郭德洁女士听到我说的这些情况后，大笑起来说："真没想到，我的两句话救了我们的命。这才使我体会出'一言兴邦，一言丧邦'这两句话的含义。一个妇道人家居然也能起到这样的作用。"

辞行时，李宗仁先生握着我的手，很有感慨地说："想不到你这拿惯'自来得'（旧社会一般人称德国造的驳壳枪为'自来得'）的手，今天居然拿起自来水笔写历史，这是多么大的变化啊！"我说："这是共产党改造政策的功劳。"

离开李宗仁夫妇后，我也感慨万端。共产党不但改造了一个旧中国，创造了一个新社会，而且改造了一代旧人，建立了崭新的人与人的关系，化仇为朋，化敌为友。

解放前，国民党内部的派系争端者，在新中国能得以握手言欢，固然能使人折服；而解放前我对共产党人的迫害，共产党也能宽宏大量处置，则更使我感激涕零。

1964年，罗广斌、杨益言合写的《红岩》小说一出版，就风行各地。它是以解放前夕军统在重庆破坏中共地下组织，逮捕大批共产党员，前后在原中美合作所旧址白公馆、渣滓洞两个看守所残杀了成百共产党人的一场大斗争、大屠杀为背景而创作的小说，其中反面人物徐鹏飞、沈养斋、严醉都是以徐远举、周养浩和我为模特儿的。小说所描写的这三个人，虽然有些艺术加工，但其面貌、性

韩子栋（《红岩》小说华子良原型）

格、职务、作风等方面还是基本相符的。我特意买了两本《红岩》，寄一本给徐远举，让他看看自己过去的罪恶。另一本我留着自己看。反复看过几遍后，我更加感到自己罪恶深重，愧对先烈，愧对人民；也更加觉得共产党伟大、英明！

后来，罗广斌和杨益言来北京，找我和董益三了解军统及中美合作所的情况，我便将他们所不知道的江姐怒斥徐远举的情况告诉了他们。后来，北京和外地的许多剧团都争着将《红岩》编成剧本，还拍了一部名叫《烈火中永生》的电影。剧本的编导和演员都来找我，让我提供有关材料和细节，并请我到一些剧团去做报告，让我给他们介绍当时的一些情况。他们对我都很客气，而且演出时还送戏票给我，让我去观看并给他们提出意见。对这些事，我总是尽全力去做。我觉得自己能以现身说法，为现在的青年做反面教员，既是自己对党对人民做的一点有益的事情，也是自己认罪赎罪的具体行动。

特别是我一想起周总理第二次接见我们的情景时，我就更加觉得自己做的工作太少了。今后若不认真、踏实地为祖国、为人民多做些有益的事情，实在对不起人民，对不起周总理。

那是1963年的11月间，一天下午，周总理和陈毅副总理在人民大会堂的福建厅接见了我们在京的四批特赦人员及家属约20人，张治中、傅作义等也在座。

周总理给我们讲了话。他勉励我们好好工作，希望我们幸福愉快地度过晚年，并让我们在来年春暖花开的时候，到江南等地去参观游览，看一看解放十多年来祖国的新面貌。

在酒席宴上，周总理向我们劝酒时，对我说，他看过了我写的东西，并希望我把自己所知道的东西都写出来。总理的话给了我很大的鼓舞。想不到周总理日理万机，还抽出时间来看我写的东西。

接着，周总理和陈毅副总理等与我们一起照了相。和周总理一起合影，这是我一生中最

右起：沈美娟、杜雪洁、沈醉、韩子栋、小萝卜头之兄、韩子栋之女

大的光荣和荣誉。十几年来，我一直把这张照片珍藏在我的身旁。无论是"四害"横行之际，还是在我遇到种种困难的时候，一看到这张珍贵的照片，我就感到信心百倍，勇气十足。无论遇到什么阻力和风险，我也要履行自己对周总理所许下的诺言：努力改造世界观，为党和人民多做一些有益的事情。

自由天地，冤家路宽

　　刚一特赦出来，我就想到今后的日子可能不大好过，希望不要把我留在北京。因为我在获得特赦的第二天，就知道我们在北京的领导人是中共北京市委统战部部长廖沫沙。他抗战时在重庆《新华日报》工作时，是军统重点监视人之一。我想，他一定不会忘记特务对他多年进行的种种阴谋，他纵然不报复我，也免不了会要另眼相看，这对我是不利的。所以我在几天以后与他见面时，便向他请罪，承认过去对不起他。可是出乎意料，他反而安慰我，要我不要背这种包袱。他说过去的事，就让它过去算了，他根本没有放在心里。并说他在重庆的几年中，往往一出门就知道有特务在盯梢，当时的确感到十分讨厌，总想设法甩掉那些跟在身后的尾巴。特别是1947年国共和谈破裂，强迫在重庆的中共人员离开重庆时，那些特务们的嚣张气焰和蛮横、粗暴的种种情形，更是十分令人气愤。不过国民党终于被赶出了大陆，这比赶共产党人离开重庆时的情形就显得完全不同了。他说那时他们被特务逼着离开时，是十分气愤的，义正词严地斥责了执行赶他们的重庆市警察局刑警处长谈荣章和重庆警备司令部稽查处长罗国熙等军统大特务，并且警告他们，共产党人不久一定会要回来的。这话果真在短短的两年多时间中实现了，重庆获得了解放。而国民党被赶出大陆时，就十分狼狈不堪，他们是被打得落花流水、狂奔逃命的。那和我们离开重庆就完全不同了。

　　虽然在头几次接触中，他没有对我个人怎么样，但是我想，如果只有我一个人的时候，他往日的阶级仇恨，特别是他几年里所受特务对他的迫害，也许会发泄到我的头上，因此，不免总有些担心。不过，我又一想，自己只有向他请罪认错，求他宽恕，不应该有丝毫抵触与不满。过去我们那样对待他，今天他即使说几句，难道还受不了？

1961年初冬，我接到前妻粟燕萍从香港的来信，表示愿意回来。我把信送到民政局，由民政局转交到北京市委统战部后，廖部长马上批准我去广州迎接她。当我从红星公社进城到民政局办理去广州的手续时，出我意料，民政局通知我，说廖部长要请我吃晚饭。我估计这次得好好接受一顿批评，也可能还有一大堆讽刺报复的话。从民政局走出来，我思绪很乱，走路也没有把头抬起来。忽然，背后传来一阵急促的汽车喇叭声，我刚一转身躲让，一辆美国别克牌小车擦身而过，我看到一个外国女人从驾驶室里把手向我招呼一下，像是对我表示歉意，便疾驶而去。

看到这辆车，当年我戏耍叛徒张国焘的往事，立刻浮现在我的眼前。一想到这事，我就担心在吃晚饭时，不知会受到廖部长怎样的讥讽。

当我准时走到中山公园来今雨轩东边那间华丽的餐厅时，廖沫沙部长和另外几位领导人是那样热情地接待我，一再祝贺我能夫妻团圆，并向我保证一定给我们安排住的地方和给粟燕萍安排一个适合的工作，还一再问我路费够不够。民政局的一位科长又拿出一张硬席卧铺票给我。从见面到吃完饭，我没有听到一句责备我过去的话。相反，他们是那么关怀我，使我感激的泪水都快流了出来。当然，这和我把张国焘气出来的眼泪，完全是相反的。

从那次以后，我对廖部长便再不担心他会记恨过去，来对我进行报复了！

还在这年春节，中央统战部设宴招待在京的第一批特赦人员时，我和范汉杰、罗历戎等五个留在北京的第二批特赦人员也应邀参加了。宴会前，李维汉部长宣布：周总理亲自决定，把留在北京的溥仪、杜聿明、宋希濂、王耀武等七人，安排到全国政协文史资料研究委员会任文史专员，每月工资由原来的60元增为100元。溥仪等都非常感动，他当场向几位领导人表示了他出自内心的感激，并一再说：这一安排和待遇，实在是出乎他的意料。有一位副部长便对他和其他的特赦人员说："你们这些人过去都是享受惯了的，今天当然不能让你们过和从前

左起：范汉杰、沈醉、康泽、廖耀湘

一样的生活，但也不能让你们过一般水平的生活，而是让你们在新中国能过上比一般水平高一点的中等以上的生活。如果有特殊需要和困难，还可以提出来，可以考虑临时补贴。"我一边听，一边感到这位副部长似曾相识，但一下却想不起来。等吃完饭，大家开始聊天时，这位副部长笑容可掬地走到我身边坐了下来："沈醉，不认得我了吗？我可还记得你呢！"他一边说一边递给我一支烟。我吃了一惊，把烟接过后便站起来，很有礼貌地回答："仿佛见过首长，一时想不起来。"我一边说一边在想，过去反共反人民那么多年，认得我的共产党人肯定是受过我的迫害的，冤家路窄，今天找上门来，准得挨一顿斥责，而且今后我们也得一样由北京市转归全国政协领导，瞧着吧，有的是小鞋让我来穿……我正在这么往下想时，他一把将我按在他身旁的沙发上，似乎看出了我的心事，便笑呵呵地说："你过去接触的人太多，当然想不起来，你还记得你和吴景中来请我去吃饭的事吗？我叫徐冰，你该想得起了吧？"他这话一说出来，我立刻就想到了那次见到他的情况。那是抗战期间在重庆，有天戴笠在主持"纪念周"，他大骂大嚷一顿之后，仪式宣告结束。他讲话骂人出了一身臭汗，便照例得去洗澡。他走出礼堂大门后，我便发口令："解散！"大家才敢慢慢跟在他后面走出来。这时，忽然有一个老同事吴景中跑过来找我谈话。他是湖北人，莫斯科中山大学毕业的共产党的一个叛徒，当时在中苏情报合作所当科长。我和他在临澧特训班同过事，两人一向还相当要好。他把我拉在一边，轻声对我说："我有要事想见戴先生面谈。"我知道戴笠的脾气，他骂累了，急着去洗澡换衣，不愿有人找他谈话，对于外勤单位一个科长级的部下，更不会接见，我便劝他不要去碰钉子了。他很着急地说，确有紧要的事，只问他一声就行了。我碍于情面，只好同意陪他去一趟。我先让他在19号楼下坐一会，自己去处理了一些紧急的工作，估计戴笠已洗完了澡才走过去。当我上楼去向他报告吴景中有紧要的事向他请示时，他好不耐烦地要我带吴去见毛人凤。我便提醒他，吴是从共产党那边过来的，他有紧要事，一定是与共产党人有关的问题，还是见见好，他才"嗯"了一声。我便把吴引进他的办公室。我怕吴借机找他啰唆，便在旁边站着。心想，只要看到戴有不高兴的表情，就可以催促吴快点走。吴一开口就说：前几天他在路上遇到莫斯科中山大学的一个同学，现在是延安派在重庆工作的，可不可以和他往来？戴一听很高兴，马上叫吴坐下来谈。吴便把他和这个同学（他当时讲了名字，我没记住）过去关系如何好、这次见面很高兴等情况谈了一下。戴笠马上决定第二天在军统局枣子岚垭大门侧的"漱庐"请这人吃晚饭，要我做好准备，并邀几个也是中山大学毕业的军统特务参加作陪，还叫我派车让吴景中去接这位客人来。戴笠在"漱庐"请的客人，属一般关系的，都是由我安排。军统局的厨师做菜，一般不是太好的。凡是在这里请客，我都可以去敬陪末座，一方面是我在场可以指挥方便，更重要的是在这里请的客人，大都是初次见面或关系不深的人，戴笠很愿意有我在场，因我的武术和枪法，使他在生人面前有安全感。他天天暗算人，也时时提防别人暗算他，请客时不能让警卫站在旁边，我既够做陪客的条件，更可充当很好的保镖，所以他在"漱庐"请客时，十有七八是我做陪客。

吴景中提出他的那位同学后，戴笠马上决定要在第二天就去请他来吃晚饭，这种急不可待的心情，我是比较了解的。因为曾发生过共产党员张蔚林"打"入军统无线电总台的事，并在总台内发展组织，连总台的报务主任和几个报务员都

被他介绍加入了共产党的地下组织，在军统内部进行活动。这个专门反共的机关，竟被共产党"打"进来很久，才在一次无意发生的事件中被发觉。虽然张蔚林和他发展的几个人全部被捕获，但没有破坏重庆中共地下党组织。蒋介石为这事把戴骂得狗血喷头，差一点被撤职查办。蒋介石在跳着脚骂他时，咬牙切齿地说："我天天叫你派人打进共产党，一直到今天，连睡在我们身边的重庆共产党许多公开机关你都打不进去，而他们却钻到我们心脏里这么久才无意中被发觉，你还有脸活得下去吗？"蒋介石的这番话，他不止一次地反复对一些亲信骨干讲了又讲，自己也感到这是他一生的奇耻大辱，并承认是他在和共产党斗争中失败最惨的一次。他为此几乎有一两个月都没有笑过，整天愁眉苦脸，遇事就大发脾气，动辄对部下拳打脚踢。有天他打电话到总台找总台长，查问有关张蔚林案发生后还有什么可疑的人没有抓起来。接电话的报务员，是经过多年考核认为最忠实的人，是刚从外地调来接替老报务员的。他以为调到总台，比在外地更加神气十足、更加了不起，所以听到戴笠在电话中那种毫不客气的言语，也加倍不客气地做了回答。戴一气之下，便坐上汽车赶到总台去。因为最使他丢脸的事发生在总台，旧恨新怨一齐发作，他找到那个接电话的报务员，一连打了好几个耳光。总台长等苦苦向他求情，才没有把这个报务员送去坐牢。接着，总务处庶务科交际股长为他安排在乡下别墅请一个法国特务和他的老婆安南公主时，由于准备的礼品不合他的意，他认为太寒碜，便拿起一张椅子向这个股长头上打去。正好我赶过去，一下把椅子接住，才没有把这个股长打死。我当时也气极了，便把椅子向地上一甩，问他办错一件事便要打死人，谁还敢来干？他不理我，还要去打那个股长。我再次拦住他，并叫那个股长跑出去。他就冲着我说：你放他走了，你得马上给我去弄一件名贵的礼品来，半小时以内就得办到。我答应一句："行！你不能再打他，我办不到你打我！"他这才气呼呼地坐在那里等我给他去弄礼物。我立即驾车到军统贵重物品仓库内给他拿来十多件外国女人喜爱的项链、胸花、手镯……让他挑，他才满意地挑了两件。等我叫仓库保管员把其余的东西收拾好，让他在保管物品清册上签了字以后，他才问我：这些东西是从哪里来的？我说，这是缉私署、检查处等单位没收了的东西，不是你批交我保管的吗？他才想起：过去军统许多外勤公开机关连抢带没收了许多东西。写报告上缴军统时，他只在文件上批"交总务处妥为保管"，自己不但没有看过这些东西，有时连清单都没有细看，所以他自己也常常说，他快变成张宗昌了。其实，他早就超过张宗昌的"三不知"：不知自己有多少军队（特务）；不知自己有多少财产；不知自己有多少老婆。我趁他在细细玩赏那两件他认为十分满意的名贵礼品很能讨安南公主的欢心时，便劝他：如果这样动辄打人，而且越来越发展，先是打勤务士兵、警卫，不久又打了中尉报务员，今天又要打少校股长，再过一些时，连我这个少将处长也得挨你的打，我不想再在局本部干了，特别是不想在你身边工作。我请求调到外勤单位去，因为我从小就没有挨过打，我受不了这种耻辱！他听了后，便长叹一声："你难道不知道张蔚林案发生后，我受的耻辱比打骂更厉害十倍！我要是心里快活点，怎么会去随便打人？"

由于张蔚林事件，以及蒋介石骂他连睡在身边的共产党组织都没有打进去，所以他一发觉吴景中提供的这一可以拉拢共产党员的关系，便急不可待，第二天就想请这位在重庆工作的共产党员来，由他亲自出马，进行收买利诱。第二天，我决定自己驾车陪吴景中去接这位客人，一方面表示戴笠对客人的重视，同时还带点威胁气氛。我和吴景中去到这位客人住处，见到他以后，吴便向他说明，戴笠很想见见他，并请他去吃饭，还把我向他做了介绍，说是戴笠派我代表他来请客人的。这些话说完之后，那位客人却出人意料地一口谢绝了。我只记得他是带点埋怨吴的口气说，前几天见面后，他只说以后有机会可以往来，吴既没有得到他的同意与戴笠见面，更没有告诉他戴笠要请他吃饭，所以今天他不能去；并向我表示说，谢谢戴笠，他实在抽不出时间来，将来如果他认为有必要，再去拜会。我一听就火了，心想：这人真不识抬举，多少人攀都攀不上戴笠，今天你却请都请不去。我代替戴笠去请过的客人，有国民党政府中的院长、部长、省主席，军队中什么总司令一类的人，都是一请即到。而这样一个无名之辈，却这么大的架子，真是从来没有见到过，我便把脸一沉，说了一声："请考虑一下，要是不接受邀请，我是没法回去复命的。"他看我全身武装，腰皮带上还挂了一支精美的左轮手枪，又用这种威胁性的口吻来回答他，便把脸转过去不理我，只一

个劲儿地埋怨吴景中。记得我们回到"漱庐",戴笠听到门口汽车停车的声音,便叫几个准备作陪的军统大特务出来迎接。他们只看到我和吴下车,便大失所望,一致埋怨吴景中,肯定戴笠会大发雷霆。果不出所料,一听说请的这位客人拒不肯来,戴笠便大骂吴景中不中用。他骂得连饭都忘记吃了,还是我走进去催了一下,他才叫大家吃饭。我把这顿饭准备得特别丰盛。戴笠吃饭时还在边吃边骂,因为与我无关,我吃得很舒服。

这一段往事,徐冰副部长一提,我才回想起来。他还告诉我,我离开时那种令人气愤的神情和粗野的举动,使他既感到可笑,也感到这将是一种不祥之兆。果然,从他拒绝戴笠的邀请的第二天起,就发觉跟踪他的特务增多了,很可能是准备绑架或殴打他,所以他好久都不一个人出去。我以为他是在找我算旧账了,便一个劲儿地向他表示歉意。他却笑了起来,一再安慰我,说提提这些往事,是希望我在写军统罪行材料时,把这种"霸王请客"的事也不妨写写,好让人知道军统和戴笠搞的这一套,并不是要来追究我的什么。我听了虽然宽了一点心,但总感到这件事他既不忘记,将来总会对我有形无形地"还治"一下,所以我一看到他,总是忐忑不安。

出人意料的是徐冰当了部长后,1964年上半年,我们在京的十几个特赦人员带着家眷去东南几省参观回来,政协秘书长张执一在政协礼堂三会议室请我们吃饭时,他也来了,并对我特别热情,拉着我和他同坐在一张长沙发上,还问我最近写材料的情况。这使我非常感动。

1962年,我到政协工作后的第一个夏天,夜晚去政协礼堂楼顶花园乘凉。这里几乎每晚都有纳凉晚会。一些不离开北京去外地避暑的政协委员和中央各部门的领导人,常来这里乘凉。文史专员们也得到周总理的指示,可以享受这一待遇。乘凉晚会的主持人,是全国政协委员、相声大师侯宝林。他不但能请许多名艺人来这里表演,而且自己还要来上一两个精彩节目。这样,既能乘凉,又能看到精湛的文艺表演,所以纳凉晚会经常是满座。

有天晚上我去得迟一步,已找不到座位了,便站着看评剧名演员的折子戏。这时,我发现坐在我身边不远的一位干部面孔相当熟,但记不起姓甚名谁。特赦战犯们的一种自卑感，早已使我养成了一种不敢高攀的习性。即使是过去相当熟的人，如果他不先喊我，我绝不敢去招呼他，宁可得罪人，也比碰钉子好过些。没有好久，这位面熟的人，忽然有人来找他，便匆匆站起来走了。礼堂的服务人员招呼我去坐那个位子，我顺便小声问了一句：这位走了的人是谁？他说，是王昆仑副市长。我一听到这名字，才深庆自己没有冒冒失失先去招呼他。过去他和我不但不是朋友，而是几乎被我逮捕起来的革命人士。往事如烟，但在我的脑中仍留下不少痕迹。

抗日战争前，我在上海任法租界组组长时，便和这位王副市长见过几次。他现在决不会记得，当年他从南京到上海，回到法租界辣斐德路辣斐坊家中时，经常看到在辣斐坊口的几个西装革履的青年中，便有我在内。当时他是国民党的立法委员，属于孙科"太子系"的重要骨干，可是他并不替国民党做事，而是在暗中搞反对国民党的革命活动。每次他从南京动身到上海，南京特务处便通知上海特区注意他的活动。所以他在法租界的活动，我就得负责侦察、监视。

记不清是从什么方面得来一个情报：当南方有名的水蜜桃成熟的时候，这位王委员将在无锡太湖滨他家的鼋头渚太湖别墅请客，去的客人都是些反蒋革命人士，并有中共地下党领导人参加。这在当时是相当重要的情报，也是戴笠认为最适合逮捕王昆仑的时候。因为他不但进行秘密反蒋活动，而且在一些公开场合中，也敢于指责蒋介石和国民党的倒行逆施。他的名字早就上了特务处的重点黑名单。那次得到的情报是，他名义上是请客游园，实际上是要召集一次秘密反蒋的重要会议。所以戴笠命令我率领一个组的 12 名特务，分成三批，先后去布置、侦察，必要时，全部予以逮捕。

那次，我第一批率领四名特务先去无锡，与特务处江苏省站无锡组组长盛某取得联系，由他领着几个当地的特务协助我。可能是由于情报日期不准确，或是他们临时改变了，我带去的人两天内都到齐了，而太湖别墅里还是那样安静。我有点急了，便和盛某通过他的一个组员（该人与别墅的花木工是亲戚关系）暗中进去侦察了一次，发现有请客的准备，才安心等在附近。

约在我们到无锡的第五天，上海方面来的人，也分批到了，首先去的是王昆

仑和他妹妹王枫等，接着有吴茂荪、孙晓村等人，常监视王的两个组员都认识这些常去辣斐坊王家的客人。另有几位都是穿着讲究西装的中年人，哪一个是共产党的重要人员？谁也弄不清楚。这时我考虑再三，不敢随便动手。虽然盛某已和无锡警察局等联系好了，逮捕时，会出动警察等来协助，但逮捕什么人却没敢告诉他们。因为王家在无锡一向受到当地士绅和群众的尊敬，一旦走漏风声，就会出问题。我当时考虑得最多的是出发前，戴笠一再叮嘱我，一定要把那个共产党的重要人员抓到。否则，孙科系统的人是会大吵大闹的，没有抓到共产党要员，或者那个共产党要员没有去，就不可轻举妄动。我估计即使那个共产党的重要人员去了，他身上决不会携带什么文件或足以证明他是共产党的任何东西，而我们所认识的几个，都是当时社会上的名流，万一全部抓起来，没有找到证据，那么，随便逮捕立法委员的这个责任，我可担不起。特务处的书记长唐纵在戴笠离开南京时，下令逮捕过几个搞反蒋活动的改组派，结果汪精卫出面大吵一顿，戴笠除立即释放了被捕的人，还将唐纵撤了职。这一教训对我来说是有很大启发的。我当时唯一的希望，是通过无锡组那个特务的亲戚，去了解这些人在太湖别墅内的活动情况，再进行研究。得到的消息，除了知道他们吃饭和品尝水蜜桃等外，谈话的内容却不知道。我便决定宁可挨骂也不去冒险，因为太没有把握，对方又都是一些惹不起的人，万一抓起来而找不出他们与共产党往来的任何证据，怎么下台？"捉虎容易放虎难"，我于是没有敢去冒风险。好在他们没有停留好久，又都走了。我便把带来的人打发回上海，自己去南京见戴笠，说没有发现有重要的共产党人去参加活动，所以不敢随便抓这批人。他也只是叫我继续注意侦察、监视王等在上海的活动。他认为迟早能找到逮捕王昆仑的理由，而又让孙科闹不起来。可是一直到抗战开始，还没有找到足以构成逮捕王的证据，但特务们又明明知道他在搞反蒋活动，而且有一帮人都和他经常保持密切的联系。戴笠曾一度准备在上海暗杀他，问我去法租界内把王昆仑干掉有无把握。我回答他：只要他下命令，我立即进行布置，保证能完成任务。不知什么原因，这个命令他一直没有下给我。我也乐得不去催他。

我坐在王昆仑坐过的藤椅上，脑海里翻腾的是这一桩桩的往日罪行，对台上表演的节目几乎视而不见。一直等到晚会宣布结束，我才慢慢地站起来，默默地走回家去。路上我想到的是王昆仑兄妹和吴茂荪、孙晓村等这几副熟识的面孔。我想将来见到他们时，该怎么说呢？

我从到全国政协以后，在许多活动场合中，遇到过许多过去直接与间接接触到我和军统特务迫害过的民主人士。如果不是生活在共产党领导下的新社会，可以肯定，我会处处遇到与我作对的冤家。狭路相逢，我是不容易一个一个顺利通过的。今天，我尽管处处碰上过去的冤家对头，却没有一个人同我为难，冤家成为朋友，再没有冤家路窄之感了！这种变化，如果不是自己亲身经历过来，别人说给我听，我是会怀疑的。当然，这不只是少数人的变化，而是整个社会都在变化。我所遇到过去的冤家，更不止上面举出的这些，还有比这多得多的，我没有写出来呢。

化敌为友，握手言欢

1961 年 2 月 28 日上午，我们几个住在崇内旅馆的第二批特赦人员，接到全国人大常委会余心清副秘书长的请帖，邀请我们到他家中吃晚饭。这是我特赦后第二次接到私人的请帖，第一次是卢汉先生请我，我很高兴地去了。这次我却考虑了很久，开始我不想去，后来还是去了。为什么考虑不去？因为余心清副秘书长过去被军统逮捕，囚禁了很久，差一点被杀害了。我过去只去监狱视察时看到过他，当然他不会记得我。不久前，全国政协举行春节宴会，他应邀去参加了。他与第二批特赦人员中的庞镜塘过去熟识。庞是国民党中央执行委员，后来兼国民党山东省党部主任委员，是被俘的国民党党务人员中地位最高的一个。余副秘书长在那次宴会上见到了庞以后，庞便介绍第二批特赦人员和他见面，这样我们才认识的。他被军统逮捕和囚禁是在 1947 年 9 月间。他担任国民党保定绥靖公署设计委员会副主任委员时，策动保定绥靖公署主任孙连仲起义。当时孙连仲负责指挥国民党在河北地区的军队。孙原来是第十一战区司令长官，后来各战区司令长官部撤销，改为绥靖公署。孙与余都是西北军将领冯玉祥的旧部，私交很深。在他的策动下，孙连仲开始动摇。当时要不是因一次偶然事件被牵连而被捕，孙连仲如果起义成功，蒋家王朝的覆灭可能更要快得多。

不幸事件的发生，是国民党北平行营第二处电讯检查科一个担任电检任务的报务员，因为与老婆吵架睡不着，半夜起来戴上耳机，听到了有一个没有登记的电台在发报。当时担任电检的特务，虽然规定 24 小时都得有人轮班去侦听可疑电台，但由于共产党的地下电台没有固定的通报时间，第一天通报后临时约第二天的时间，所以不容易侦听到。而一到深夜，一般值班的特务，常常偷懒不去听，尽管规定得很严，还是没人遵守。那天晚上，那个报务员由于偶然发觉一个没有登记的怪电台在通报，便报告科长赵容德。这个家伙是比较有经验的，便组织全部侦听特务专心注意，很快就证实在北平城区内有一秘密电台。他们把侦听机装在吉普车上，分三个据点侦听，一步步缩小范围，一直缩小到京兆东街附近后，再由北平市警察局刑警大队派特务爬到房顶上去观察，最后在京兆东街24号，趁共产党的地下电台正在收发报的时候，将报务员李政宣、孟良玉等当场逮捕，抄出的来往电报、电稿很多。特务们根据这些文件，逮捕了保定绥靖公署的参谋处正副处长谢士炎、丁行及余心清等人。由于其中的一个人被捕后，很快叛变了，所以这一案影响到西安、兰州、沈阳等几处地下党的电台也遭到破坏，先后逮捕了几十位地下工作人员。蒋介石和毛人凤极为高兴，曾给赵容德和那个先侦听到的报务员颁发勋章、奖章及大笔奖金。那些被捕的人解送到南京后，谢士炎、丁行第一批共产党员，都被蒋介石杀害了。当时蒋介石咬牙切齿地骂郑介民、毛人凤等特务头子，说共产党钻到我们的上层军事机关主管作战的参谋处等部门，我们怎么会不打败仗！今后一定要严密防范这类事件发生。

余心清由于被查明不是共产党员，没有遭杀害。此外，还有两个原因。一是西北军许多将领在给他讲情。蒋介石自冯玉祥先生死去之后，很希望西北军的将领们能为他所用，所以他尽量从多方面去拉拢他们。他们出面托人在蒋介石面前讲人情，这个时候比冯先生在世时能起到更大的作用。二是军统特务发觉，除了西北军将领在为余心清奔走援救外，还有些不是西北军系统的人也在为他到处求援。毛人凤等估计，这些人可能是与共产党有联系的民主人士，或是共产党的地下人员。为了达到进一步用"放长线，钓大鱼"的阴谋来破坏地下党组织，所以没有杀害余。后来由于蒋介石"引退"，李宗仁当了代总统，用一套伪装的手段，想骗取人民的信任，做一些同共产党和谈的姿态，释放一些政治犯。因而余先生在囚禁一年多之后，幸免于难，被保释出来了。

余先生是受军统迫害达一年多、几乎被杀害的幸存者。我是特赦战犯中在报

上被公布了的第一个军统特务，过去军统的许多罪行，都与我有关系。何况余先生解送到南京，囚禁在军统南京宁海路 19 号监狱时，我曾两次去视察。当时，我是负责总务工作的，因一下增加几十位共产党员进去，监狱方面向我提出许多生活方面的要求，所以我便亲自去看看。当时还是带着一种好奇的心情去的，我故意站在牢房外，指着余心清先生用讥讽的口吻笑着问他：你这个虔诚的基督教徒也会替共产党去工作，想当"红衣牧师"（天主教中才有红衣主教），不害怕死后上帝要惩罚你，不让你进天堂吗？（因为共产党是无神论者，信教的人去帮助无神论者，从教规上讲是不许可的。）我还清楚地记得，我说过这番话之后，他用蔑视的眼光看了我一眼，把头捧了过去。我刚一转身，便听到一声"呸"！我火了，想回过身去看是不是这位基督教牧师干的。那时在军统中担任看守的和用刑的特务小头目，几乎大都是受过我训练的"行动人员"。要是他，那只要我一句话，就够他受的了。那个陪我的所长，看我听到那一声"呸"，脸色都变了，赶忙向我解释，说这些人对谁都这样没礼貌，千万不要计较。那天我事情正忙，听他这么一说，也就懒得转身去惩罚他。这一段罪行，犹如发生在昨日。今天，我应当去向他当面认错，请他宽恕。我估计，他顶多回敬我几句讽刺话。

我们几个人到了余先生家，他走到门口来欢迎。他说他很爱月季，要是春天一来，满院花开，非常好看。他边说边指着一束束用稻草包得严严的过冬花枝。看他那一股好客和亲热的神情，我的心平静多了。他先和庞镜塘谈了一会儿，便转过脸来和我谈话，我认不出他囚禁在宁海路 19 号时的面目了。我不提，他也决不会认出我来，但我还是先提出来，向他表示深深的歉意。他听了后，对我看了几眼，才若有所思地说了几句："你不说，我真认不出当年那位讥讽我的就是你，你那时是多么的神气！"我一听马上把头低了下去，这是我出自内心的一种悔恨过去罪行的表示。他一看，以为我对后面这句话有抵触或感伤。因我那时是全身武装，佩戴将官级的梅花领徽和金星肩章，都是用纯金制成的，而且前后左右都有人陪着。其实，经过共产党的教育和思想改造，我早已感到那是可耻，对今天穿着不合身的棉布衣裤，绝无自惭形秽之意。可能他误会了，马上改口说："过去我们走的道路不同，今天总算是殊途同归，都在共产党领导下为人民服务了！"

我便把内心的话告诉他，说这次是特意向他来请罪的。他站起来拉着我的手说："快不要说这些了，我们现在不都是成为好朋友了吗？"我听了他的话非常激动，也感到他待人宽厚、诚恳。

那天的晚宴，最后有一小碗甜食是小汤圆。他特别提醒我们，元宵节到了，所以请我们吃点小汤圆。他说过去的老朋友，在祖国大陆上的，今天来一次小团圆，等台湾解放了，再请大家来和台湾的朋友们吃大汤圆，来一次热热闹闹的大团圆。我听了感到非常高兴。

晚饭后，余先生还把他多年来收藏的一些珍贵文物、字画等拿给我们看。他取出一张郑板桥写有"画竹多于买竹钱，纸高八尺价三千，亲戚朋友论交结，只当秋风过耳边"的润格横幅，请我们给他鉴定真假。他说前不久他花钱费力才买到这张东西，有人却说这是赝品，他听了很泄气。我仔细看过之后，肯定这是郑板桥的真迹。庞镜塘便和我开玩笑，说我冒充内行。我说对鉴定字画、文物，我过去的确不懂，但抗战胜利后，我是接收人员，到各处抢劫财物和参加清点故宫古物时，向许多鉴赏家学习过，所以多少懂点。我问余先生：怎么有人说这是假的？他说，一位朋友告诉他，在别处也见到这一样的东西，那是经过多人鉴定是真的，所以肯定这便是假的了。我向他说明，不是假的，有我的根据：从这张字的笔法与图章等来看，完全是出自郑板桥之手；而同样的东西为什么会有两幅呢？我曾听人说过：像郑板桥这一类名书画家，无论写的什么画的什么，都可能有人偷去据为己有的。他当年卖字画的润格贴出来后，肯定会有人趁他看不见时偷走，所以他只好再写再画一幅，再偷走还可能再写再画，因此便出现了几张一样的情况。许多书画家有同样的多幅作品，也是常有的事，不过有些是时间上有差别或题款不同。特别是一些出卖字画的人，完全一样的作品就更多了。他听了很高兴，说名书画家同样的东西很多，这是没有疑问的，像这种润格横幅有同样的，就使人容易产生怀疑。他还笑着说："我没有想到被偷的这个方面。"不知是哪位同去的朋友插上一句："你是正人君子，所以不会想到被偷的方面，而老沈是三教九流都懂的人，看问题和想问题就会从多方面去联系了。"一时说得大家都笑起来。我说，我还可以讲一个偷字的故事给你们听：从前有一位很有名的书

法家，许多人去求他写字，他不高兴便不肯写，所以得到他的字不容易。有天他从外面回来，看见有人在他住的附近解小便，便回去写了一张"不可随处小便"的条子贴在墙上，第二天条子不见了。他以为是被风刮走的，又照样写一张贴在那里，第三天又不见了。他想这几个字别人拿去有什么用呢？便毫不怀疑再写一张贴出，还是被人揭走了。他十分纳闷，认为字写得再好，拿回去总要有点用处，这几个字总不能贴在自己客厅里。有次他经过一家裱字画的地方，看见他丢失的那几张条子有一张正在裱成条幅，他走近一看，才恍然大悟。人家为什么会连这几个字都偷去，还裱起来呢？原来这个人把这几个字移动一下，就成了一句很好的格言："小处不可随便。"

从那次见面后，我和余先生又打了几次交道。那是我到政协文史委员会当了专员以后，曾多次去请他写资料。我特别提到希望他能写被军统逮捕的经过，他答应一定写。他只问了我一个问题，那次是不是出了叛徒？我告诉他，凡是能发展到那么大的案件，能破坏别的地方组织的电台以及逮捕那么多人，肯定是出了叛徒，否则，特务是不可能有那么大的本领的。他问我那一案的叛徒是谁？我告诉他是一个报务员。他听了把桌子一拍，狠狠地骂了一声"软骨头！"他告诉我：当他们从北平解往南京之前，就怀疑这小子叛变了。

文史委员会副主任申伯纯也亲自动员他写这一段历史资料，直到"文化大革命"开始之前不久，他才写好亲自送到政协找申伯纯。申老那天不在办公室，我请他休息了一下，并收下他写的那篇资料。本来准备在《文史资料选辑》上将它刊出来，由于"文革"已经开始，就没有来得及刊出了。

1962年3月，第二批在北京红星人民公社旧宫大队劳动的特赦人员已满一年，马上就要分配工作了。估计我们在北京特赦的这几个人，可能和第一批特赦的人一样，分到全国政协文史资料研究委员会当专员。果然不出所料，我和范汉杰、罗历戎、李以劻、董益三以及在景山公园劳动的溥杰等分到全国政协当文史专员，而从东北来的伪满大臣王子衡与从山东来的西北军师长许长林，则分配在北京市政协，也是当文史专员，都是每月100元。

我当时在思想上波动很大。我不希望分配在全国政协而希望分配在北京市政协，或者让我回湖南去，可以与我在国内唯一的女儿在一起。但又不便自己请求变更分配，怕别人说刚一特赦出来，就不服从分配，我只好硬着头皮到了全国政协。直到今天，也许我的这一思想，许多人还不知道。说来很痛悔，因为在全国政协的许多领导和委员们，不少是受到我或军统特务迫害过的。当时我认为民主人士的气量不可能和共产党员一样宽宏，免不了要受到歧视，甚至听一些讽刺的话。我从特赦那天起，就下定决心，任何过去受到我或军统特务迫害过的人，连同他们的家属，对我不论是骂几句、打几下，我都保证能做到：不但骂不还口，打不还手，

1976 年在洛阳参观白马寺（左起：郑庭笈、董益三、周嘉宾、沈醉）

还得认罪道歉，请他们宽恕。因为我和军统特务过去对待他们是那么凶狠，有的还死在自己或军统特务手中，自己现在连挨几句骂、几下打都受不了，别人做何感想？思想上虽然有这种准备，但另一种逃避这些的想法也同时存在。能躲得过去便躲，实在躲不过的才硬着头皮迎上。直到今天，我这种顾虑才全部消失。我过去虽然写过 100 万字以上的材料，但还有不少的人和事，直到此刻我才写出来。这也可以看出，一个人的思想转变，真是太难了。

中国有句俗话："丑媳妇总得要见公婆。"我这个罪恶满身的特赦战犯，总得遇到不少先进的爱国民主人士，思想上得随时做好各种各样的准备。

我清楚地记得，刚到政协不久，在发给我们文史专员医疗证的同时，还发给了一个政协礼堂俱乐部的"出入证"，凭此可以和政协委员们一样去大礼堂。这里可以买到外面不容易买到的紧缺日用品和食品，在国家经济困难的那三年里，可以在餐厅去吃外面要排长队才吃到的饭菜。我的女儿没有接到北京的时候，一个人一月有 100 元工资，还有不少稿费，多时一月可得三四百元，少则一二百元。我写的稿，稿酬都比较高，1000 字常常是六七元，少也有四五元。我一天要认真

写，可以写上七八千字。因我不习惯先起草稿，而是先通盘思考成熟，便一气呵成，不用再抄。这样只要花上几天时间，一个月就可写几万字。我从小就不知道节俭，有钱就花，所以便凭着礼堂的出入证，经常去买东西和吃饭。

有天我正从礼堂后门去餐厅，便遇上政协副主席高崇民和常委阎宝航。这两人我在重庆都见过，到政协后，与阎宝老同在文史委员会工作，对高副主席却有点记不清。阎看到我，便给我介绍："这是高崇民副主席。"我心头马上感到一种说不出的滋味，怎么会偏偏遇上他！高副主席很热情地和我握了手，简单询问我一下：还准备写什么？并说我写的《我所知道的戴笠》，他已看到了，希望我多写些揭露军统罪行的东西。我很谦和地同他讲了几句，便连去餐厅吃饭都不想去了，因为他们也是去餐厅。我只去小卖部买了点东西，就回到政协机关食堂去吃饭。

看到高崇民副主席，我深深地认识到：在过去国民党统治时期，作为一个爱国民主人士，要在共产党领导下为祖国的解放事业做一点贡献，也是不容易的，那要冒很大的风险，一个不当心，就得付出自己的生命。就拿高崇民先生来说吧，他自从1931年"九一八"东北沦陷之后，与阎宝航、王化一等发起组织"东北民众抗日救国会"，积极进行抗日救国活动，多次请求蒋介石出兵收复东北失地。这种为全国人民所一致赞成的主张，蒋介石不仅不予采纳，而且对他们的这种爱国行动加上莫须有的罪名。高崇民曾经去过一次南京，他率领一个请愿代表团当面向蒋介石请求出兵抗日，不但没有丝毫结果，而且从那以后，国民党的特务机关把"东北民众抗日救国会"的领导人当成敌人一样看待。

特务头子搞特务活动，并不是一般人想象的那么简单，只知道抓人、杀人，他们还有比抓人和杀人更加阴险毒辣的两面三刀手法。如蒋介石亲自出面，要张学良说服东北民众抗日救国会的一些领导人，把他们秘密成立的、没有国民党参加的"复东会"取消，成立一个什么"四维学会"，表面上由复兴社的骨干分子贺衷寒、刘健群、邓文仪、戴笠等和张学良的骨干王卓然、高崇民、阎宝航、王化一等合作，实际上是采用收买、拉拢、分化、控制等办法，来对付一些希望打回老家去的东北上层爱国人士。军统分子便乘机大量打人，在各地分会的负责人中，我记得姓名的有陈质平、张师、赵龙文、邱开基等军统骨干。这样一来，这个会的活动便全部能了解了。

蒋介石当时为什么要把"东北民众抗日救国会"以及秘密组织的"复东会"取消，而改成"四维学会"呢？这主要是在"西安事变"前，蒋介石一心一意坚持他的"攘外必先安内"的顽固政策，对日本的进犯采取"不抵抗"和"不得罪"的办法。因此，凡是日本人不喜欢和看不顺眼的"抗日""救国"等名称的组织，一概不许存在。同时，他还提出什么"礼义廉耻，国之四维，四维不张，国乃灭亡"来麻痹人民，所以把这个大杂烩叫"四维学会"。其实，那时我便经常听到许多老百姓在背地里讥笑蒋介石是只会叫"礼、义、廉"的人，意思是"无耻"！

"西安事变"后，张学良反被扣押，他的干部中有几个被戴笠接收。这时候，由于共产党提出抗日民族统一战线的政策，日益受到全国人民热烈的拥护，流亡在关内的东北人民更加迫切希望早日打回老家去，于是各种名称的救亡组织相继成立。几经变迁，终于成立了"东北救亡总会"。戴笠虽对这一救亡组织恨之入骨，但又不敢公开进行破坏，表面上还同意在经费上给以"支持"。这种手段是相当阴险狡诈的。记得我从上海撤退出来，随同在郑州招收的1000多名流亡学生去湖南临澧进行特务训练，经过武汉时，我去见戴笠，他要我和许多去见他的军统骨干分子在一起吃饭。有人曾提出来问他："东北救亡总会"明明是一个"反动"组织（当时特务叫它为反动组织），为什么还要支持它？戴笠只回答一句："你们不懂！"便没有再说下去了。

1941年后，我在重庆时，又听到有人告诉我，"东北救亡总会"的领导人之一的高崇民在重庆结婚，戴笠竟送他一笔巨款作为"贺礼"，这连当时许多军统分子都感到奇怪。1942年我调到军统局任总务处长后，经常在戴笠身边。有次，一个专门对东北人搞特务活动、由军统局直接领导的"东北特别工作组"组长告诉我，高崇民拿了戴笠送的那一笔巨款，办了一个进步刊物，还去见过中共驻重庆的负责人周恩来。我听了这些很不理解，只问他：这些都写过报告没有？他说，哪会不写？这种重要情报，戴笠一定会亲自看的。隔了不久，我的同乡李肖白去见戴笠（李原为军统局人事处长，后任军委会邮航检查处长），我有事送一

紧急文件给戴笠去批，听到李肖白也是在和戴笠谈高崇民的事，我便插一句嘴，说高崇民这个人为什么不抓起来？戴笠似怒非怒地冲着我："你懂个屁！"

戴笠真的不愿抓高崇民吗？不是的。后来我才懂得了，那只是"时候未到"罢了。抗战胜利后，当新华社的广播中广播出高崇民被任命为东北某省省长时，戴笠要立即逮捕高崇民的命令就下到重庆卫戍总司令部稽查处了。当时高还在重庆，我记得是住在郊区。特务们去扑了一个空回来，便在各水陆空交通检查站去守捕。结果，高崇民在特务密布的罗网中，幸而安全逃出了重庆。

后来我才知道，高听到广播，也知道特务会抓他，他躲的地方，居然是军统局设计委员王化一家中。王和我一同在军统局临澧特务训练班当过教官，当时在重庆稽查处和刑警处工作的骨干，大都是这个班的学生，他们怎样也不会想到这个"要犯"，会躲在王教官家中。原来王化一是张学良交给戴笠的几个亲信中的一个，他表面上是替军统工作，实际上是搞进步活动。他不但掩护了高崇民，还送高乘坐美国船去了上海，躲过了特务们的检查。高当时如果在重庆被捕，即使被囚禁起来，不马上杀害，那么，最后在重庆大屠杀中，也肯定会成为烈士。所以我一看到他，心头感到无限惭愧，哪还有脸去餐厅和他一起吃饭呢？

对于阎宝老，却是躲也躲不了的。我是政协文史专员，在文史会政治组工作。他是常委兼文史会东北组组长。溥仪、溥杰都是在他领导的那个组工作。专员虽分配在各个组内，如杜聿明、宋希濂、廖耀湘等在军事组，但学习却是集中在一起的。每周有两个半天或多一点时间学习。有一段时间，阎宝老还负责指导我们专员们的学习工作。他对我不但无丝毫歧视，而且总是鼓励我多写材料，不要有顾虑。他还一再提醒我，可以把过去军统对东北爱国人士搞过的阴谋如实地写出来，涉及他的地方，如不够详细，他可以向我提供补充情况。他常常说：这是写历史资料，过去的事实，否也否定不了。自己想美化自己，别人揭发出来，反而不光彩。除了自己写自己，更希望别人写自己，可以更客观些。

抗战期间，我在重庆，不但知道阎宝老的一些活动情况，而且在戴笠宴请在重庆的东北上层人士时，还见过他。我对他过去不愿意接受蒋介石的收买拉拢，而到重庆一个兵工厂去为工人办福利事业，很不理解。当然，那时谁也不知阎宝老是共产党员，只知道他是张学良的骨干。蒋介石为了想收买张的部下，曾经邀请阎宝老去为他搞"新生活"运动，而且不止一次接见过他，他要愿意投蒋，是不愁无官做的。但他去为兵工厂的工人办福利事业，这却引起了戴笠的注意。当时重庆每一个兵工厂内都有一个军统特务组织——兵工署警卫稽查处派驻各兵工厂的警卫稽查组。对阎宝老在兵工厂的活动，他们更是特别重视。军统的东北特别工作组组长是共产党的一个叛徒，幸喜他不知道阎宝老是共产党员，否则他又可以出卖一位革命同志而得到一笔奖金。不过，他从东北同乡方面去进行侦察、监视，虽然没有得到什么证据能足以逮捕阎宝老，可是军统早把阎宝老列入黑名单了。

我在和阎宝老接触的几年中，他不止一次向我谈到过的是1946年2月10日，国民党的特务在重庆市较场口破坏旧政协庆祝大会的暴行。他那次是重庆各界庆祝大会的主席团成员之一，差一点被特务打伤。他一谈起这一事件，总是余恨犹存，对特务的凶狠面目始终不忘。我一听到他讲"较场口事件"，总是向他表示歉意。他也总是说：这不是在责怪你，我是在恨蒋介石，没有他的指示，量你们也不敢在光天化日之下，在成千上万的群众面前，那样肆无忌惮，任意破坏那样隆重的庆祝大会，打伤那么多的爱国民主人士。事后还倒打一把，在国民党的党报上，竟敢把万目共睹的铁一般的事实，颠倒过来，极尽歪曲之能事，丑化主持庆祝大会的民主党派的领导人。更令人气愤的是国民党的法院，公然发出传票，要传讯李公朴、陶行知、朱学范等人，反诬他们是"侵害人民集会自由权"，真是令人万分气愤！虽然阎宝老一再说这不是在责怪我，但我听了后，却是痛悔万分，深深地认识到特务的罪行。

旧地重游，感愧万千

常言说："眼见为实，耳听为虚。"解放十多年了，我从报纸上、广播里知道一些祖国翻天覆地的变化情况，然而没有亲眼见到，总是有点感到遗憾。特别是对自己曾经生活过多年的南京、上海、长沙等地，更是想去看看。

1964年3月，全国政协根据周总理的指示，决定让我们在京的特赦人员，从北京出发，到江南一带参观。有眷属的可以带去，没有眷属而需要照顾的，也可以带一个子侄去。每人还发给200元零用钱。

1964年，文史专员参观团参观延安毛主席故居

政协组成的参观团，叫"文史专员参观团"，有人却戏称为"帝王将相参观团"。团里面有当过皇帝的溥仪，当过亲王的溥杰，还有曾任过国民党兵团司令的杜聿明、范汉杰、宋希濂、廖耀湘、王耀武；以及国民党天津直辖市长杜建时，国民党军长罗历戎、郑庭笈、杨伯涛、李以劻等，共十余人。

在同去的 20 多个眷属中，也有几个特别引人注目的，如日本电影《流浪王妃》中的主人公、天皇的亲戚、溥杰的夫人嵯峨浩子，世界著名科学家杨振宁的岳母大人、杜聿明的夫人曹秀清，以及杜建时新婚的夫人、名画家李念淑等。

1964 年，沈醉与郑庭笈夫妇摄于南京长江大桥

我也和大家一样，为能去江南游览，感到兴奋异常。安排好孩子的生活后，我就和大家一起，于 3 月 10 日登上了从北京直达南京的特快卧车。出发时，北海公园的冰雪尚未全消，而一觉醒来，已是一片葱茏的江南春色了。

下了火车，江苏省政协的同志早已来到车站迎接。当我们乘特备的小火轮渡江时，便看到了继武汉、重庆而横跨长江的第三座长江大桥的巨大桥墩已经露出了水面。

上岸之后，我和宋希濂等自称为"老南京"的人，便向从未到过南方每事必问的溥仪、溥杰等人介绍起来。过去国民党海军部、铁道部的驻地尚可辨认得出。可是一到鼓楼附近，看到那新辟的广场、宽大的马路和许多新盖的大楼房时，我们这些"老南京"也看得目瞪口呆了，说不出这是什么街道，只好由来迎接我们的朋友们一一为我们做了介绍。

到南京的第二天，正好是孙中山先生逝世 39 周年纪念日。江苏省政协安排我们去谒陵。

中山陵比过去装饰得更加庄严、美丽。墙壁上，蒋介石等人的题词都保留了

下来。我看到这些题词，想到蒋介石这些所谓孙中山先生的"信徒"们的所作所为，不正是与中山先生的"联俄、联共、扶助农工"三大政策唱反调吗？我和大家在堆满花圈的中山先生坐像前行过礼后，便绕灵一周。这时，我想到过去半生中追随蒋介石、戴笠干的那些反共反人民的罪行，不禁感愧交集。我觉得自己真是生无以对祖国人民，死无以对中山先生。解放前，我也曾多次来此谒陵，却从来没有像今天这样激动、这样悔恨。

从中山陵下来，大家去游灵谷寺。我却想到灵谷寺旁边的志公殿去看看戴笠的坟墓。正好溥仪也不想再去爬山，要与我同行，我就告诉他，不去看灵谷寺，可以看看志公殿。溥仪问是不是"志公说法，顽石点头"的那个志公殿？我说，正是。溥仪马上同意去那里看看。他说，我们这些顽石，虽然没有听过志公说法，而只读过马列主义，也同样点头了。

在溥仪观看志公殿时，我便一人跑到志公殿右侧安葬戴笠的地方。我想，戴笠的坟墓肯定被毁得面目全非了。当我快走近时，简直不敢相信自己的眼睛，戴笠这个曾经杀害过数以千计的共产党员的大特务头子的坟墓，除了吴稚晖写的墓碑不在了之外，居然那样完整地保留了下来。

戴笠的墓地，是蒋介石亲自选定的，是我亲手为之营建的。当时，毛人凤担心戴笠的棺材会被人打开鞭尸，叫我设法弄得特别结实。我特意让人用水泥渣搅拌灌进墓穴，使棺木与整个墓穴凝结成为一大块。这样便不容易把棺木打开了。

1949 年，毛人凤与许多大特务研究，想设法将戴笠的尸体掘出、火化，带往台湾，以免落入共产党手中，被鞭尸碎骨。只因修建得太坚固，非用炸药不能将那几公尺厚的水泥炸开。而且，即使把坟墓炸开了，尸骨也会被炸成粉末。研究的结果，只好决定不动。最后，毛人凤带着我和几个大特务在戴笠墓前挥泪告别。那时，大家都认为南京一解放，这坟墓肯定会被共产党夷为平地，以泄往日的仇恨。

我站在戴笠墓前，思绪万千。在共产党的改造教育之下，我对戴笠的罪恶，以及自己过去追随戴笠干下的那些反党反人民的罪行，早已深恶痛绝。但对戴笠个人的私情，却总是有些难以忘怀。想到共产党人如此不念旧恶的宽大胸怀，想到戴笠依旧长眠地下，我激动异常。心想：戴笠死后有知，也当感激共产党的宽大，也当悔恨自己生前的罪恶了。

当天下午，我们参观了南京汽车制造厂。这里过去是国民党的一座小型的修械所，只有30多个职工，一部柴油机。当时被人称为"一担子"工厂。可是，现在已经发展成了一座汽车制造厂，能够生产"跃进牌"的卡车了。这在过去简直是不可想象的事。我记得过去在南京修理汽车时，许多零件都得靠外国进口。如果这回不是亲眼看见，是难以相信的。

参观时，杜聿明和溥仪都坐上刚刚装配好了的汽车试了一试。我知道杜聿明在汽车方面是个行家，当我看到他跳下汽车时的满面笑容，听到他那不住口的赞誉声，便知道他对祖国自己生产出来的这些东西感到多么的高兴！

后来，我们到了南京雨花台烈士公园参观。这里在解放前，是国民党杀人的刑场，无数的革命先烈在这里为祖国为人民倾洒了自己的满腔热血。解放后，人民为了纪念那些为革命而献身的烈士，在这里建起了一座烈士公园。

来到烈士纪念碑前，大家的心情都很沉重。我的心情更加难受。因为其他的同行者大都是领兵打仗的，没有直接参与对革命烈士的杀害。而我则是屠杀革命烈士的参与者和策划者之一。在南京，我虽然没有直接捕杀过共产党人，但在这里追捕、屠杀革命者的特务和刽子手，却有许多是我训练出来的学生。例如1947年"北平案件"① 涉及的20多人，和在西安等地抓的一批人，都押到南京归案，其中丁行、谢士炎等烈士就是在雨花台被杀的。我这个两手沾满烈士鲜血的罪人，如今却得到党和人民如此的宽大，真使我深感愧对先烈、愧对人民。我不由得热泪横流，默祝烈士英灵安息。

在烈士碑前致敬之后，大家都纷纷地找些雨花石带回去作纪念。我却专门挑拣了几颗红色的小石子揣在怀里。

离开南京，我们先后游览了无锡的太湖，欣赏了苏州的园林，随后来到了上海。

① 北平案件：指1947年秋军统在北平破坏中共地下组织的一次重大罪行。

火车一到上海，我就感觉到心跳得厉害，上海是我开始反共反人民的地方，也是我曾经干罪恶活动最多的地方。

当时，共产党的中央机关设立在上海。国民党的特务工作重点也放到了这里。我18岁到上海，被姐夫余乐醒推荐到戴笠手下。从当交通员、侦探、行动组长等干起，一干就是六年。在这六年中，我亲自干了数不清的逮捕、绑架、暗杀等勾当，得到了戴笠格外的赏识。戴笠越信任我，我也就越发为他卖命。

记得在我当行动组长时，得悉共产党的一个地下工作者住在法租界的一幢四层楼上。为了不惊动租界巡捕，我深夜领人包围了这座楼房。当我们闯进这个地下党员的房间时，发现屋里没有人，被子也叠得整整齐齐。我用手一摸被里，觉得有点余温，凭着经验断定这人没有走远。看到房内有一个通向屋顶的天窗，我估计他可能躲在屋顶上。于是，我让其他的人把住各个楼口，自己悄悄地爬到屋顶。在屋顶的烟囱处突然蹿出一个人来，他一把抱住我的后腰，两人便厮打起来，最后一起从房顶上掉了下来。因为两人扭住不放，互相把对方向下面推，那个地下党员先落地，当时就摔死了。我却因为被竹竿拦了一下，正落在他身上，才没有摔死，但左眼珠被竹竿头刮伤了，至今还留下一个罪恶的伤痕。

还有一次，我奉命到曹家渡去抓一个地下党的负责人。这个负责人发现我们来逮捕他，就从后门逃走，结果被我一枪打中了腿部，因而被捕。后来听说这个人被杀害了。

此外，当时逮捕第三国际代表，上海轰动一时的"怪西人案"①，我也是直接参与者。

想到那些在上海被我亲自逮捕、迫害的革命人士，我真是追悔莫及。我仿佛觉得上海的每条街道、每座楼房，都会来声讨我的罪行。

当时的军统不但穷凶极恶地追捕、屠杀共产党人，而且对反对蒋政权、违背四大家族利益的爱国民主人士，及其他派系的负责人，也同样是加以迫害的。在

---

① 怪西人案：军统抗战前在上海破坏第三国际远东组织时，逮捕一个外国人华尔敦，因他什么都不说，也不知其国籍，当时报上称之为"怪西人案"。

这些方面，我也干下了许多不可饶恕的罪行。如暗杀爱国民主人士杨杏佛、史量才等等，都是我间接或亲自进行的。现在想起来，自己当时是多么反动和愚蠢啊！若不是共产党的多年教育和改造，我还会认为这是自己的得意之作呢。

现在，我既怕到上海，又想到上海，因为上海的每条街道都会唤起我对过去罪行的回忆，每幢楼房都是我过去罪行的见证。然而上海过去那种五花八门的社会现象，紊乱无章的社会秩序，现在变得怎样了呢？我确实很想知道。

1949 年，国民党被赶出上海之前，汤恩伯、毛人凤和其他许多反动头子都预言：共产党即使得到了上海，不久也会被它腐蚀变质的，同时也永远不可能把它治理好。我也听到共产党改造上海的一些情况，我也相信共产党有办法，但自己没有亲眼看到，总认为只能是基本上有所改变，绝不可能完全彻底地改变它的面貌。

在上海八天的参观中，我一有时间就一个人到处去跑。我到过许多过去最熟悉的里弄，这是从前藏污纳垢、最见不得人的场所。我用老的一套方式和语言，想找到一个拉皮条的捐客或媒介，让我看到一点旧社会的东西，以证实自己来参观之前的想法，结果是我失望了。不过，这种失望却使我兴奋异常。作为一个中国人，看到自己国土上再没有那些肮脏、龌龊的痕迹，确实是应当高兴的事。

今天的上海不但社会秩序、人们的精神面貌都焕然一新，而且在城市建设方面也有了很大的进展。肇嘉浜路过去是一条臭水沟，如今变成了整齐干净、绿树成荫的街道；过去的番瓜弄草棚区，现在盖起了五层楼；英租界中心区曾是有钱人赌博的跑马厅，也改成了人民广场。上海由一个完全靠进口的消费城市变成了一个工厂林立的工业城市。

上海，过去是外国人横行霸道的地方，而今天人民当家做了主人，再也不用向帝国主义奴颜婢膝了。一天饭后，我同分配到上海政协工作的郭旭，一同到上海外滩公园散步。当我们走到过去"狗与华人不得入内"的外滩公园时，真是思绪万千。在中国的领土上，中国人居然连外国人的狗都不如，而国民党当局却能容忍这种奇耻大辱！

我站在外滩公园往西瞭望，沙逊大厦的尖屋顶即映入了我的眼帘。看到它，我就想起当年国民党政府在它旁边建筑中央银行时，沙逊和公共租界当局却不许

中央银行超过沙逊大厦的高度，硬要中央银行矮一公尺。

今天在黄浦江上，再也看不到神气十足的外国军舰了。过去我在这里亲眼看到日本舰艇用机枪扫射靠近它的中国木船；亲眼看到外国军舰明目张胆地在这里卸下私货和鸦片，水兵任意上岸调戏中国妇女……那一切一切的耻辱，都已随着祖国的新生一扫而空了。想到过去那种屈辱的日子，看到今天祖国的富强繁荣，我不禁热泪盈眶。到今天，我才深深地感到作为一个中国人是多么值得骄傲和自豪啊！

离开上海，我们便来到了风景秀丽的杭州。人们常说："上有天堂，下有苏杭。"苏州以园林别致闻名，杭州则以湖光山色著称。杭州，我在解放前也曾到过几次，然而却从来没有像今天这样轻松、愉快。

到了杭州，我们在岳飞庙旁边新建的杭州饭店下榻。次日凌晨，我一起来就想到西湖边去散步，看一看别后西湖的面貌。我站在住房的阳台上，举目远望，那熟悉的苏堤、湖心亭和孤山依稀可辨，再往远处，一幢幢新建的楼房，我就弄不清了。我连忙披衣下楼，走向苏堤。苏堤比过去加宽加固了，西子湖水也比过去清澈秀丽得多。堤上绿柳萌芽，桃花含苞。晨雾尚未收起，湖心亭和孤山显得朦朦胧胧，整个西子湖如同一个羞答答的少女，有意无意地用轻纱遮掩着俊美的面容。一阵阵清爽的春风扑面而来，我觉得自己简直是步入了仙境，顿时心旷神怡。

在苏堤上走了一段，我便想到岳庙去看看。岳庙修得更加庄严，正殿两厢陈列着兰花和春梅，清香扑鼻。有几个上了年纪的老太太在这里敬香，殿中香烟袅袅，别有一番风味。

当我转到岳坟时，看到香客们在虔诚地向岳飞膜拜，而对跪在旁边的秦桧夫妇、万俟卨、张俊的铸像，则投去了憎恨的目光。若不是铸像前挂了一块禁止往铸像上吐痰的牌子，我相信许多人都会对这几个卖国奸臣的铸像吐上一口唾沫的。秦桧等人当时杀害了岳飞父子，便为后人如此痛恨；而我们这些曾经追随蒋介石卖国求荣，杀害了无数比岳飞更忠于国家、忠于人民的优秀共产党员，干下了比他们更多的罪行的人，今天却得到党和人民如此的宽大处理，还享受到这样的优厚待遇。想到这些，我便无限感慨。

这天下午，正值风和日丽，是游湖的大好时机。我们30余人乘坐十余条小船荡漾湖中，互相追逐，笑语横生。一群群野鸭、白鸥在波光涟漪的湖面上时起时落，使西湖显得更有生趣。小船经"平湖秋月"，绕过"湖心亭"，到"三潭印月"，最后抵达"花港观鱼"。这里的变化最大，原来只有二亩多的小地方，而今已扩大到210多亩，数万条金鱼游乐其中，有港有花，布局得宜，非常有趣，简直是一幅幅幽静恬美的水墨画。我的诗兴一时大发，便在舟中口占一绝：

轻盈霭雾隐山腰，风送欢歌遍六桥。

万顷碧波迎旭日，湖山如画更多娇。

离开西湖，我们便去"柳浪闻莺"公园。解放前，这里已是柳枯莺散，徒有虚名。如今却处处是垂柳依依，莺歌婉转，真不愧是"柳浪闻莺"的胜迹。

这次到杭州，最激动的要数溥仪和溥杰弟兄两人。他们以前没到过这里，这次参观，一路上看见他们的祖先乾隆皇帝下江南时题了字的许多碑石。在"柳浪闻莺"公园，他们看到乾隆皇帝题的"柳浪闻莺"四个字的碑石保存得那样完好，非常高兴，不由得用手轻轻抚摸着它，感叹地说："人民政府对名胜古迹的保护，真是历史上罕见的啊！"

在杭州尽兴游览后，我们便乘坐舒适的大轿车，沿着美丽的富春江西行，去参观新安江发电站。这里有100多公尺高的大坝、庞大的发电厂和全套的机器设备，都是我国自己设计、制造和安装的。全部操作自动化，只要一按电钮，便可把电送到南京、上海等大城市。据说这个规模宏伟的工程，比原计划提前一年竣工。到此参观的外国朋友，赞不绝口。

夜晚，这里的景致更加迷人，千万盏灯火齐明，层层叠叠、璀璀璨璨，把这个偏僻的山区勾画得异常美丽壮观。我想，如果说，西湖是祖国的一颗美丽的明珠，那么，这里就是祖国的一颗夜明珠了。

同去参观的杜建时的夫人——画家李念淑，对这个比西湖大若干倍的人工湖更加感兴趣。她看到这里一群群的青山半掩水中，远远看去，就像一朵朵出水的青莲，亭亭玉立在碧波万顷、波光粼粼的天池之中。画家的手发痒了。这天天刚

1964年沈醉参观黄山

破晓，她就拿着画具到大坝上去写生。可是山区的晨雾久久不散。正在散步的我，看到她无法动笔而焦急的神情，就写了一首诗与她凑趣：

> 锦绣湖山入眼中，画家妙笔夺天工，
> 轻纱半掩倾城色，怕被丹青染太浓。

太阳终于从群山背后冉冉升起，朝霞把整个山湖衬托得无比瑰丽壮美。画家充满激情地挥动了她的彩笔，而我站在那里，一直看着她把画稿画完才回去。

按照参观日程，我们来到了全国闻名的安徽黄山。人们常说："五岳归来不看山，黄山归来不看岳。"黄山以它"山高而怪，松古而奇，云厚而多变"的特点驰名于全国。当我们来到黄山脚下时，天却滴滴答答地下起雨来。黄山管理所的同志给我们介绍了黄山的情况，并放映了黄山风景的彩色电影。雨刚刚停止，大家都急不可待地要去登山。在向导的陪同下，我们便带着雨具出发了。

当我们经慈光寺，过立马桥，到松鼓岗休息时，大风突起，阵雨纷纷。一部分人因此不想再爬山，陆续下山去了。而我和其他十几个同伴，却兴致正浓，继续前行，快到中午时分，才爬到半山寺。庙里的老和尚让我们休息，并给我们炒花生，烹眉峰茶。这茶叶绿、清香、味醇，可真是名不虚传。

休息之后，我们便在此观看金鸡叫天门。对面的天都峰旁有一怪石，形似金鸡，好像在拍翅鸣啼，形态异常逼真。可是，我们一下蟠龙坡，登上横云斋，再回头看，这只金鸡却又变成了五个长须飘拂、手持拐杖的老人，栩栩如生。一过天门坎，景色更为壮观，一路上看不尽的苍松古柏、奇峰怪石。好不容易到了文殊院，同去的医生和负责同志担心我们的身体吃不消，劝我们回去。他们说："不到文殊院，黄山没见面，现在已经到了文殊院，便算到黄山了。"但是大家还是不愿下山，经医生检查，认为范汉杰、宋希濂、杜聿明等不宜继续登山，而我和李以劻、杨伯涛等五人，仍然身体正常。于是，我们五个人，在几个青年的陪同下，继续往顶峰攀去。沿途风光比前一段更加旖旎壮观。

我们到了西海群峰，站在排云亭前，放眼望去，只见云雾翻腾，犹如一片汪洋大海；纷纷扬扬的云团，犹如那白色的浪花；山峰若隐若现，犹如那海中的岛屿。在这一片云海的面前，我不由情思缥缈，仿佛觉得自己正站在太平洋的海岸。我多么盼望那小岛上会飞出一艘小船，载着我的儿女们，脱离那茫茫大海中的孤岛，来到我的身旁，和我一起欣赏祖国壮丽的河山，和我一起品尝新中国的玉液琼浆……

黄山归来，我们继续南下，相继参观了南昌、吉安、井冈山，最后来到了我的故乡湖南。

湖南是我多少年来做梦都想回来的地方。前几年我总以为今生今世不可能再回到她的身旁。而今我终于回来了，青山依旧，面目全新。当年长沙大火后，长沙几乎成了废墟，站在长沙任何一个角落，都可以看到岳麓山的那幅凄凉情景，想起来使人不寒而栗。如今长沙已是高楼林立，车水马龙，一片繁荣景象。20多年前常去游乐的岳麓山，似乎显得更加年轻了，山上绿树葱茏，山下楼房幢幢，许多新办的院校都设在那里。那里早已成了一个文化区。

在长沙，我们住宿在中山路的宾馆。这里过去是国民党湖南省主席何键的公馆，现在已改建成为一座三层楼的大厦。这楼房的建筑，既富有宫殿式的民族色彩，又具有浓厚的地方风格，一看就使我打心眼里感到舒适高兴。

到湖南，大家最大的心愿就是去瞻仰毛主席的故居。这天，天气晴和，我们乘车前往湘潭韶山。长沙到韶山的公路，全部铺成了柏油路，车行甚速，一两个小时便到了韶山招待所。原准备让大家吃了午饭休息休息再去参观，可是大家哪里闲得住，早已怀着无比的敬意去参观了。在毛主席诞生的那张古老的木床边，我和不少人都情不自禁地用手抚摸了一下，对毛主席用过的家具和农具，我感到有一种异常的亲切和热爱的感情。后来，我们参观了毛主席年轻时劳动过的地方，听了向导给我们讲述毛主席少年时期帮助贫苦农民的故事，由此联想到共产党和毛主席领导中国人民艰苦奋斗的革命历程，我们这些曾经危害人民的共产党手下的败将，不得不感到羞愧，从而对伟大的领袖产生由衷的敬意。

从韶山回到长沙，我就去拜访了几个十多年没见面的亲朋好友，相见之下，彼此都非常高兴。许多老人还滔滔不绝地给我介绍故乡变化的情况，勉励我努力改造思想，向我宣传"爱国不分先后，只要肯回头，任何人都是可以得到宽大的"。这些道理我虽然早已懂得，但从这些亲友的嘴里说出，我感到格外的亲切和高兴，当即写诗一首：

> 半生作恶为封侯，今日归来愧更羞。
> 堪慰家乡诸父老，当年逆子已回头。

告别亲友，我独自一个跑到烂泥冲安葬我父亲的地方扫墓。十多年后来这里，父亲和原来二嫂的坟墓依然完好如旧。我在二嫂坟前行了个礼，在父亲坟前叩了三个头。看见父亲的坟，我情不自禁地想起客死在台湾的老母、漂泊台北的儿女及寄居香港的妻子。记得母亲在昆明临走前，一再说怕死在外乡，不能归葬故土。是我硬把她老人家送走，以至于使她灵魂不能安宁，遗骨不能归葬。想到这些，不禁凄然泪下。

我想母亲不能归葬，妻儿不能团圆，祖国不能统一的局面，不正是我们这些蒋介石的"忠实"追随者们一手造成的吗？记得一个外国诗人说过："过去属于死神，未来属于你自己。"我想在属于我自己的有生之年里，我一定要竭尽全力，为祖国的统一做出贡献。否则，真是生无面目对儿女，死无面目见父母了。

拜别故乡，经过武汉长江大桥，我们便登上了北上的列车。短短50天的参观游览结束了，我们参观团的行装增加了20多件。我们每个人的体重也都增加了好几斤。然而，我们每个人在思想上、精神上的巨大收获，却是无法用数字表达的。这次出去，在临行前周总理就关照过：一定要注意安全。我们这些走南闯北惯了的人，都懂得出门应注意些什么。只有溥仪从来没有这样出过门，幸亏他的夫人李淑贤照顾他十分周到。

一个阳光灿烂的早晨，我们回到了首都北京。这里已是桃红柳绿，春光明媚。我激动地想到：祖国多么可爱啊，处处都是一派生机勃勃的春天！

西北参观，心悦诚服

参观游览使我们看到了祖国的现在，同时也回顾了祖国的过去；既增加了对社会主义制度的热爱，又加深了对旧社会的痛恨。特别是对我们这些从旧社会过来的、解放后又深居铁窗十年之久的人来说，更是一种改造思想、提高认识、陶冶感情的最好机会。

政府为了使我们的思想能跟上祖国飞速发展的大好形势，在春暖花开时候组织我们到了江南游览、参观。同年8月间又组织我们到西北参观学习。这次参观重点是延安、西安、洛阳、郑州等地。特别是要去延安——革命圣地学习参观。

解放前，党中央、毛主席在延安战斗了13个年头，指挥了抗日战争和解放战争，并取得了最后胜利。许多人都想来瞻仰延安。我也早就盼望到延安来参观学习。由于延安处于西北偏僻地区，交通很不方便，不是每个人都能得到这个机会的。这次我有幸随参观团去延安，心情十分激动。我想，到延安后我一定要弄清楚共产党是靠什么力量打败了有美式装备的国民党军队的。

延安，我已是第二次到这里了。第一次是在1947年。国民党派胡宗南的部队占驻延安后，知道共产党中央和毛主席并没有离开延安地区，便让军统局派一批特务到延安，专门探听党中央和毛主席的去处，企图把共产党中央领导人一网打尽。那次派到这里当稽查处长的崔毓斌，正是我在临澧特训班当教官时教的学生。因此，我便亲自乘飞机到延安视察了一番。崔毓斌他们在延安的几个月当

中，抓了一些地下党员，却始终没有弄清共产党中央到底在什么地方。那次到延安，我完全是怀着对共产党仇恨的心情的，我相信国民党靠着美式装备是可以把小米加步枪的共产党彻底赶出延安的。而今天我却是怀着对共产党、毛主席无比崇敬和热爱的心情来延安学习参观的。

在延安，我们先后到杨家岭、枣园等地参观了共产党中央办公厅的旧址和毛主席、朱总司令的办公室，以及他们曾经住过的窑洞。在解放前，张国焘叛变革命之后，投靠了军统。他曾诬蔑说，延安大部分人的生活是很艰苦的，共产党中央领导人的生活却"很奢侈腐化"。当时，我信以为真，因为我看惯了国民党权贵们那种花天酒地的生活，认为人总是自私的、讲究吃喝的。人嘛，谁有权的时候，不想生活得更好一些呢？共产党当然也不会例外。可是，当我参观了毛主席及其他中央领导人的住处和办公室，听到当地人向我们介绍情况之后，我完全明白了，张国焘纯属是造谣中伤。

当地农民回忆说，在国民党对延安封锁得最严重的时候，毛主席以身作则，领导了延安全体军民开展自力更生的大生产运动。他在自己房后亲自种了一块菜地，亲自精心劳作。他每天晚上都伏在小油灯下看书或写文章，一直到深夜。在生活方面，他对自己要求也很严格，每顿饭都只有两三个菜，不准炊事员超过这个生活标准，额外给他加菜。穿的也是一般战士所穿的灰布军装，他的一套棉衣要穿三四年。他房里的陈设也很简陋，除一个土炕、一张桌子、一张靠椅外，别无他物。他对当地群众的疾苦非常关心。有一次，当地一个青年农民要结婚，但生活困难，操办不起。毛主席得知后，马上动员中央首长给这个农民送礼，为这个农民操办婚事。毛主席还规定，只要是当地群众去部队医院看病，不用排队，要优先给群众治疗……

朱总司令也是如此。大生产时他亲自担粪种菜、施肥，并与战士们住在一起，还常常深夜起来为战士盖被子、替战士喂马。一次，他骑马在路上遇见一个背粮的老农，就把马让给老农，把粮食放在马背上给驮回去……

1947年3月，国民党集中飞机向杨家岭、毛家坪等地进行猛烈扫射轰炸。一次，一颗重磅炸弹落在毛主席办公室附近，把门、窗都炸坏了。毛主席仍然泰然自若地在看军事地图。有个战士捡了一块弹片送给毛主席看，毛主席习惯地微笑着说："这很好，可以打两把菜刀。"

后来，国民党军队进攻延安，宝塔山已是炮声隆隆，毛主席和周总理、任弼时等中央领导人却还没有撤退。人们都劝毛主席快走。毛主席却风趣地说："大道通天，各走一边，他走他的，我走我的，他来那个山头，我到这个山头。"一直看到群众都转移了，他才撤走。党中央、毛主席以及中央其他领导人的艰苦朴素作风和关心群众疾苦的事迹，至今还深深地刻在延安人民心中。

然而，胡宗南的部队占驻延安之后，情况就完全不同了。他们在延安的几个月里，见鸡抓鸡，见猪杀猪，把一个村子的几百只鸡都吃光，70多头家畜也宰得只剩几只。真是害得老百姓鸡犬不宁啊！

共产党打退胡宗南，回到延安之后，立即帮助农民恢复生产，改善生活……

听到延安人民的回忆，我深深地感到共产党的胜利，在于艰苦朴素，深得民心；而国民党的失败，却是在于腐化堕落，民心丧尽。

随后，我们又参观了延安革命烈士纪念堂。那里安葬了28位革命先烈。"四

沈醉、杜聿明等参观延安窑洞

八"烈士王若飞、秦邦宪、叶挺等亦安葬在此。看到叶挺将军的名字，我不禁想起了叶将军囚禁在军统期间的情况。那段时期，我先后去看过他三四次。每次问到他生活上需要什么时，他总是表示什么也不需要。他生活很有规律。每日早起用冷水洗澡，然后做操。早餐后开始读书、看报。他对国民党的报纸很厌恶，每次拿起来看一下，便丢在一边，由于其他的报纸看不到，不得已才又从地上将《中央日报》捡起来再看一看。他一向对下级军政人员很客气，而职位高的人去看他，却往往被奚落一番或怒骂一番。然而他给我印象最深的要数他即将出狱时的那次见面了。

抗战胜利后，国共和谈期间，毛主席向蒋介石提出了释放政治犯的问题。我又特地去看过一次叶将军。当时，我有一种非常好奇的心理，想知道共产党的高级将领在被释放后第一件要做的是什么事情。因为军统监狱中也囚禁过国民党的高级军官和军统大特务，他们在释放出去后，第一件要做的事情，就是如何与家里的人见面，如何去吃一顿多年来想吃而吃不到的东西，或是先去照一张照片等，搞点个人享受以补偿被囚禁期间的损失。而我那次问到叶挺将军时，却是大大出乎我的意料。他听到了我的话以后，像是有长时间的准备一样，以肯定的口吻回答我说："我将来出去第一件要办的事，便是请求党恢复我的党籍。"他的这个答复，确实使我感到惊异！我过去一直没有想到他是一个失掉组织关系的共产党员，我当时很想进一步问个明白，但怕碰钉子，便赶忙辞出，并言不由衷地回答几声："那很好，那很好。"其实，我一直受戴笠的指示，企图能从生活上使叶将军多提要求，而逐步使他改变态度，转到蒋介石那边去。当我把这个情况报告给戴笠后，戴笠半晌说不出话来，最后才懊丧地说："共产党人的可怕，就是在这些地方。"

今天，我才真正懂得叶挺将军为什么那样坚贞不屈，那样迫切要求恢复党籍。因为共产党是真正为人民为国家谋福利的政党啊！一个有崇高理想的共产党人，为了实现自己的崇高理想，是不惜牺牲一切的。

在西北参观时，最兴奋、最激动的要数杜聿明夫妇了。他俩都是陕西人，参观团一到西安，许多亲友和老乡都赶去看他们。这是解放后他们第一次回家乡，许多亲友对他们非常亲切，都说想不到杜聿明过去那样坚决反共反人民，今天却能回到人民的行列，实在是一件极为可喜的事。

延安的人们对杜聿明也很感兴趣，无论到哪里参观，许多单位的负责人都爱用陕北话和杜聿明夫妇交谈。杜聿明激动地对我说，他真没有想到家乡的人会这样热情接待他。最后，他无比感慨地说："人民是多么善良，多么宽宏大量啊！"

即将离开延安时，遇上大雨，小河水涨，来往汽车要等到水退了才能行驶。于是，我们便分两批乘小飞机到西安。

西安这座古城，不但历史悠久，而且名胜古迹众多。风景区有兴庆公园，这是在唐代的兴庆王府旧址上建立起来的一个公园；还有骊山华清池以及历代书法家刻写的碑林；……我们到西安的第二天，便去临潼骊山华清池温泉洗澡、游玩。

华清池，传说唐代杨贵妃曾在此洗过澡，池中还留有杨贵妃的余香，故有人称之为"贵妃池"。其实，从当年唐明皇在临潼修建华清池的模拟图看，范围相当大，谁也说不清杨贵妃洗澡的地方究竟在哪里。但不管它是不是贵妃洗澡的地方，而这个名称却能使人产生种种美好的想象。贵妃池面积不大，一次只能洗几个人。我和溥仪一同去洗。这位仁兄很有意思，刚下浴池，就差点摔一跤。快洗完时，他真的摔了一跤，几乎把头碰在池边的石头上。我有点急了，怕他摔伤，连忙扶起他，让他小心点。他却不服气地说，不是他不小心，而是温泉的水太滑了。我便开玩笑说："温泉的水的确很滑，白居易早就告诉我们了，只怪你自己忘记了他在一千多年前就向我们提出的警告。"他很认真地问我："白居易怎么警告我们的？"我说："他在《长恨歌》中，不是明明白白说过，'春寒赐浴华清池，温泉水滑洗凝脂'吗？华清池的水一向就是这样滑的。"溥仪听了，也不由得笑了起来。我洗过澡，觉得很舒适惬意，而他却不时摸着被摔痛的地方，自言自语地说："贵妃的余香没闻到，骨头却差点摔断了。"

在西安，我们参观了不少名胜古迹。后来便去参观西安八路军办事处的旧址。这个办事处是西安事变后，蒋介石被迫答应停止内战、一致抗日的情况下成立的。以林伯渠、董必武为代表，公开展开工作。它的主要任务是：宣传抗日，开展抗日民族统一战线工作，同时接待来自全国各地的爱国青年，并护送他们去

延安。

当时军统局对这个办事处恨得要命，但又不敢公开破坏，于是暗中进行捣乱。为了阻止进步青年去延安，他们在草滩、咸阳、耀县、三原、洛川五个地方设立关卡，搜查、逮捕去延安的青年。不仅如此，军统还在西安八路军办事处四周布置了30多个特务，专门监视办事处的工作人员及来往于办事处的进步人士；还在办事处附近安置了许多漂亮女人，企图用美人计来腐蚀办事处的干部。有时为了探听办事处内部的情况，还派特务化装成查电表或修炉子的泥水匠，混进办事处，或者冒充酱油厂的伙计进去送酱油。总之，手腕要绝，诡计用尽。但尽管这样，也没能阻止办事处的工作人员进行抗日革命活动，没能阻止办事处组织抗日统一战线的工作。

国民党蒋介石和军统局，对这个坚强的革命的抗日堡垒用引诱、腐蚀、破坏等手段无济于事之后，便又采取威胁、绑架、暗杀、逮捕等更为卑鄙的手段。他们派特务往甜水井里和送去的酱油里投放毒药；围攻、殴打外出办事的人员，不给办事处各方面的物质供应；有时还偷偷地把外出办事的人员杀害。更为严重的是，他们居然秘密杀害了当时以国民革命军第十八集团军高级参议身份在西安工作的宣侠父将军。

宣侠父是黄埔一期的学生，共产党员，1937年，被派去八路军西安办事处工作。他积极团结杨虎城旧部及一切可能团结的力量，组织抗日统一战线，积极组织进步青年去延安，四处为八路军的给养军需品奔走。他的抗日爱国热情很高，却被西安反动派、西北行营主任蒋鼎文和军统西北区区长张严佛等视为眼中钉，将情况电报蒋介石。蒋介石立即电示：将宣侠父秘密制裁。特务们接到蒋介石的命令，便将宣侠父绑架到西安城内东南角，深夜用绳子将他勒死，抛入一口五六丈深的枯井。后来，办事处屡次向蒋鼎文要人，延安方面正式向蒋介石提出抗议，要求非把宣侠父交出来不可。在没有办法的情况下，蒋介石只好承认说："宣侠父是我的学生，他背叛了我，是我下命令杀掉的。"这一下就将他假抗日、真反共的面目完全暴露了。

当时，西安八路军办事处的工作人员就是在这种"白色恐怖"的情况下，克服重重困难，以革命的两手，反对反革命的两手。无论特务如何破坏、捣乱，无论生活多么艰苦、环境多么恶劣，他们始终坚持斗争，直到抗战胜利后，才撤回延安。

在西安八路军办事处参观时，我的心情一直很沉重而又羞愧。办事处的革命斗争史，不正是与国民党反动派、特务斗争的历史吗？现在我更加认识到，过去我工作多年的军统局，原来是一个地地道道的反革命的法西斯魔窟！

离开西安，我们又先后参观了洛阳、郑州等解放后发展起来的新兴的工业城市。每到一处，无不受到热情接待，每参观一处工厂企业，无不被祖国工业发展的辉煌成就所鼓舞。

在西北参观回京之后，北京战犯管理所便邀请宋希濂、杜聿明和我到那里去给尚未获赦的战犯们做报告，介绍我们两次参观的心得体会及所见所闻。

这次回秦城，我心里确实有说不出的高兴。小车刚驶上小汤山到秦城的那条公路时，一股异常亲切的感情便洋溢在心间，仿佛是出了嫁的闺女第一次回娘家一样，见了这里的一草一木，都觉得是那样的可亲可爱，特别是看到我们在秦汤公路上亲手种的槐树，已经长得碗口那么粗了，枝繁叶茂，夹道林荫，更有一番难以形容的愉快。到了管理所，那里的领导不仅热情地招待我们吃了丰盛的午餐，还把我们亲手栽种出来的珍珠玛瑙般的葡萄和绿中透红的大蜜桃端出来让我们品尝。吃着自己劳动的果实，真感到比什么都香甜啊！

在管理所，我们三人轮流向尚未获赦的老朋友介绍情况。针对他们害怕出去后受到社会上人们的歧视和亲友们不谅解，以及没有什么工作好做等问题，我们把自己切身感受的一切，详细具体地做了介绍。大部分人听了之后都很满意，只有在我介绍完西北之行后，曾经亲自策划杀害宣侠父的张严佛情绪很不好。他在解放前夕已当了毛人凤的副手，可算是军统被俘人员中职位最高的一个。他在湖南参加了程潜领导的起义后，因有人说他是潜伏特务而被拘捕，前不久才从东北战犯所转到北京来的。

他一见我就紧紧地拉着我的手懊丧地说："你现在好了，我可是活不了多久啦，我杀害了宣侠父，他的夫人前不久还来提审过我，看来是要跟我算账了。我

如果死了，就请你关照关照我的孩子、老婆吧。"我连忙安慰他说："不会的，我们这些人不都杀害过许多共产党人吗？谁手上没有沾共产党的鲜血啊！不是都特赦了吗？"张严佛还是摇着头说："不一样，不一样！我杀害的是宣侠父啊！他在共产党里的职位高。"我沉思片刻，便说："方志敏是谁杀死的？瞿秋白是谁枪毙的？他们俩在共产党内的职位不比宣侠父低吧，杀害他们的人不是都被特赦了吗？"张严佛听我这么一说，才若有所悟地说："对！对！你的话解开了我多年来一直解不开的疙瘩。这么一说。我就放心了。"看到他转忧为喜的样子，我不由得想起军统所干的种种罪行，感慨地说："若不是共产党宽宏大量，你我都是死有余辜啊！"

后来，我特意去看望了周养浩（刚从重庆战犯所转来）、徐远举和曾经为一句话骂过我一天一夜的某某人。周养浩、徐远举见了我都非常高兴。我也尽量把自己在外面的感受告诉他们，并祝愿他们早日获赦。他俩毫不怀疑地说："我们一定会很快出去的，你就等着给我们接风吧。"看到他们信心这样足，我也有说不出的高兴。而某某人见了我，却是又激动又有点惭愧，他紧紧握着我的手说："我过去那样骂你，你还每次来信都问候我，今天还特意来看我，真让人过意不去啊！"我也有点激动地说："快别这样讲，我们都是旧社会过来的人，都带有不少的坏习气，只望你好好改造，争取早日得到特赦。"他连连点头，表示同意我的说法。我也相信，在共产党英明伟大的改造政策感召下，在人民政府无微不至的关怀下，在公安干部苦口婆心的教育下，就是顽石也是会点头的啊！

离开秦城，汽车在绿荫如盖的秦汤公路上奔驰。前面的道路一直向前延伸，我仿佛觉得自己不是坐在车里，而是迈步在人生的大道上，去迎接幸福、去追求光明。

风云突变，不祥之兆

1965年沈醉与杜雪洁结婚照

共产党的宽大政策使我获得了新生，人民政府无微不至的照顾使我生活优裕、幸福，全国各地欣欣向荣的崭新面貌使我看到祖国美好的前景及社会主义制度的优越性，这一切大大增加了我跟共产党走、建设社会主义祖国的信心和勇气。同时，我也坚信自己在社会主义大家庭里欢度幸福的晚年是不成问题的了。谁知"天有不测风云"，正当我沉浸在幸福、愉快之中时，一件件不可思议的、痛苦的事情接踵而来。

1965年的秋天，孩子即将高中毕业了。经同事介绍，我结识了某医院护士杜雪洁。她是个40岁的老姑娘。孩子很喜欢她，极力怂恿我答应这门亲事。在征得雪雪的同意后，我便与雪雪补办了离婚手续，很快就与这个护士结了婚，组成了一个幸福的小家庭。不料蜜月尚未过完，妻子在单位就开始因为嫁给我而受到歧视了。有的人挖苦她，领导要调动她的工作。看到妻子那副委屈的神情，我心里很难过。一人犯法一人当，党和政府都赦免了我的罪过，而她与我结婚又何罪之有呢？我向政协领导反映了这一情况，政协领导就去妻子所在单位，向她的领导做了解释，交代了政策。这样，领导对她的态度总算有点改变，

1965年11月，沈醉与即将前往宁夏建设兵团插队的女儿沈美娟合影

可是人们的冷嘲热讽却是谁也无能为力的。当然，人们对我这个"严醉"的憎恨是可以理解的，但责备我的新婚妻子却实在没有什么道理。为此我很苦恼。我真没想到，妻子与我结婚会招来这么一些不幸的事。我更没有想到，比这还要痛苦的事情正在等待着我。

不久，孩子高中毕业了。她平时学习很用功，高考也考得不错，我们父女都满以为可以考上大学。谁知事实与我们的想象完全相反，孩子没被录取，偷偷地哭了好几场。我也难过得吃不下、睡不好，这关系到孩子一生的前途啊！我到处打听，到底是什么原因没有被录取？如果真是成绩不好，我想让孩子再复习一年，明年再考一次。我四处奔跑、打听，原来是由于她有我这样一个当过"严醉"的爸爸，才没有资格上大学。天哪！党的政策不是有成分论、不唯成分论、重在政治表现吗？孩子学习努力，思想要求进步。她3岁多就离开了我，5岁就离开了她的母亲，由长沙的亲戚抚养成人，她何曾享受过我剥削得来的东西？又何曾受到过我的什么影响？我有罪理应惩罚，为何要累及妻儿？当时，我的痛苦实在是难以用言语来形容。我想，倘若自己死去就能给孩子开脱"罪责"，那么，我就是死也是心甘情愿的。事实上我即便是死了，还是洗不清孩子的"原罪"啊，只怨她投错了胎。

孩子毕竟年幼，没考上大学哭了几场也就算了，安心愉快地等待分配工作。不久，其他没有考上大学的同学几乎都分配了工作，而她却被推到街道办事处听候安排。挫折似乎使孩子更懂事了，她到办事处不久就毅然地报名申请去边疆建设兵团。当时按政策规定，一个孩子是不让上山下乡的。可是她一次又一次地瞒着我写了好几份申请，街道办事处终于批准她去宁夏建设兵团了。当孩子高兴地把这个消息告诉我时，我仿佛觉得被人当头打了一棒，半天说不出话来。孩子比我乐观得多，她说："这关系到我的前途，离开家就能摆脱出身不好的影响。再说，有的人想去还去不成呢，好不容易才批下来，您就让我去吧。"这倒是事实，1965 年还没有大量地号召上山下乡，身体稍差的或独生子女，都是不批准去的。可是，让这个唯一与我相依为命的女儿到那么远的边疆去种田，我实在是想不通。然而，我又能说什么呢？

孩子还是走了。我觉得是我的问题逼得孩子走了这步路，于是我满腹牢骚地去找领导，赌气地说："我与孩子的妈妈办离婚手续时，她妈妈提出要让孩子去香港见见她。当时我怕孩子去后，她妈妈不让她回来，就没有同意。早知现在这样，我真不如让孩子到她妈妈那里去上学。"这个思想一暴露，就如同引火烧身一般，有些人便展开了对我的批判，有的说："共产党赦免了你的罪行，给了你第二条生命，你把孩子交给党，有什么不放心的呢？"还有的说："你过去杀了那么多人，现在你的子女到边疆去，算得了什么？因为孩子没能上大学，没给分配工作，你就想让孩子去香港，这是不对的。"……

听了大家的话，我慢慢认识到，自己思想上确实存在着不健康的东西。孩子离开固然是痛苦的，但自己也不能把孩子当成私有财产呀！党待我恩重如山，我怎么能为孩子的事这样反感抵触呢？特别不应该的是，想把孩子送到香港——她母亲那里去，这说明我过去一再表示要把自己的一切交给党、永远跟党走的决心是不坚定的，一遇到具体问题就想不通了。今后在世界观的改造上必须加倍努力才行。思想搞通了，精神也渐渐愉快起来。

不久，《海瑞罢官》、"三家村"开始受批判了。光看报纸上的文章，我当时还只觉得不过是一场文艺界学术上的争论，却万万没有想到这正是一场暴风骤雨的前奏。

1966 年 6 月 3 日，上午天气还是晴朗的，下午开始转阴，傍晚下起雨来了。这一天天气的变化，仿佛预示着当时时局的变化一样。

这天是我 52 周岁生日。照例，我在这一天不参加任何文娱活动，而且全天不吃荤腥和美味的食物，更不搞什么生日庆贺等。因为这天母亲生我的时候，是非常痛苦的，所以这天曾被人们称为"母难日"。我从开始懂事、读小学起，便一直是坚持这样来纪念母亲生我时的苦难，同时吃一天的"报母斋"。不过我这种

"吃斋"，不像和尚、尼姑那样连用荤油炒过菜的锅烧出的菜都不吃，而只是自己不吃荤腥美食罢了。

当我默默地过了一天，几乎无时无刻不在想念我去台湾的老母时，我真悔恨不该让她老人家离开大陆。她老人家在我前妻领着六个子女飞往香港后，还是不肯走，直到云南和平解放前几天，才被我劝上了去香港的飞机。

这天我妻子要去她工作的医院值夜班。我们简单地吃了一顿素面，她便提前走了。我正在翻看从批判"三家村"、《海瑞罢官》以来的几十天的日记，忽听到门外一片敲锣打鼓的欢呼声，我自言自语地用开玩笑的口吻说："想不到我过生日会有这么多人来庆贺。"当我匆匆走上街头一打听，原来是庆祝北京市委改组，第一书记易人。听到这一情况，我垂头丧气地走回来便倒在床上。从来不失眠的我，今晚却怎样也睡不着。我在抗战初期，担任上海罗店浏河前线随军调查组长时，经常听到彻夜的枪炮声，我照样能睡，今天为什么睡不着呢？绝不是街上的锣鼓声打扰了我，而是这一热烈庆祝使我想得太多。中央要撤换一个北京市委第一书记，何必要这么狂热的庆贺，好像打了一场大胜仗呢？这一阵锣鼓，我认为是一种不祥之兆！它说明原北京市委在中央看来是强大的"敌人"一样，好不容易才能换掉，所以要发动这样一场全市性的热烈庆贺。这对于我们这些来自过去敌对方面的原国民党人员，特别是像我这样的军统大特务，肯定是不利的。我翻来覆去想了几个小时，才蒙蒙眬眬地睡着了。

全国政协和中央统战部的许多领导，可能早就估计到了，在这场暴风雨中，起码得"洗脸洗澡"。所以他们自动提出每周星期二参加一次体力劳动。这自然是一种表态的举动，内心里究竟做怎样的准备，彼此都是心照不宣的。

领导干部自动请求参加体力劳动的消息，立刻传到了文史专员们的耳朵里。老于世故的专员们，也感到有此必要，便由杜聿明、宋希濂、溥仪等出面请求，也于每周参加一天的义务劳动。劳动的地点是西安门低压电器厂。这里离我住的西黄城根最近。每到星期二这天，工人上班前，我们这些老弱多病的人，早就赶到低压电器厂大门外站好了队，等候安排要做的活，然后再由车间负责人领着进去。

虽然许多领导和我们这些专员，每星期二都准时去低压电器厂干上一天，但并没有因此能够躲过一场特大的灾难。"造反派"开始对这些人冲击时，连这一天的劳动也被指责是到工厂来"逃避阶级斗争"，想把工厂当成"防空洞"。我们真不知该怎么办才好。

1966年6月16日，政协一位领导人，突然召集我们十来个文史专员去会议室，他郑重其事地宣布："文史专员可以和政协机关的职工一起参加'文化大革命'。"这一句话，真使我们感到受宠若惊，都相互看了一眼，表示心头的高兴。但是，且慢！他讲完这一句后，便打开他自带的茶杯，慢腾腾地呷了一口，又继续说："文史领导人申某，因群众对他主持下发行的《文史资料选辑》意见很多，揭露出了不少很严重的问题，所以申某要回避，不能参加这场革命。"我们一听，刚才的高兴劲都抛到九霄云外去了，受宠若惊又立刻变成了诚惶诚恐。因为《文史资料选辑》如果有严重问题，对我们这些写过资料在《文史资料选辑》上发表的人，也不会放过。我的想法还没有完，这位领导又呷了一口茶，继续宣布："文史办公室的编辑王某应停职反省，交代问题。"这一句话更加重了我们的负担。编辑有问题，我们这些撰写史料的人能无问题吗？我当时深感生活在这样的时代，真是使人捉摸不定，再大的风浪袭来，也只能坐着等待，除此还有什么别的办法呢？

这位领导宣布完后，我们都耷拉着脑袋，从会议室出来，慢慢地走回各自的办公室。刚想喝喝茶后议论议论，却不料机关里的几个人，紧接着又跟了进来，他们几乎是用命令的口吻说："从明天起，你们不能再办公，专心专意学文件！"说完之后，还怕我们听不清楚似的，又加重语气问我们一声："听清楚了没有？"我们这些经过无数风浪、见过各种场面的人，虽然还不了解"文化大革命"会有怎样的厉害，但都满不在乎，只是似答非答地从牙缝中挤出三个字："听懂了。"

接着，他们便拿出准备好的一些封条，把所有的档案柜都贴上，最后还叫我们把办公桌里面没有看完或没有写完的稿件都交出来，放进一个没有装满文件的柜内，一起封好。临走，又用命令式的口吻再说一声："从此以后，不许你们再动这些东西！"他们走后，我们不知下一步等待我们的会是什么。

从7月6日开始，便在礼堂三楼召开批斗申老的大会，主持人把一个个使申

老无法回答的问题提了出来，申老虽然一再做了说明解释，但主持人总认为他"不够老实""不够坦白"。在激烈的口号声和怒吼声中，我看到满头大汗的申老直喘着粗气，耐心地做解释。当然，任何解释都是不能使主持人满意的，最后，总是阴阳怪气地说上一声："这个问题先挂起来。"眼看领导我们工作多年的这位老干部受到如此凌辱，我们实在感到不是滋味。当群众高呼口号而我们没有跟着乱叫时，坐在旁边的某些人就捅我们一下，表示对我们的警告。

对申老的批斗会一连开了三天，我们也陪斗了三天。陪斗之后还得回来座谈，好在有不少问题牵涉到我们所写的资料，所以座谈起来还有东西可讲。由于我在《我所知道的戴笠》那个材料中，写了戴笠被摔死在江苏江宁县板桥镇的戴山，山脚还有一座小小的戴家庙，竟被说成是明目张胆地宣传"迷信"。我除了在座谈会上做检讨，还得写出一份自我批评的大字报贴到机关大厅中去。虽然我一再给自己扣帽子，结果还是有不少的人提出批评，认为我没有挖出真实思想。我把一个人死的地名写了出来，难道就是"借写史料，宣传封建迷信，企图进行反革命活动，推翻无产阶级领导的红色江山"吗？难道写了一个"戴山"，就能推翻无产阶级领导的红色江山吗？这两个字实在没有那么大的力量，这未免估计得太高了。对于这个问题，我实在想不通，但又辩解不清。

1966 年 8 月 24 日下午，那些"革命造反派"公然以命令形式宣布解散由中华人民共和国总理、全国政协主席周恩来亲自决定成立的文史资料委员会；周总理亲自安排在文史委员会担任专员的十多个专员，一律停止学习；不管什么老、病，都得去劳动。周总理亲自决定的专员每月工资 100 元，也要减去 30 元，只发给 70 元。特别指明，这一命令限三天内执行，不准延误。

由于我们思想上都早有准备，所以对这一"命令"并不感到突然，也没有产生恐惧。对这种无法无天的行为，我们只是相视一笑。从第二天起，我们就自动参加机关内打扫清洁卫生的工作。

"文革"初期，溥仪病故

"文化大革命"来势如此凶猛，几乎人人都不同程度地受到了迫害。我们的亲友，因为我们的原因也遭到了种种磨难，而我们这些人，则由于敬爱的周总理认真执行统战政策，少受了许多冲击。每当我们要受到责难和惩罚时，他就毅然出面说话。周总理给予我们的关照和保护，我们至今仍然感激不尽。

1966 年 9 月 29 日，星期四，这天是农历中秋节。为了破"四旧"，不像过去那样吃月饼等，但饭还得吃，工资还得去领。自从上月减少 30 元工资后，许多专员都把去领工资当成一个包袱。因为这些被认为"只拿钱不干活的牛鬼蛇神"，每去领一次工资，就要受到不少折腾，低着头走进去，连看大字报也不准，至少一路上得听到不少叫骂声。所以我去领工资时，顺便代几个行动不便的同事把工资领回来送给他们，省得他们跑这一趟。领工资时，我找到一个对付的办法：走进政协的大门（后来大门关了，走后门），看到一些人站在那里怒目而视，我便不先走向会计室，而先走进西边的男厕所，操起笤帚，把厕所打扫得干干净净，然后再从厕所一路扫出来，扫到会计室门口，才把笤帚放下去领工资。会计室的几位同志并不为难我，虽然不像过去那样和我聊上几句，但从不说难听的话，只是要我把名签好，就把工资交给我。我提出要代什么人领工资，他们也同意。

没想到今天去领工资，真出乎我的意料，他们说：接到上级命令，专员的工资仍恢复为每月 100 元，不准减少，上月扣去的钱，正在请求是否补发。我听了马上表示：已经扣去的，就不必再补发了。他们仍坚持请示后再说。我当时感到

奇怪，明明白白宣布减少我们30％的工资，到底是谁让他们补发和不准再减呢？

当我把杜聿明的工资送去时，正遇到同他住在一处的唐生明委员，他是有名的消息灵通人士。我把这一情况说出后，他马上说："我已听说了，这是周总理亲自命令不准减少你们的工资，减少了的还要补发。除了他，谁还有这种权力说话！"

我和杜聿明听到后，都异常激动。老实说，少几十元不是一件什么了不起的事，而周总理日理万机，还为我们减少工资的事来操心，光这一点就说明他老人家始终如一地坚持党的一贯的统战政策。

周总理对我们的态度，当然不只是不准减少我们的工资。每当我们感到最困难时，他总是站在党的政策的立场，给我们解除困难。"四人帮"在"横扫一切牛鬼蛇神"这一口号的掩护下搞夺权阴谋的初期，我们这些旧社会过来的"帝王将相"，可说是首当其冲的一批人，所以除了要减少工资外，有些人并已做出决定，要把所有的文史专员，都押送到各自的家乡去管制劳动。周总理知道了，严肃批评他们违反政策，这样才没有把我们赶走。

当"四人帮"煽动大搞打砸抢的时候，特赦人员只有个别的被打了几下，比许多革命老干部受到的折磨不知要轻多少。这主要是由于周总理在坚持党的统战政策。否则，即使不全被打死，也得打成重伤。就连王陵基那样的四川老军阀，刚被一个人抽了一皮带，马上就有人出来劝阻。要是没有周总理的关照，他还能活着出来吗？

"文化大革命"我们已熬过去了，周总理却已与世长辞了，我们每一个特赦人员对他老人家的怀念与感激，确是永远的。在"文化大革命"中病逝的溥仪，倘若活着，他一定会同意我这种说法的。

在"文化大革命"中，许多人都把自己的真实感情深深地埋在心底。"文化大革命"一开始，我就发觉溥仪这位过去我们认为是非不分的"小皇帝"（这是老北京人对他的习惯称呼），并不怎么糊涂。

正在热火朝天地批斗"三家村"的幸存者廖沫沙同志的时候，他看到后，竟敢失声痛哭，连说："廖部长是好人，为什么要斗（廖任北京市委统战部长时，领导过在北京的特赦人员的学习）？"当他看到有些人在飞扬跋扈批斗一些革命老干部时，他不但敢公开说出自己反对这种做法，还敢在别人面前说这种人搞的不符合党的政策和毛主席思想。这在当时，是可以惹来杀身之祸的，但他一反常态，毫不在乎。平日我们在学习时，不论是中央文件或《人民日报》社论，他总是按照文件精神发言，从不提出自己的意见。我们常说他不敢联系自己的思想，不是在认真学习。到了真正考验人的时候，我们这些久经世故的人，却采取明哲保身的态度，一切随大流，不敢提出自己的意见。和他比起来，到今天我还感到惭愧！

我是从 1960 年特赦后认识溥仪的。那时，我认为他过去只是一个任人摆布的傀儡。我到政协和他同事的初期，两人都没有家室，往往有空我就陪他出去买东西或游公园。我认为让他当一名故宫游览的讲解员或向导，是最合适最理想的了。我和他去故宫时，他能闭着眼指出东西南北是什么地方，那里曾经发生过什么样的重大历史事件。他指着一只大铜鹤告诉我，说鹤身上一块凹进去的地方，

摄于溥仪与李淑贤结婚茶会
左起：沈醉（左一侧面者）、王耀武（左二）、范汉杰（左三）、李以劻（左四）、杜聿明（左五）、溥仪（左六）、李淑贤（左七）、郑庭笈（左八）、郑庭笈夫人（左九）

是乾隆皇帝一箭射成那样的。这又使我感到这个人太老实忠厚了，他对太监们编的许多神话般的故事，都深信不疑。如说那只铜鹤是乾隆下江南时，飞去保驾，结果被乾隆误为普通白鹤，一箭射去，虽没射死，却自讨没趣地又飞回来了。我说这是编出来的，可能是太监、宫女搬东西不小心撞了那只铜鹤，所以编一套神话来掩饰自己的过失，他却坚持说是真的。我还认为乾隆时代是否就有那些铜鹤，还值得怀疑，但他总想说服我相信那是千真万确的事。我仔细一想，他为什么会相信铜鹤保驾的神话呢？他可能还认为，像他那样的"真命天子"是会受到神鬼保护的。

经过思想改造过的溥仪，对中国共产党的感激心情，比一般人还有不同的地方。有次我陪他去景山公园，走到明朝末代皇帝崇祯吊死的那棵歪脖子树下时，他看了好久，深有体会地说："中国历史上许多末代皇帝的下场，大都是很悲惨的。崇祯在自杀之前，还用宝剑先砍死自己的儿女，怨他们不该生在帝王家，看来很残忍，而他当时的心情是不易为人所了解的。"他联系到自己年轻时被赶出故宫，后来当了伪满皇帝，又被苏联抓去关了几年才被送回来的几次巨大变化，也产生过悔不该投生在帝王家，不如做一个普通百姓好的想法。

那天他的谈锋很健，说南唐李后主被俘后，只在词中写了"小楼昨夜又东风，故国不堪回首月明中"，便惹来杀身之祸。我说，谁叫他被俘了还去怀念故国，所以被毒死。他反驳我："蜀后主刘阿斗，不但不怀念故国，还说'此间乐，不思蜀'，不一样被害死了？"接着，他还谈到了汉、隋等朝的末代皇帝。随后他摸了摸自己的头，倒很高兴地说："我这个末代皇帝能得到这样一个好下场，多亏中国有了共产党！"

"文革"开始后，医院里给干部看病的保健室被取消了。许多中央的部长们看病也得去排队。原来专员们经周总理特许按司局长级看病的待遇，当然也被取消了。溥仪生病要住医院，医院硬不肯收，又是周总理亲自打电话给医院，才让溥仪住进了普通病房。他没有住医院前，我去看过几次。一说到"四人帮"的横行不法，他总是气愤异常。我劝他不要惹事，他还是满不在乎，而且一再说，他们这种搞法是违背毛主席的政策的。

　　我第一次去医院看他的时候，被几个认识我的人发觉，不但不准我去看他，还把我连推带骂地撵了出来。在他病重垂危时，我再也忍不住了，便趁中午休息时溜进了医院，只见他鼻孔里插着氧气管，脸色难看极了。当他发觉我站在他的身旁时，两眼泪汪汪地看了我一下。我紧紧地握着他的手，心里难过异常。正想问问他的时候，一个值班的护士走了进来，毫不客气地把我用力推出去。没有几天，他与

1968 年，沈美娟（左一）与宁夏建设兵团同事在西大滩合影

世长辞的消息传来了。专员们准备去和他的遗体告别，也被阻止。

　　溥仪死后不久，有一天，我站在门口，看到几个小孩喧嚷着向我家走来。我估计他们是来闹事的，这次躲不过了，也只好硬着头皮等候。不料住在我们院里的张大妈，看见他们朝我的房门走，便叫着他们几个人的名字，要他们不要来瞎闹，赶快回去。这些孩子居然肯听她的话，没有一个进房来，只瞪着眼狠狠地看了我一下，便乖乖地走了。我真感谢这位张大妈，也惊奇她居然有这样的本领能把这些小孩撵走。后来一问，才知道她过去在政协幼儿园当过保姆，这些孩子她都认识，都能叫出名字来。我很庆幸有一个这样的好邻居，使我省去不少麻烦。

　　在这段时期，我的妻子和远在宁夏建设兵团的女儿也受到了株连。她们因为我而挨打受骂，使我难受。我一方面劝慰妻子，一方面每隔几天去信打听女儿的情况。女儿终于把她一切不幸的遭遇慢慢地告诉了我。她原来是在一个连里当文化教员，由于一句话，得罪了连里的领导，这位领导一怒之下，便发动农垦战士对她进行围攻。大字报贴出 100 多份，我这个性格倔强的女儿，却没有被这种浩大的声势所吓倒，更不愿去向那位领导低三下四地认错。这样一来，那位领导就没完没了地找她的麻烦。欲加之罪，何患无辞。更何况她有我这样一个臭名远扬的爸爸，还有一个在香港的生母与在台湾和国外那么多的姐姐、弟弟、伯伯、叔叔……但由于她在连队各方面都表现不错，而且群众关系也好，所以，那位领导

虽然一再给她加上许多莫须有的罪名，都因证据毫无，无法定案。到底是团党委政策水平高，知道这件事后，马上对这位同志进行了批评教育，说："你是十几年的干部了，怎么能对一个刚出学校门的学生娃娃这样简单粗暴呢？"那位同志很不服气，认为整了这样一个出身不好的人，没有什么了不起的。为了抓到我女儿的"罪证"，便强行要检查她的日记。谁知，他看完我女儿几年的日记之后，不得不良心发现地说："到底是新中国长大的青年，思想感情还是健康的。"以后他便改变了对我女儿的态度。女儿风趣地对我说："应当感谢这位领导，他使我很好地接受了一次考验和锻炼，这种机会别人是想找还不容易找到呢。"

"宾客"盈门，要写材料

从 1966 年冬到 1967 年冬，找我写材料的越来越多，有时一天十多批、几十个人。我住的地方小，房里坐不下，许多人便站在外面院子里。他们都自动排队等着，先来的先谈，谈完一个，再来一个。有一段时间，我几乎是白天和他们谈，晚上便写，弄得日夜不安。

为什么会有这么多人来找我要材料呢？主要是我特赦后写了揭发戴笠和军统特务的几十万字，很多都在全国政协编的《文史资料选辑》上刊登了出来，其中 22 辑刊

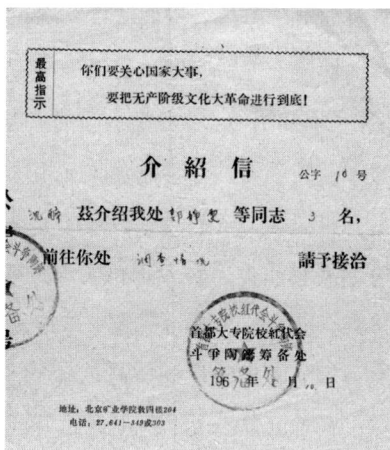

1967 年，"文革"中来找沈醉写证明材料的介绍信

出的《我所知道的戴笠》和 24 辑刊出的《保密局内幕》，后来还由群众出版社出了单行本，看了这些材料的人不少。所以凡涉及军统特务的有关问题，便都找我来提供材料。其实，军统特务有几万人，我所认识和知道情况的，连十分之一也没有。

到 1967 年夏天以后，大部分找我写材料的人，都不再通过政协，而是直接找上门来。他们当中，有的是真想把个别人的情况弄清楚，以便正确地做出处理；有的却是想通过我来帮他们去打击、诬陷一些过去与军统完全无关的人；也有的是明明某人过去与军统有关系，却想通过我的证明给予否定；还有的是企图把个

别人的问题扩大到足以惩死或判刑的程度……总之，各种各样的人怀着不同的目的而来。接待的人多了，情况就越发看得清楚。只要他一开口谈上几句，我几乎就能明白他的来意。对于这个问题，我凭着共产党对我多年的教育，始终坚持这样一个原则：决不冤枉一个好人，不充当别人的打手，也不放过一个坏人，不包庇任何人过关。

最初一个阶段，找我的人先要故意绕几个圈子才谈到正题，比如要想了解王某的情况，先问我哪年哪月在哪里工作，往来的朋友、同事、部下和学生有哪些，再从这些人问到有几个姓王的，等等。如果我回答的人当中没有他们要我证实的王某，这才一个字一个字地把王某的名字说出来问我。遇到这种情况，我常暗自好笑，心想，你们搞这一套，真是把对方估计得太低了。但我表面还是耐心和他们谈，等到谈到他们认为最重要的关键时，我对不知道的情况，便只讲三个字："不知道。"后来找上门的人越来越多，前面问情况的人一绕圈子，后边等着的人就提意见，有时还因此互相争吵起来。

我翻看了一下当年的日记和保留下来的一部分介绍信，从 1966 年到 1967 年 11 月 6 日我被捕时为止，大约一年当中，全国各省、市都有人来找我谈过和写过材料。最忙的时候，我连中午这顿饭也常常吃不上。遇上这种情况，妻子便给我准备几个面包，让我一边吃一边谈，喝上几口水，就算是午餐。早晚比较清静点，有时也会遇上一些不速之客，只得随来随谈，否则是无法打发走的。

说句老实话，找我写材料的人，绝大多数态度是好的，特别是一些年岁大一点的，比较通情达理。但也有极少数的人，简单、粗暴、不讲政策，或者带有某种目的来强索材料，引起我的反感，彼此发生争吵，甚至要闹到动武的程度。现在想起来，自己也觉得好笑。

闹得最厉害的一次，是有那么一个"造反派"组织，要我承认他们单位的领导人，在解放前任某省工委负责人时，通过我前妻的一个女同学的关系，和我见过两次面，并肯定有一次他和我一起在某地假装钓鱼谈问题，因为这样，我在某地主持大逮捕时，没有逮捕他，要我证明他和我有关系。我回答说："根本无此事。"他们极不满意，谈了一个下午，还是谈不拢，便愤然离去。第二天，我吃过早饭，妻子刚上班去了，这三个人突然气势汹汹地走了进来。我请他们坐，他们不坐。看到来势不对头，我赶忙退到墙角坐下，把凳子握在手中。这时，他们当中的一个大叫一声："你再不老实交代昨天谈的问题，我们就只好不客气了!"接着，另一个就从小腿上抽出一把刀来。他刚把刀举起，我就站了起来，用凳子朝他的手腕一挡，刀落地了。正在这时，几个经常来找我谈情况要材料的，还有北京某大学的几个红卫兵，都走了进来，把他们拉出去了，刀子也给没收了，并且警告他们不能再来胡闹。从那以后，那三个人再没有来找过我了。我也更加警惕起来，整天关着门。有人来了，我总是先隔着玻璃看清楚后才去开门。

另一次是两个外地来的自称是"红卫兵"的人，他们先写好一张材料，叫我看了以后照样抄一份。我一看就火了，他们在拟好的底稿中，说某某在上海被我逮捕后，因受不住酷刑，便自首叛变，出卖了地下党组织，使一大批地下党员被捕，惨遭杀害了。

开始，我很耐心地想说服他们把这材料收回去，并表示愿把我所知道的一点情况写给他们。可是，话刚说完，他们就迫不及待地问我："此人怎样叛变的?"我说："根据我的记忆，她没有被捕，更没有叛变出卖地下党组织的事，因我和她过去虽认识，却不知道她是地下党员，所以没有逮捕过她。"

这两人听了，就大声斥责我是包庇"叛徒"，说多少年来，组织上找我交代她的材料，我一直是这样不老实交代，说他们早就看到我写的那些材料了，这次是她自己交代出来的，所以要我证实;并说，即使我不证实，还想包庇她，情况也已弄清楚了，没有我的材料，一样能处理她。

我估计一定是在这次运动中，他们逼着她这样讲的，或者是她不肯乱讲，他们让我来当他们的刽子手，借我的刀笔来惩办她。于是，我脱口而出说了一声："除非是逼供信，否则，我相信她不会这样乱说一通的。"

他们一听，更是气得暴跳如雷，认为我胆敢诬蔑他们的组织搞逼供信，说我是罪上加罪，死有余辜。其中一个大高个子，竟拔出刀子进行威胁，我很冷静地说："请你们收起这一套吧! 我比你们还年轻得多的时候，就弄惯这些玩意了，要不识相的话，一切后果由你们负责!"

　　当然，他们绝不会因我这几句话而示弱，便反过来问我敢怎么样？我说："我只准备和你们谈情况，没有准备和你们打架，如果你们不谈而要打，我也只好奉陪！"

　　他们看我站了起来的架势，不但右手握了那张方凳，而且全身肌肉隆起，已做好了准备打的样子，便相互一看，知道占不了便宜，就厉声问我：关于某某的问题，有没有新的材料可补充？这时，我的态度也缓和下来，便说："某某人的问题，现在没有什么新的补充，还是和过去写过的一样，不过我愿意再去想想，如有新的材料，我写好给你们寄去。"他们也乐得就此收场，立刻告辞，因为另外几批要找我写材料的人，都已走进院子了。

　　还有一次是两个右臂上套红圈圈的壮汉，谈话没有十句，我已肯定他们是"揪字号"的人物。我如实回答他们提出的问题，当然不会符合他们的要求。几个回合之后，只见其中一个突然一下向我扑过来，大叫一声："跟我们走！"我还坐在小方凳上，没有站起来。因为是坐在三角形的墙角落里，又不能退，我只好用一只右脚猛力朝他站在我面前的左腿膝盖上踢过去，他向后连退了几步，碰到房内的墙上才停下来。这时，我站了起来，把方凳举在手上，也大叫一声："你们是来谈材料，还是打架？"他们厉声叫着："我们要你跟我们走！"我一听，就领会出这是他们外强中干、以进为退的一种手法，不愿让他们太难堪，便向在门外几批等着谈材料的人说上一声："他们叫我跟他们走，你们就改天再来吧！"当然，那些没有谈的不会愿意，便有几个人走进来质问他们："凭什么要把他带走？"他们还硬着嘴说我不老实交代，所以要把我带到他们那里去。结果，他们之间吵了起来，我却乐得休息了一下。

　　一天上午，邮递员送来一封信，地点，姓名，都写得对。打开一看，内容是这样：

最最最紧急命令：

　　你过去杀害我们成千上万先烈，账还没有还，今天，你又乱提材料来陷害我革命老干部，真是罪上加罪。现命令你在三天内，向你所提过材料的单位去信慎重声明，承认你提的材料是存心诬陷老干部，检查你的错误，收回你的材料，否则一定要砸烂你的狗窝，要你的狗命！

红卫兵

看了这封信，虽有点感到意外，却也早估计到可能还有比这更严重的事情发生，所以这并没有把我吓倒，只是给我添了一些麻烦。

我认真考虑了很久。信的前面几句话，我得承认，过去的确做了不少对不起党和人民的坏事，但今天我向有关单位提供材料，为的是把一些问题弄清楚，好正确对待和处理，我决不会故意去陷害任何人，更不用说革命老干部了。那么，问题在什么地方呢？我想有两种可能，一种情况是我的确写过几个叛徒的材料，这几个叛徒过去出卖过共产党的地下组织和同志，我不但了解，而且是亲自处理过他们的问题，这种材料，我认为是应当如实提供的。另一种情况是可能有些单位在揪所谓"叛徒"时，找不到任何人证物证，便冒充我提供的材料去讹诈对方，他们的家属便以为我在诬陷他们的亲人，因而对我产生仇恨。我对这样一封信应当如何处理呢？一种办法是不理会。同时也认真思考一下，最近提供的材料中，有没有弄错、记错的人和事。另一种办法是向政协去反映一下。结果，我两种办法都用了，首先是翻了一下最近几个月写的材料，看有没有弄错人或写过什么含混不清的东西，被人拿去夸大其词，造成冤案。经过大半夜（白天有人来找、谈材料，只有晚上才有时间）的认真检查，完全没有，这就是说，别人利用我的名义来诬陷人的情况，可能性较大。但为了防止发生因误会而造成的事故，我去政协找到秘书处的几位负责人反映了这个情况，他们是经常给人开介绍信到我家来找材料的。

政协秘书处的几位负责人，仔细看了这封信后，均认为应当提高警惕，防止发生事故，但他们却无力给我帮忙，因为他们本身也天天在夹缝中过日子。最后决定要我去找派出所的同志谈谈。我很感谢他们对我的关心，也知道他们有心无力，便只好照他们的话去找附近的派出所。

出我意外，派出所的两位负责人接见了我，并很认真地研究了这封信。他们

还非常热情地关心我的安全，认为我所估计的两种情况，都有可能。使我至今仍然感谢的是他们告诉我，派出所早就注意到我的安全问题，并采取过可能的措施，除了常常派人到我住的地方巡逻外，还通知我对门一个宿舍看电话的老人，发现有什么情况，随时打电话告诉派出所。

听了这些情况，当时我内心是十分感谢的，像我们这些在当时是人人喊打的过街老鼠，居然还有人敢于站在党的政策的立场上暗中这样关照，这是多么出人意料的事！难怪在那几个月，正是抄家和搞打砸抢的高潮中，我能平安无事，这与他们的照顾是分不开的。当我离开派出所时，两位负责同志把我送到门口，再三叮嘱我：一要自己加倍小心，二要实事求是地继续认真提供材料，不要被这样一封信吓住，不敢写了。我也保证一定做到他们讲的这两点。同时，一再表示我对他们的谢意。

从那以后，我更加认真地为来访群众提供材料。我觉得在这场"大革命"中，自己能把知道的东西如实地提供出来，也是对党和人民的一点贡献。谁知正当我不辞辛劳地为各地来访群众提供材料时，一件意想不到的事情发生了。

那是1967年11月6日。原来听说宁夏那边的武斗也闹得很厉害，这使我为在宁夏建设兵团的女儿担了不少的心。有几天去打电报问她的情况，电报局连发平罗县的电报都不收，我真急得日夜不安。上个月17日，孩子好不容易从宁夏回来了，我多么高兴啊！可是，没住上半个月，她又要走了。我了解，她要转回宁夏建设兵团，是为了能够让我减少些麻烦，所以宁愿去冒风险的。这天我抽空陪她上街买了些咸菜，准备给她带回去，少接待了几批外调人员。但下午还先后来了四批十多个人要材料。晚饭后，我坐在灯下赶写了两份，还有两份没有写完，因为实在太累，便在10点刚过就上床休息了。而脑子里还在回想一份材料中没有写完的一段往事，以便明天补写上去。

刚刚蒙眬入睡，便听到大门外马路旁有两辆汽车刹车停下的声音，接着又听到有人下车关车门的声音。毫无疑问，这是来找我的。因我住的院内，两家是炊事员，一家是驾驶员，一家是保育员，还有刚搬来不久的黄绍坛的妹妹，她家很少有客来。我正起床把衣服穿上，便听到一个熟悉的口音在叫门。我把门打开，

"文革"中，中央美术学院革命造反联合兵团介绍信

妻子和住在里边小房内的女儿也都赶忙起来。我以为这是来抄家的，因为我还没有被抄过家，也没有人来破过"四旧"。

紧接着一阵沉重的皮鞋声，三个身穿民警制服的彪形大汉，以及另外两位干部，很快都拥了进来，看样子，准是来逮捕我的了。我脑子里立刻转了几转，认为没有逮捕我的理由，因为我自从读了今年元旦《人民日报》和《红旗》杂志联合发表的《把无产阶级文化大革命进行到底》的社论后，一直是谨小慎微，不但没有做过一件错事，连说话也很注意，特别留心。再远一点说，这一年来，我真是全心全意在写材料，除了和个别人闹过几回外，并没有别的错误。但又转念一想，现在已无是非可言，他们高兴怎样就怎样，自己过去不也是长期这么无法无天吗？一想到这里，反而冷静下来。

当他们采取包围我的姿态后，便由一位身材比我高大的民警问我的名字、职务等，在肯定没有弄错人之后，便用很严肃的口吻向我宣布："沈醉，你被拘捕了，马上在这上面签上你的名字，立刻跟我们走！"他一边说，一边把一张印得很好的东西递给我，指着一处印有"被捕人签名"的地方叫我签名。

我签好名后，那位民警便叫我把日用品带上，跟他们走。这时，我向随同来的干部说明，我还有两份材料没有写好，另有一个"造反团"要我写的两份材料还没有签名盖章，要求让我把这些材料写好、盖上章后再走。他们同意了。我于是走到办公桌旁，打开抽屉，拿出纸来，把刚才在床上想起的一段情况写上，签好名，盖好章，又在原来写好的另一份材料中，提供能了解情况、补充材料的两个人，然后，把这两份材料交给我的妻子，告诉她明天上午我约好的人来取材料时，先问明白后，才交给他们。另外两份材料是政协"造反团"要写的，就交来

人带去。我把这些都办妥之后，才把手上戴的手表和身上的钱包、零钱等，都交给我的妻子，她和我的女儿都眼泪汪汪地望着我。我只说："你们放心吧！我解放以后没有做什么坏事，不会有什么问题的。"民警们再次提醒我带日用品，我还是表示什么都不带。我知道，把我抓去要是坐牢，按照监狱的规定，应当供给犯人日用品；要是处决我，更用不着带东西了。临出门时，我回头看了妻子和女儿一下，心想，不知今后能否再见到。立刻，心头一阵酸楚，但我忍住了，怕给她们增添苦痛。

我随着他们走出大门，妻子又追出来给我披上一件厚棉衣，这件棉衣还是七年前特赦时发的，没想到又把它穿回监狱去！

二度入狱，重返秦城

自从特赦以来，我连做梦都不曾想到自己会再一次被逮捕。我扪心自问，这些年来，除了曾对女儿上边疆的事想不通之外，并没有任何不满情绪，更没干过什么违法的事情，为什么要抓我呢？真是百思不得其解。

深夜，马路上很寂静，汽车飞快地驶出了德胜门，看到马路两旁的情况，我便估计到又要把我送回七年前出来的那个地方——秦城监狱。快要到了的时候，我仔细看了一下 1958 年我和杜聿明、宋希濂等沿马路两旁栽种的刺槐和白杨树，比 1964 年公安部接我们三人回来向在押战犯介绍去东南和西北几省参观情况的时候，长高长大多了。我想要是那些过去和我在一起改造、现在还没有得到特赦的战犯们，看到我又"二进宫"回来了，真不知做何感想？我也不知如何答复他们，我又犯了什么现行反革命罪行而又重新入狱呢？中华人民共和国最高人民法院于 1960 年 11 月 28 日颁发给我的第九号特赦令，今天难道也成为废纸了吗？除了历史罪行，我还有什么应该被拘捕入狱？

在那个时候，我懂得是没有地方可以讲理的，一切听其自然，顶多是老命一条，看他们究竟准备把我怎样处置。

汽车驶进大铁门后，便停在院内。他们把我带到办公室，给我卸下手铐，任务便算完成了。接着，有两位穿军服的给我做了全身搜查。他们一看我什么都没有带，这就省了不少登记手续，只有一件旧棉衣和薄毛裤，便卷了起来，用我的裤带一捆，让我换上黑色棉囚衣，就喊我跟他们向第二道铁门走去。这些人我都

不认识，似乎过去的班底彻底换过了。

进了第二道大铁门，我以为人虽不熟而地方熟，便朝过去住过的那幢楼房走去。不料跟在后面的两位同时都叫："朝右边拐弯！"我一听便感到有点不妙了，因为我知道，右边那幢楼房是过去专门囚禁要犯的单身房。过去我和其他战犯们常在这个楼的院子里打扫卫生，当时住在这幢楼里的要犯是没有劳动权利的。我这次"二进宫"竟不能回到原来的战犯管理所，难道成了没有劳动权利的要犯了吗？我有点想不通！

他们终于把我推进二楼的一个空房里，一张矮矮的木板床上，铺着一床薄薄的垫被，一个没有套子脏得发黑的枕头，一条薄薄的棉被，这一切和过去在战犯管理所的待遇完全不同了；那时不但垫得厚厚的，棉被也厚得多，枕头还有洁白的枕套……总之，一切不如过去了。

我估计：如果我真的成了现行反革命，当晚就会提审我。我便坐在床上，等待提审，好早点知道我究竟犯了什么罪。

半个小时左右过去了，没有人来提审。我正在猜疑，门外巡逻的看守战士便打开木门，隔着铁栅门叫我睡觉。他说12点过了，为什么还不睡？我说我是刚才被捕进来的，等候提审。他可能是刚接班，上一班没有向他交代，他也弄不清，便把木门关上走了。不一会儿，他又走过来，这次他没有打开木门，而只把木门上一个小洞打开，隔着门叫我睡觉，也没有说提不提审。我想他一定是去问过了，所以才回来叫我睡的。看情况，今晚不会有什么，即使要杀头，要受刑，也是明天的事，那我就先睡了再说吧。

可能由于累了一天多，一上床就睡熟了，一直睡到第二天有人打开木门下面的一扇小门叫我去接早饭才醒来。送早饭的那位干部喊了两遍，叫我拿碗去接稀饭，我一听就火了："我又不是出来讨饭，谁还带了碗出来！"他一听便把木门打开，我隔着铁栅门一看，又是一位穿军服的，手里还拿着一个铁勺。他听了我的话，虽不高兴，但态度还比较好，只说："你是新来的，说清楚还没有给你发碗就行了，为什么要说怪话？"我没有理他，也不想吃东西，因为心里正憋着一肚子气，根本不感到饿。他见我不再说什么，便把木门关上走了。

一会儿，木门又打开了。还是刚才这位干部，给我拿来两个碗，一个代替筷子用的塑料汤匙，一个搪瓷茶杯，并告诉我：碗是盛饭菜的，茶杯等一下分开水时盛开水。接着又问我一声：洗脸的东西带了没有？我说什么都没带，他又说等下发给你。就靠这几样简单的生活用具，我在这里生活下来了。铁窗生活对我来说，并不陌生。但这次入狱，确实有些莫名其妙，不知到底是怎么回事。

从被捕的当晚起，我一直在等待审讯，希望弄清为什么捕我。如果弄错了，就得恢复我的自由，没有罪而把人关起来，这算什么呢？

一天，两天，三天，都过去了，还没有提审过我。

第四天上午，又是位穿军服的干部把木门、铁栅门都打开，走了进来，我以为是提审。他还没有等我开口，就把手里拿的几份外调材料提纲、几张写材料的纸和一个墨水瓶、一支蘸水笔给我，板起面孔说："按这些提纲写，纸不够，可以再要，写好等到送饭时报告一声。"我马上就火了，也板起面孔问他："凭什么把我抓到这里来？我犯了什么罪？不弄清楚，我什么材料也不写。"

他看我不接他拿的东西，反去质问他，也很生气地说："为什么抓你，你自己清楚，叫你写材料你就得写！""我不清楚为什么抓我，不说清楚，我什么也不写！""你敢不写？""我怕什么？我就是不写！""那你就等着瞧！"说完，他把那些东西都拿回去了，并很生气地把两道门用力关上。

我满不在乎地等待着看他们把我怎样。一会儿，换来了另一位穿四个口袋军服的（我只能分辨出，穿四个口袋军服的是干部，两个口袋的是战士）。他的态度比较好一点，仍然拿了那些东西走进来，他说为什么抓我来，他们也不清楚，等以后问明白再告诉我，外调材料有这么多，一定要认真写，别的事以后再谈。我知道再问也是徒然，他的态度既好一点，那就让他把东西放下。

单人小牢房内，除了一个床铺和一个占去1/5的卫生间外，能活动的地方就很小了，一切都得放在床上，睡觉时才拿下来放在地上，起床后，又得搬到床上，这样才有走动的地方。我开始是决心不想再写材料，看他们能把我怎么样。可是在搬动这些写材料的东西时，我忽然看到要我写的几份材料提纲中，有的叫我证实我过去只是认识的一个商人是我布置的"潜伏特务"，还有一份叫我证实

我过去认识而不知道他是中共地下党员的人是"叛徒"。毫无疑问，这些"揪派"正在给人制造罪名来进行迫害了。

我沉思良久，意识到有的人是想通过我来陷害人。我一想到自己已经失去自由了，还能眼睁睁地看别人遭诬陷也来坐牢吗？共产党教育我要讲真话，要实事求是。他们既然想通过这种"有根有据"的卑劣手段来害人，我就让事实去说话，不能让他们迫害无辜者。我要写，尽我所知的如实写！

当天，我就自动地开始根据一份份的提纲，提供我所知道的一些人的情况，对于明明知道是遭受冤枉的人，我更是不惜时间、精力，尽可能写得明白，把过去作为一个军统特务应当有的条件和有关方面的情况写得仔仔细细，绝不是他们任意指定某人是军统就可以当成军统。所以我对参加军统组织的手续、上下关系等写得最多，让他们把这些材料拿去，只能起到相反的作用。特别是军统布置潜伏特务的时间、选择条件、联络方法、任务待遇等都写得清清楚楚，找不到这些材料，就不能任意给人加上一个"潜伏特务"的罪名。

对于"叛徒"，要证明材料的更多。他们只想把许多在蒋管区工作过的中共地下党员，都打成叛徒。我知道当时这些忠贞为党工作的优秀党员，几乎天天在冒杀头的危险，时时都有被捕的可能，幸而不死或没有被捕，当年国民党的特务都未能加害于他们，今天竟也被打成"叛徒"！我感到不负责来给他们证明，实在太对不起这些为党的事业流过血汗的人了。

怎么才算"叛徒"？我写得也不少。主要是说明一个地下党员在被捕后，特务已经发觉或有人指供以及抄出了材料，证明他是共产党员，但也没有叛变，同时又没有被杀的种种原因；说明国民党虽有一个时期"宁可错杀三千，不能放走一个"，但后来军统头子戴笠在这方面也采用一些更毒辣的办法，不是抓到就杀，不自首就杀，而是"放长线，钓大鱼"，以及为了弄清上下关系，以便"一网打尽"等，故意释放一些人。这种情况下的幸存者有不少，怎么能打成"叛徒"呢？

另有一种情况是，中共地下党员奉命打进国民党机关工作，甚至因工作关系而参加了国民党，直到解放，国民党并没有发觉。这些为党的事业立下过汗马功劳的人，我怎么能让他们被诬陷成为"叛徒"而不加以说明呢？

还有一些人因共党嫌疑而被捕，在拘禁一段时间后，因证据不足，被人保释或刑满释放，为了领回入狱时被搜去的衣服零钱等物品，在监狱的"物品保管登记簿"上签了一个名，这只是表明这些东西已由本人领去。他们在交代出这一情况时，也被打成"叛徒"。遇到这种情况，我也不惜多花时间来写清楚。

我被拘捕进入监狱的第五天起开始写证明材料，到1972年11月28日被释放为止，我把每天写的材料，用吊在洗脸盆塞子上的一片小铜片，在卫生间的墙上刻记下来，前后五年时间中，我写过的材料共达1540多份。

当时，我真弄不明白，为什么许多曾经出生入死为党工作的人，会受到怀疑。我不免被弄得糊里糊涂，但在糊涂中我却干了一件聪明事。

粉碎"四人帮"后，我常常得意地向人说：我这一生中，也做过一件聪明事。不少人则说我18岁当特务，只10年就爬到了将官级，要不聪明，能那样吗？对此，我很诚恳地回答：在那一段时期中，只能说我是阴险、狡猾、残暴，所以能得到戴笠的信任。如果在那一段时期中，我要是聪明，便会弃暗投明。军统是反共反人民的特务机关，自己还去为它拼命卖力，这不是聪明人干得出的。那时我要聪明，我和地下党打交道时就不会去破坏而会去保护。那么解放后呢？我是在重新学做人，在逐渐改变自己的不老实作风，学做老实人。

一生中做过一件我认为是聪明的事，既不是自我谦虚，也不是有意夸耀。这件事，我认为是做得比较聪明的。

当我被捕入狱后半个月左右，一天上午，有人提审我，我很高兴，以为是弄清楚我在特赦后没有犯新的罪行，可以释放我了。

当我跟随两位管理人员走向监狱的审讯室时，我看到在审讯室外面有几位穿军服的干部，都屏声静气地肃立在那里，一看就知道今天提审我的是地位相当高的领导人。管理人员把我带进审讯室，恭恭敬敬地说了一声"沈醉已带到"，就马上退了出去，并把审讯室的门顺手关好。我抬头一看，上面坐着的也是三位穿军服的，中间一位头发花白，两边的都是40上下，毫无疑问，中间那位是什么首长了。

我静静地站在他们前面，中间那位便叫我在一个像啤酒桶一样的两头略小、

中间大点的木凳上坐下。我是第一次被提审，也是第一次看到这样的凳子。我正在暗地里欣赏称赞发明这种凳子的人一定很聪明，或者是吃过亏而总结经验才创造发明出来的。因为我过去审讯革命人士时，就由于没有发明这种形式的凳子吃过亏。不让受审的人坐下，不能持久，也不能表示"宽厚"；而让受审的人坐小椅子、小凳子或其他四只脚、两只脚的东西，受审的人反抗起来，它就成了凶器。而这样的凳子却无法举得起来，因为没有可抓的地方，如果用两手去抱起来，不用说不能打人，自己也就会无法招架了……我正在琢磨这凳子做得的确很适合审讯室用的时候，便听到上面很轻声地问了一句："你就是沈醉吗？""是！"

我正在想听他问第二句时，一支香烟朝我丢过来："吸烟！"我拾起一看，是我国出口的最好香烟"熊猫牌"，从这香烟就可以判断出这位主审人的地位是很高的了。旁边一位走下来，用打火机给我把烟点燃，中间这位又顺手给两边的人各递过一支烟。四个人先吸了几口烟之后，主审人才询问我过去在上海工作时曾与哪些人有往来？我便说出了几十人，他都不感兴趣，最后直截了当地问我："在你写的《我所知道的戴笠》一书中，你写到的那个上海特区的直属通讯员崔万秋，常与你来往吗？"一听到他们提出这个人来，我就估计到可能是要问到一些与崔万秋有关的人了。我便说至少每月去他家几次。他便追问我："去崔家时见到过一些什么人与崔往来？""有些是新闻界的，有些我弄不清楚，因我的任务是给他送钱和取情报，没有必要问他与些什么人往来。""看见有女的去吗？""男女都有！""知道他们的姓名吗？""不知道！""好好反省一下再答复！"说完又丢过来一支"熊猫牌"。

我一边吸烟一边在考虑，问题越来越明朗，他们要追问的，是我经常在崔家见到过、当时上海的四等电影演员、演过《王老五》的蓝苹（江青演电影时用的名字）了。我想这时来问我她与崔万秋的关系，肯定是对我有百害而无一利。《我所知道的戴笠》一文，1962年就发表了，这么多年不来问我，江青今天生杀大权在手时来问我，毫无疑问是凶多吉少！

我当时去崔家，经常见到蓝苹，她有时还给我倒茶，因为崔是上海《大晚报》副刊《火炬》的编辑，常在该报写"北国美人"等类文章来给蓝苹捧场。一个四等演员有这样的人来捧场，当然是求之不得。我不但记得很清楚，而且在粉碎"四人帮"后，知道那个在崔家见过的穿蹩脚西装的狄克，就是张春桥，我的脑子里也有印象。

一支香烟快吸掉一半了，我还在沉思。"想起来了吗？""报告首长：我因事情隔了那么多年，加上这次又无缘无故被捕入牢，精神上也受了刺激，所以许多事都想不起来了！""你知道为什么把你弄到这里来吗？这是对你采取一种保护措施！你怎么反而受刺激呢？"我想问而没有问的话，他倒这么顺口说了出来，那么，我这次再入狱，他是完全了解的，这样叫"保护措施"，我实在不领这种好意。我心里更感到问题是很严重了。我一再说记不起与崔往来的女人是些什么人。他便进一步提醒我："看到过什么明星吗？""一点印象也没有！""还是好好认真想想。""实在想不起来。""如果你能想起当年与崔万秋有过往来的人当中，有现在担任党和国家领导职务的人，肯定对你会大有好处，只要你说出来，就可以得到极大的照顾。这关系到你后半辈子的幸福，怎么不好好想想呢？"第三支烟都抽完了，我还是说："实在想不起来！也感到太可惜了，不能得到很好的照顾，错过这种好机会。"

经过两个多小时的追问，我一直坚持肯定不知道与崔万秋往来过的一些人的姓名，并愿意具结，将来任何时候查出我是在说谎话，枪毙也不反悔！话说得这么死，他们知道再追也不会有结果。

过了一星期左右，我又为此事而被提审，来人是三位穿便衣的，看派头也不小，可对我却不像上次客气，站了好久才让我坐下，熊猫牌香烟也没有给我吸，一开口，就肯定我不老实交代。我经过一星期的思想斗争，早已有所准备，便更理直气壮地指出：我过去杀害过那么多共产党员，党和政府都没有惩罚我，认识几个人，而且是认识现在担任党和国家领导职务的人，这不但无罪，而且对我来说，是求之不得的大好事、大喜事，我为什么滔天罪行敢坦白交代，认识党和国家领导人反而不敢说，天下再傻的人，也不会干这种蠢事。这番话尽管比上次说得更有力，但来人却不相信，而且态度越来越凶狠。旁边坐的两人走下来扭着我

的手臂，看来是要对我进行殴打，而我越感到不妙，所以更加坚决说明："的确不认识，一个也记不起，打死我也是这几句话！"他们抓住我的头发准备往墙上去撞，扭着我的手臂用力向外弯……总之，可以使我感到恐惧和苦痛的动作用过几套之后，我还是表示不知道。最后他们猛地一下把我摔在水泥地板上，一个大高个抬起穿皮鞋的脚，准备向我头部踢来。坐在中间的那个，向他叫了一声，使了个眼色，才没有踢过来。

临走，他们还叮咛再三，什么时候反省出来，随时向管理人员报告，再来提审我。这一关总算这样顶过去了。

粉碎"四人帮"后，看到崔万秋在香港发表的洋洋数万言的《上海岁月话江青》的长文，我深感这位朋友高明。江青正走红时，他没有凭他们过去的深交而回国向她要一官半职，连在国外也不敢把他和江青的关系写出来。直等到江青成了阶下囚，他的长文才敢在香港《百姓》半月刊上发表。

在这件事上，我虽常常向人说，是我一生中所做的一件聪明事，但我事后得到确实的消息，就在他们第二次提审我，我还不承认认识这两个正在企图篡党夺权的"领导人"时，当时的公安部部长谢富治，为了讨好这两个与崔万秋有密切关系的人，还下条子要枪决我。因为有人向他提出，全国找我写材料的人很多，等我把材料写完后再枪决，他同意了。我没想到，写材料竟使我能"死刑缓期执行"，因而能拖到1972年，周总理下令将我释放出来。

在这五年狱中生活中，我身心都受了很大的摧残，但也有一点小小的"收获"。

事情是这样的。我在解放前的十多年中，一直不抽香烟，也不喝酒。这主要是由于我母亲对我管教很严的关系。我20岁不到，就在上海搞特务工作，20岁以后，除担任特区的组长外，还兼任了一个公开的工作，在淞沪警备司令部侦察大队任督察员和行动组长，每月收入三四百元，还不算额外的奖金等收入。当时我还没有结婚，在十里洋场的上海生活五年多，不吸烟喝酒，更不用说嫖赌了。这都是我母亲经常教导所致。我只玩玩打猎、钓鱼等活动。

抗战八年中，特别是我担任军统局总务处长后，应酬很多，我还是保持原来那样，所以身体一直很健康。

说起我抽烟，是从 1949 年春天才开始的。那是在重庆，由毛人凤召集西南和西北地区各省市的负责人开会，商谈所谓"应变计划"，准备在西南和西北开始布置潜伏特务与准备打游击等阴谋。会开完了，却没有钱，大家推我去上海找保密局经理处要这几省的经费和布置潜伏等费用。因我在局本部多年，情况熟，人更熟，要一去就把钱拿到。为了使钞票免受贬值影响，还得换成黄金、美钞等带回。

我临上飞机之前，西北区长胡子萍托我给他带几个英国三 B 牌烟斗。我到上海的英国商店一次给他买了四个和几盒好的烟丝。带回后，他一看发票，100 多美元，不想要了，我便留下准备送人。有天我拿起一个烟斗，打开一听烟丝，试着抽一口，觉得很有点味道，便慢慢抽起来了。回到昆明，我不敢当着母亲抽，往往饭后躲在楼下会客室去抽上一斗，结果被我二女儿发觉了，她去向奶奶告密。由于国民党一再打败仗，西南也将不保，我母亲知道我心情沉重，常常一个人坐在沙发上考虑问题，一坐就是一两个小时。当她老人家听到孙女检举我偷偷地抽烟，便把我叫上楼去，问我为什么背着她抽烟？我说心头实在太烦闷，抽抽来解闷，母亲如果不允许，我马上就戒掉。她听后，表现出很难过的样子，慢腾腾地说了几句："过去我不让你抽烟、喝酒、赌博等，是怕你把身体弄坏，现在时局变化到这样程度，你心里非常苦闷，我是清楚的。如果你认为抽抽烟可以解除一点心头的苦闷，我允许你抽，但时局如好转，没有使你苦闷的事，你还得给我戒掉。"就这样，我开始抽烟了。

解放后，我在十多年的改造过程中，还是时抽时停，没能戒掉。特赦后，由于写揭露军统罪行的资料，抽得更厉害了。女儿常说我这近百万字的资料，是靠香烟熏出来的。她几次试图给我戒烟，也没能戒掉，顶多停几天又抽起来。

我二次入狱，外调材料越来越多，我常常写不下去，便向管理人员提出：不给我烟抽，我就不能写材料。这一要求，居然得到批准，但限定每天只给我 10 支前门牌烟和 10 根火柴。问题就出在这 10 根火柴上。吸烟的人都知道，吸一支烟，有时得用两根甚至三根火柴才能点燃。火柴不肯增加，就不能分 10 次吸完 10 支

烟。我便想了个办法，即从房间用的拖把（墩布）上扯下几根布条，在暖气片上烘干后备用。当我在划燃一根火柴抽烟时，如果听到门外看守的战士走远了，便把布条燃上，挂在卫生间的角落里。那个小小的卫生间，却有一个外面小、里面大的瞭望孔，通过瞭望孔，几乎可以看到整个卫生间，由于燃着的布条不但有烟，还有臭味，这就引起了看守战士的注意，不断寻找这烟和气味是从哪里来的，结果被发觉了。在接受一顿批评之后，这一办法只得放弃。

10根火柴常常只能抽五六支烟，火柴就没了，用布条留火种又要挨批，眼看着有烟无法抽，总是不甘心的。我的前妻常常夸大其词地形容我是一个放在石头山上也能活下去的人，那倒不见得，不过爱想办法，这总该是人类的共同天性，不只是我一个吧。

一天下午，我烟瘾大发，看着剩下的香烟因无火柴而不能抽，便决心学学燧人氏。我从床上的稻草垫子里抽出几根稻草，从棉衣下边弄出一点棉花，把两样东西放在棉鞋布底中间，听到看守的脚步声过去了，便很快地把鞋底摩擦起来，等到稻草和棉花条裹在一起时，再猛力一搓，火出来了，赶快把香烟点燃，这样我就解决了没有火柴吸烟难的问题。

一天，两天……顺利地过去了。有天下午，我明明听到门外的脚步声走过去了，便赶快又来使用我的取火法，特别是一些经过燃烧后的稻草棉花，只消几下就可以搓出火来。当我正在庆幸自己这一创造时，木门"啪"的一声打开了，一位管理员出现在门口。原来我只听到看守的战士走远的脚步声，没有想到会有管理人员又随后悄悄地来巡视房间。很显然，我这一取火法他在小洞内都看清楚了，才猛然把门打开，厉声责问我："是不是想在监狱内纵火？"我说："你明明看到我在抽烟，纵什么火！"他便问我："给了你火柴不使，用这种办法来吸烟，留下火柴干什么用？"虽然我一再说：一根火柴不一定能吸上一支烟，万不得已才采用这种办法。但他还是一个劲地硬说我是想纵火，好像他这一重大发现，能给我扣上一项新的罪名，立下一个三等功。我一气之下，抓起剩下的三支香烟，站到房门口，隔着铁栅门，用力向他摔过去："吸这几支烟，受这么多气，还想给我加上新的罪名，我再也不吸了！"他也气愤愤地指着我说："你等着瞧，有你受的!"一个下午和一个晚上过去了，没有什么给我瞧，也没有什么给我受，我想可能是他的领导还在考虑怎样惩罚我吧。

第二天早上，还是照样送来 10 支烟 10 根火柴。我仍余气未消，坚决拒绝，不要这些烟和火柴："我说过再不吸这受气烟，决定不要了。"结果烟和火柴被拿走了。不一会儿，来了位像是个小头头的人，态度比较好点："你真的不再吸烟了吗?""真的不再吸了!""那么，材料你还得照常写。""我照常写。"就这样，我把烟戒掉了。这不能不算是一个"收获"吧!

无中生有，疲劳轰炸

"文革"以来，凡是来找我谈情况的，我都抱定一个宗旨：决不能害人。我深深地懂得，一份证明材料关系到一个人的政治生命。我决不能无中生有，像解放前那样再干伤天害理的事情。

在五年中，我写过1000多件材料，使我感到最不愉快的，有好几次。这里，我只选讲一份，也是在一个有名人物身上发生的。

一天，提审我的是一批男女，要我证实某某是军统头子郑介民亲自布置打入共产党内来的军统特务，所以她的丈夫——在共产党内负有重要领导责任的人，愿意娶她为妻，以便和国民党挂上钩。

政协大会期间（左起：王锡爵、沈醉、王光美）

审讯一开始，我就感到来头不对，管理人员好像也不敢惹他们这批人，虽不像对什么首长一样尊敬，却也是叫怎样就得怎样。总之，一切得听他们的。看样子，这批"小字辈"虽不是大人物，却可以肯定他们有强硬的后台在指使和支持他们。老于世故的人，一看就心里有底，所以我也特别警惕，自己不断提醒自己：说话可得当心，不能让他们抓住任何小辫子，以免吃眼前亏。

审讯的架势摆开了。出我意外的，他们每个人都那么和颜悦色，我想这是假象，如果不能满足他（她）们的愿望，瞧着吧，厉害的，后面有的是。

果不出我所料，他们先问我想不想立大功？我很诚恳地表示：我的生命都是党和人民赐给的，任何对人民有益的事，我都应当而且愿意尽力去做，点点滴滴小事都甘愿不惜一切去完成，何况有机会能为人民立大功！当然绝不会错过机会。

他们便告诉我，从各方面查出大量"真凭实据"的材料，已确定某某在抗战胜利后，利用工作关系，常和军统局特务头子郑介民、蔡文治等往来，被郑等看中，进行收买拉拢。某某由于资产阶级家庭出身，对国民党和美国一向有好感，所以经过郑介民亲自出面一拉，就心甘情愿投入了军统，当了特务。还说：经过调查，某某被郑介民拉进军统后，曾不断把中共方面的情况向郑介民提供。他们在调查过程中，发现我在当时也曾两次来北平，先后在北平住过20多天，除每天去郑介民住的什锦花园胡同原吴佩孚住宅和郑介民密商外，还在北京饭店五楼见到过某某。现在只要我把他们调查来的材料，证实一下，就立下了大功。

我一听就感到可笑，你们既左一个"调查清楚"，右一个"证据确实"，那还用得着我来证实一下，分享你们的"大功"吗？

我沉思片刻，才开口回答几句："你们所谈的这些情况，我过去完全不了解，想立大功也立不上，自己感到有这种大好机会，竟白白错过去了，很是可惜。"

话刚说完，坐在两旁的几个"打手"便急不可耐地拍桌子，还是中间坐的年龄稍大的一男一女，把手一扬，才停止了。那个女的便采用耐心"开导"我的办法，说了一大通如何才能在这场"大革命"中立功赎罪，靠拢革命派，与反革命划清界限，可以受到革命群众的欢迎，等等。几乎每一句话都要带上"革命"两个字，真是好一个"革命派"，但我还是那么一句："根本不了解！"

中间那个男的，看到那个女的"革"了那么久，还没有把我"革"动一下，便想显示一手，以表现他这个小头头毕竟要比别人高明一招。

　　他用勉强挤出来的一丝笑容挂在脸上，告诉我一些"最新情况"。他说由于我不看报，不知道外面的大好形势，不仅某某早就被揪了出来，她的丈夫也垮了，不再是中央领导人了，要我不要再存幻想。只有跟他们走，在这个问题上立下大功，才有出路……说到这里，那个女的竟恶狠狠地插上一句："才有生路！"这句话的分量我当然明白，不跟他们一道走、和他们一样来诬陷好人，我就会活都活不出来了！

　　我本来想尽力抑制自己，不和他们顶嘴，但一听这个女的那么插上一句想来威吓我，我就火起来了，便反过来问他们：你们既已找到了某某确系郑介民布置的军统特务的材料，而且早就把中共的情况向郑介民汇报了，有这么重要的证据，还用得着我这个犯人来给你们作证明，这些"证据"才能有价值？我无功受赏，问心不安，不想分享你们的大功劳。我不能睁眼说瞎话！

　　"你××！是我们在说瞎话，还是你在说瞎话？×××，你活得不耐烦了吧！"出我意料之外，坐在中间那个女的，竟是这样满口脏话，态度粗野。我便把头偏过去，看也不看他们，我看他们能把我怎么样。我想：反正已经坐牢了，比坐牢再重的是杀头，为一件这样的事，可以肯定不能杀我，我还有什么怕的！

　　可能是他们还没有懂得用"疲劳轰炸"的方法，或者是准备回去商量一下对策，他们小声交谈了几句，便厉声叫喊："你回去好好考虑一下，你再想包庇某某，一切后果（女的又插上一句："严重的后果"）由你负责，你滚回去认真想想吧！"

　　我回到房间，照样写我的外调材料，我根本无从想起过去郑介民会亲自布置特务的事。

　　第二次又是这批恶男恶女来提审我。一走进审讯室，我就朝凳子上一坐。上次是他们假意客气地叫"请坐"，这次我不用请便自动坐了下来。

　　又是坐在中间那个女的先开口："你考虑好了没有？""考虑了一晚，什么也没有想起来。""妈的！给我站起来！"

　　站起来就会使我害怕吗？我慢慢腾腾地从小圆凳上站了起来，看也不看他们。

　　他们看我好像在沉思、反省似的，又做好做歹地劝我好好交代某某与军统头子的关系。当他们一再提到郑介民的时候，我便故意仰天长叹一声。这一突然的动作，使他们疑惑不解，问我何故长叹。我想反正无话可说，不如聊聊闲天混时间，便说："我叹气是蒋介石错杀了郑介民。如果郑介民真的在这个领导人身边布置了某某这样一个特务，不好好让他利用这关系搞情报而把他杀掉，真是太不明智了。"

这几句话果真引起了他们的兴趣，忙问我："为什么蒋介石要把郑介民杀掉?"我便看了一眼凳子，意思是应当让我坐下才好慢慢讲。还是中间那个男的看出我的意思，便用命令的口吻："坐下来好好讲清楚。"

我便绕圈子来谈，先从郑介民从事国民党委派的一项工作没有做出成绩，回到南京后不久，蒋介石把他的保密局长和国防部二厅厅长这两个有实权的职务撤掉，改派他任国防部的政务次长，主管补给工作，谈到他逃去台湾后，因为常常有不满意的表示，蒋介石便在和他一道游日月潭时，由蒋的老婆宋美龄切两片西瓜给他吃，回去当晚腹痛难忍，不到天明就死了。医生说可能是食物中毒，结果医生也失踪了，从此没有人敢再说他是中毒，只说是心肌梗死而死去的。

他们听了，有的感兴趣，有的认为与问我的案无关。我说大有关系。他们便让我讲关系在什么地方，我说："你们既调查明白了某某确已被郑介民亲自收买了，他为什么不早点向蒋介石报告，设法和某某联系，不是可以做出一番大的'反共事业'来? 何至被蒋毒死呢?"他们认为是一时无法能够联系上，不是不想利用。我便阴阳怪气地说："诸君此言差矣! 某某不是多次陪同中央领导人出国吗? 郑介民不仅能从外国报纸上看到，还可以派人去找她，也可以亲自出马去找她，那不是一举成功……"我的话还没有完，他们就认为我是在耍花招，借故来说明某某与郑介民没有关系。我连说："犯人不敢，不敢!"那个女的便把桌子一拍，指挥坐在桌子两头的两个头发剪得短到和男人一样的女打手："给我来×（这个字当时就没有听清，也不敢问，现在也想不起该用什么字代替，可能是她们中间的一种术语）他一下!"

她的话音刚落，两个女打手便一边一个把我夹在中间，抓住我一只手臂，同时把我的头向下按。后来我才听人说，这叫"坐飞机"。但名不副实，既不坐，

又不飞。这一初级肉刑，对我来说，未免太轻太轻了。我是一个从小学武术的人，直到今天，我还可以把头弯下去碰到自己的膝盖，两个手下肘可以碰到自己的足尖。这么弯一下，比我做早操还轻得多，但我却故意装出难受的样子来满足她们行刑的恶意。我一边把头弯着，一边在想：我一生打过不知多少次架，和人斗殴的事，当成家常便饭，也像小孩过年一样高兴，但我却从来没有给女孩子这样不痛不痒地摆布过。

我越装模作样地表示难受，当然他们就越开心，越认为这样一来，不消多久，我吃不消时，就会苦打成招了。而我却暗地里在好笑：你们这些家伙，就这么几下想整倒我？还得好好跟我学上几年再说吧！

半个多小时过去了。几个男的第三支香烟刚抽完，中间那个男的便叫停对我的"刑讯"，再用硬中兼软的口吻叫我一定要认真来对待这个问题。他们的决心是：不获全胜，决不收兵！我的决心却是：无论如何我得实事求是。自己既已坐牢，不能再去害别人坐牢，你们要怎样就怎样。

大约隔了两天或三天，又是这一群凶男恶女提审我。这次仿佛是经过一番研究之后才来的。一开始就由中间那个男的提出一个问题叫我解释：如果某某人不被郑介民收买，替军统工作过，那么，中共代表撤走后，她没有跟着走，军统为什么不逮捕她？

从他这几句话中，就证明我胜利了。他们不是口口声声说他们查出了大量证据，某某人是被郑介民收买了吗？为什么隔了这么多天，那些"真凭实据"不存在了，追问的却是这样一个问题？我暗中为她庆幸，也为自己高兴。所以他们一提出这个问题来，我就精神抖擞地指一指旁边担任记录的两个人说："我来回答这个问题，请你们记清楚。"

一开口，我就用教训式的口吻说："中共代表撤走，某某留下来，军统不逮捕她，这不是什么秘密不可告人的事，这是一个人人皆能理解的常识问题！"我把右手的食指高高地举起来：

第一，某某不是中共代表团的正式成员，所以她不会跟随代表团一道撤走。（我又加上一个中指。）

第二，某某和许多人一样，只能算是中共代表团的临时工作人员或雇员一类的性质，这样的人，当时在北京的有很多，如果凡是替中共干过一点事的都得抓起来，那会要抓多少？（我再加一个无名指。）

第三，只要看到过

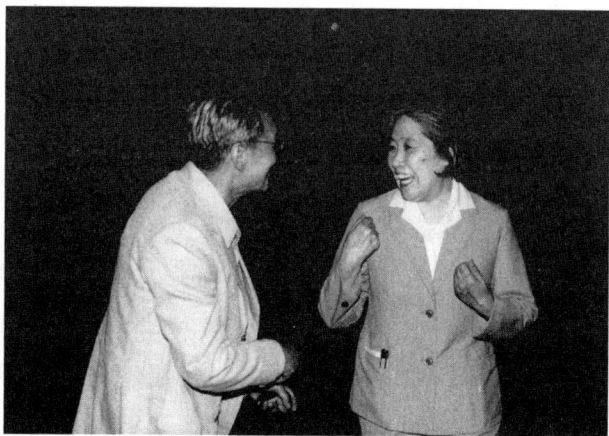

沈醉与王光美在交谈

我在全国政协《文史资料选辑》上发表揭露军统罪恶活动的文章的人，都会懂得，如果郑介民真的收买了某某，即使她不能和中共代表团人员一同撤走，为了让她能够打入中共地下党去活动，也一定会对她来一次故意假的逮捕而没有捕到，让她去找中共关系，这才符合军统特务头子郑介民起码的手法。（最后我加上一个小拇指。）

第四，某某在北平、天津的亲友，都是有相当社会地位的人，军统特务虽然"也是"（我故意大声加上这两个字）无法无天的人，但还是顾虑社会舆论，有些地方，还不敢做得太过分，对毫无根据去抓人，也要考虑一下后果。有此四个原因，所以没有逮捕某某。

他们一听，非常恼火，不仅桌子拍得一片响，而且连中间坐的那个我认为是小头头的男的（那天他穿一件咖啡色的短外衣），也大叫一声："给我×！"（还是没有听清最后那个术语或暗号，我感到很可惜。）

这次下来的是一对童男童女，一边一个，还是把我的手抓住向后背起，同时用脚踢我的膝弯处，"蹲下！"既不完全让我全部蹲下去，又不让我站直，使我成为一个半蹲半站的姿势。这种过去我也对被捕的革命人士使用过的"两腿半分弯"，虽不是酷刑，但也很不好受，蹲上几分钟，就会使小腿、大腿酸疼到像触了电似的难受。不过对我来说，就不起什么作用了。因我练过"骑马功"式的站

桩，也善于骑马，虽然多年不骑马了，但这"骑马式"的站功还是常常练的。不过我知道，如果我表示不在乎，他们一定会换一套更厉害的。过去被我逮捕而受刑的革命人士的种种痛苦表情，我并没有忘记，而且常在半夜醒来，扪心自问，自己所作所为，实在太对不起党和人民，所以他们那些苦痛形象，经常出现在我脑中。此时此刻，我实在不忍心和这批人一道去陷害无辜者，便故意地把那些革命人士当年受刑时的苦痛表现出一些来。他们看我很难受的样子，以为我会屈打成招，便一句逼一句，要我交代某某人与郑介民的关系。

正当他们还不打算放开我，认为再坚持一下我可能就会按他们的要求瞎说一通时，三个管理员突然把门推开，一进来就很生气的样子，用命令式的口吻："住手！"这一对童男童女也怔住了。一个管理员喊了我一声代号："6798跟我回去！"我刚一出门，就听到另外两个管理员在和他们吵闹起来。毫无疑问，管理所是不同意他们对我用刑的。虽然他们那种刑罚对我来说并不感到什么痛苦，但管理所的干部能及时把我叫回去，不让他们再对我用刑，而且还和他们争吵起来，我始终是感激的！因为那毕竟是在最困难和无援的时候，能有人给我说一句解围的话，都是可以看成雪中送炭，永志不忘！

我认为这个问题就此可以了结了，可真没有料到，这批人为了陷害好人，脸皮会比监狱一米多厚的墙壁还要厚。可能是不同于一般的什么"革命造反派"吧，没有一个星期，他们又来提审我了。

当管理干部把我从牢房内叫出来送到审讯室时，我一看到这几个人就感到厌恶。带我出去的干部当着他们的面叫我坐下，并站在旁边看了一会，听到他们问我的话之后才离开的，而且每隔不久，又来看一下，这说明是怕他们再对我用刑讯逼供。

这回他们虽是"君子动口不动手"，但说的话却相当尖酸刻毒。什么"过去杀害过那么多革命人士，双手沾满鲜血，今天还在继续作恶，还在忠于蒋匪帮，与共产党和人民为敌"；什么"存心想包庇特务，身在北京，心在台湾"……总之，凡是他们认为能刺激我、责骂我和讽刺我的话，都能从他们的嘴里讲出来。我想：你能讲的这些，还没有我过去写的"学习心得"来得深刻、真诚，如果这样一套能使我转变态度去继续作恶，那不仅是想得太天真，可以说未免太幼稚到可笑可叹了！我真为他们这些做法而感到惋惜，太辜负党和人民对他们的培养教育了！

"礼尚往来"，"来而不往非礼也"。我本着这种精神，毫无顾忌地当面给他们顶了回去。我态度严肃地说："我到今天，并没有忘记我过去的罪行，我永远感激党对我的宽大处理，给了我特赦，所以我不敢和别人一样（这五个字我说得特别大声，而且很慢，怕他们听不清楚）去继续作恶！"我还提到，我得到特赦后，党和国家的领导人周总理、陈副总理等接见我们和招待我们吃饭时，多次谈话都是勉励我们今后好好为人民服务，谁也没有再来算我们过去的老账……这些话，他们听了，既刺耳又不能不承认，只是一个劲地说："现在是'文化大革命'，都要立新功。你不交代某某的问题，只能证实你是反对这场大革命，不想立新功。"真是一大堆废话。

就这样磨嘴皮，又先后磨了三次，最后才恶狠狠地对我下了这样一个结论：大特务的反动本性难移，任何时候都在继续与党和人民为敌到底，辜负了党和人民对我的教育改造与宽大处理，最后的立功机会都甘愿放弃，准备带着花岗岩的脑袋去见阎王，已是一个不可救药的反革命分子！无论他们说什么，我可是做到了：问心无愧。

当然，那时我并没有想到，他们当中，有些人也是受"四人帮"蒙蔽、被"四人帮"利用的受害者。

旧敌新友，情同手足

解放后，我被关押的 11 年中，同牢的都是国民党的高级军政人员。可是这次被捕入狱，与我同房的竟是几个参加革命多年的老干部、老党员。特赦以来，我一直悔恨自己的过去，如今看到这些共产党的老干部和我关押在一起，心里很不好受。五年中，由于共同的生活、共同的遭遇，我们之间建立了深厚的感情。我常想：这些老革命为什么被捕呢？若不是历史的倒退，怎么出现这种情况？

当时我被囚禁在单人房内不到一年，可能因为更重要的应"隔离审查"的"要犯"越来越多，单人房已经满员了，便把我和几个次要点的人集中到一起去囚禁。

有天傍晚，管理员打开房门，喊我把床上的东西和没有写好的材料等都收拾好，说吃过晚饭就要搬房间，一叫就得走，一定要马上做好准备。我估计，搬一下可能要好些，如果能让我再搬回战犯管理所和旧的熟人在一起，那就太理想了。因为我一想到当时外边那么乱，随便可以打人甚至打死人而无人过问，倒不如在监狱里还安静得多，所以我一听到要我做搬房准备，觉得很高兴。

当我把一切都收拾好，试着提一提我的东西时，忽然觉得我的左腿连站立起来都很困难。这对我说来，真是出乎意料。我在 20 多岁时，左腿下半部受过伤。那是很不光彩的伤痕，正如我从头上、胸部到腿脚所负的伤一样，正确点说，是革命人士对我的惩罚。因为这都是我在逮捕革命人士，双方搏斗时被打伤的。

我一边揉着腿，一边回想起过去腿部受伤的情形，心头的悔恨无法抑制。那是 1934 年间，我带着两个特务，解送一位被我捕获的革命人士，从上海坐火车去南京。我们是住在一个有四个床位的软席卧车房内。半夜，他要求上厕所，值班的特务便陪他一道去，没有叫醒我和另一个特务。上厕所总得把手铐解开一下。值班特务没有经验，走到厕所门口，将他的手铐解开后，正在把手铐钥匙取下，放进自己口袋，准备对方解完手再给铐上，没料到那位革命人士一走进厕所，就把站在门口的特务猛力一推，迅即将厕所门闩上。等这个特务去推门时，门已闩好。这个特务叫车上服务员开门，没有叫到，才跑回房内叫我，我立即去拉车上的紧急制动器，同时三人分头去找服务员把门打开。当火车喘着粗气，滑行了很远停下来后，随车的几个铁路警察，都一齐和我们出动去追那位从厕所窗门逃走的革命人士。一般来说，从疾驰的火车上跳下去，即使不摔死，也得重伤，至少不能马上逃跑。那位革命人士进厕所时，看见厕所角落里有一条捆行李的长绳，才想到要利用这机会逃跑的，他把特务推出，将厕所门闩上后，便打开厕所纱窗。因为是夏天，没有上玻璃窗，他将绳子的一端系在厕所内的水管上，自己顺着绳子滑下去，但车行甚急，他仍不敢落地，正好我拉了紧急停车信号闸，车速减慢，他才安全跳下。由于是黑夜，我们没有找到他。我立即带着两个特务下车，火车便照常开走了。我准备回头走到附近车站，等候返回上海的火车，同时沿途搜寻。

正当我们走到与铁路并排的公路上，发现有一辆汽车向上海方面行驶，便站在公路中间，将车拦住。那是一辆装运货物的卡车，因机件出故障，刚修好，连夜赶回上海去。司机和押运人员看见拦车的三人都举着手枪叫他们停车，以为遇上强盗，车一停下便一个劲地求饶。我出示了淞沪警备司令部侦察大队的证件并说明情况后，他们才高兴地让我们搭上汽车。我当时的打算，认为那位革命人士一定会搭火车赶回上海，如果汽车能在天不亮之前赶到上海便分别在真茹、南翔、上海北站三处去守候，不怕他再逃走。没想到汽车在半路又因油路出故障，水箱也漏水，常停车检修，到上海时天已大亮。从南京到上海的车早已进站，客人都走了。我只好带着两个特务在车站附近吃了早点，雇一辆出租车，到曹家渡那位革命人士的家中去看看，想从他妻子那里打听一下他在上海还有些什么亲友

以及他常去的地方。一到他家附近,我便要两个特务在前后门把守,怕万一他回家见我进去时逃走,所以只有我一人先进去。不料一敲门,便发现屋里有人在小声讲话。我连敲带踢,他的妻子才慢慢把门打开。我问她男人到哪里去了?她说:"不是被你抓走了吗?"我说:"又逃回来了。"她有点慌的样子,我便把她推开,向里面寝室走进去。照例,我推房门时,为了防止有人躲在门后,总是用猛力先把门向里面压过去,如果有人,被这一压,即使不受伤,也没有机会猛击进来的人。门被推开,门后也没有人,我便去搜。突然从大衣柜背后飞出一个花盆,正朝我的头部打来。我刚一闪过,便发现他躲在柜后换衣,上衣扣子还没扣好,像是刚刚回家,准备换了衣服再逃,不料我已跟踪而来。他刚跳到房中,我立即冲过去把他揪住。这时,他的妻子操起一根大木棍朝我劈来,我急忙将他向前一推,自己躲在他身后,那木棍正好落在他身上。我连忙大声叫前后门的两个特务快进来,没想到他妻子用力将木棍朝下横扫过来,我右脚刚提起,却扫在我左脚上,我差点倒了,但我仍揪住她男人不放。两个特务冲进来,把他夫妻扣上手铐后,我的左腿从麻木中慢慢痛起来。自那次被打伤之后,又在一次黑夜追捕革命人士时,不慎摔倒,还是伤在左脚上,连踝骨都差一点裂开。这两次伤当时虽已治好,但这次再进监狱,因垫的盖的都薄,房内又没有暖气,受凉后,全身的旧伤痕都在作痛,特别是为某某案左腿被猛踢了一下,加上每天蹲在地上,用床当桌子写材料,几个月都是这样,所以猛一用力提东西,就站不住了。

　　晚饭过后,管理员把木门、铁栅门都打开,走进房来的,还有一位战士,管理员把我交给他。他态度很好,一开口,就使我感到很舒服:"你能拿得动这些东西吗?""我能拿!""那就慢慢走吧!"我把包好的东西扛在肩上,跟他下楼,刚迈出房门,左腿就不住地发抖,疼痛异常,但我还是咬紧牙关,跟着他走下去,这时更感到左腿下半部不听使唤,站也站不住了。我怕倒下去,便把肩上的东西放在地上,坐在上面。这位战士实在使人感动,他似乎清楚这些人被捕的原因,虽然不敢在言语上表达出什么,而在举动上却体现出了某种关心。他一看前后无人,便将我的东西轻轻提起,一手搀着我说:"慢慢走吧!等在这里要受批评的。"他搀扶着我一步步地向后面一幢楼房走去。他问:"你腿有病,怎么不找医生看看?"一句话，虽然是一句话，但在当时，它真像严寒的冬天里的一股暖流，注入了我的心坎。我说，我多次请求给我看看病，一直没有人理。他告诉我："搬到新的地方就不同了，可以天天找医生看病。"我意识到新搬去的那个地方，待遇会比单人牢房好。我的腿也可能是久不活动，活动一会儿就好一点，不那么疼痛了。

我们刚一走进那幢楼房的院内，就听到楼下房内有人在小声谈话，我便估计到，即使不是回战犯管理所，也不会再是一个人住了。在那种岁月里，谁会理解，能有人和自己谈谈话，也是一种享受啊!

走进楼房，一位干部走出来，一下就使我感到很欣慰，他让那位可敬的战士给我拎着东西，自己来搀扶我向二楼走去。快到房门了，他才叫战士把东西放下。战士临走时，看了我一眼，在那年轻人的脸上，闪出一种多么善良的光辉。我轻轻地向他道了谢，他迅速走了，可能还要去迎接另一个"单身客"。

这个态度和蔼的管理员告诉我的第一句话是"你以后只能用代号6798，不能把自己的姓名告诉别人。"我问："写材料呢?"他说："写材料当然得用你的原来姓名，我是说你与同房人，彼此之间只能叫代号。"我说："懂了!"

在一间20平方米左右宽敞的房内，只住四个人，里面放了个便桶。这幢楼房，我过去只在外面打扫过砖瓦，以后便没有进这个楼的大院，估计从前是囚禁情节较轻的劳改犯，所以房内没有卫生间，也没有铁栅门，每天早上要到每条胡同的厕所去大便和倒便桶。有一点点这样活动的机会，这对于久住单身房的人来说，还是一种享受哩!

我是第一个搬进去的，接着便一个又一个来了三位。每个人在进来之前，管理人员都叮嘱不准谈各人姓名、案情，生活上必要讲的话可以讲，但绝对不准大声喊叫和大声讲话。

虽然过去不相识，但在此时此地相聚在一起，每个人都是兴奋异常，仿佛失群的孤雁遇到同伴一样，没有握手，没有互通姓名，可说都有一见便相亲之感。过去我在战犯管理所改造十年多，还没有过这种感觉，在单人房住了那么久，好像与世隔绝，今天又回到了人间。

　　当天晚上，都按照规定准时上床，四张木床都保持不到一公尺的距离，但彼此不停地微笑点头，都在等待美好的明天的到来。这一晚，可能是由于过度兴奋，都没有睡好。

　　从第二天起床铃响过后开始，我们便小声互相谈了起来。其中一人是因长期隐瞒了一个重大历史问题，被人揭发而比我们三人早一年就入狱了，这是一种正常情况。我和另外两位，都是几个月前先后差不多的日子进来的。我这时深有体会地认识到：这场所谓"文化大革命"，原来是在"革"党内有过汗马功劳的老革命干部的"命"的。

　　那两位是一文一武。文的一位，我仔细端详后，似曾相识，一交谈，果然是位在抗日战争前，为党做地下工作的老干部。他在上海干革命，我在上海搞反革命。他住在法租界法国公园大门斜对过的中华职业教育社大楼上。我当特务处上海特区法租界组组长时，他曾经是被监视的对象之一，当时只知道他在搞进步活动，还不知道他早已是中共地下党员。所以一看到他的面貌、身材，特别是听到他那一口湖南话，我仿佛还是生活在上海。但当前活生生的事实告诉我，过去曾经被我监视、甚至准备逮捕的革命人士，今天却和我同被囚禁在一个房间内。他在解放前为党做过那么多年的工作，在那种"白色恐怖"下能够幸存下来，没有坐过反革命的监狱；解放后，又为党和人民做过许多的工作，今天却反而被关进了监狱，这不是值得发人深省的吗？

　　通过另一位"三八式"老干部的情况，我更加深了对这场"革命"的看法。

　　抗战开始时，他毕业于日本士官学校。因为得了第一名，回国后，国民党的一些军事机关，如参谋本部、军官学校等都争着想要他去，他却毅然投奔到抗日圣地延安，在抗大当教员，宁愿一个月拿5块钱。他的许多同学都劝他回南京来，可以当一名月薪百多元的校级军官，他都拒绝了。由于他对《孙子兵法》曾用过多年苦功钻研，写了一部有关《孙子兵法》的书。毛主席看到后，非常欣赏，特地接见了他，并批准了他的入党请求。

　　不久，他被派到新四军，先后当过军部参谋、师的参谋长。解放后，他先后在杭州、上海等地工作。"四人帮"知道他和新四军的领导长期在一起，便强迫他交代新四军领导人的材料。他如实地写出后，竟遭到围攻，说他美化新四军的领导人，没有揭发他们"与敌伪勾结"……这比国民党还要恶毒地诬蔑这些领导人的行径，使他气愤极了。这样，他被囚禁起来，非要按照"四人帮"的框框来写不可，否则不放他出去。

我在五年中，只有一次是晚间提审的，而这位老干部却是经常白天问过，晚上又提审。我们都为他而难过，常常在夜晚睡不着，等他回来，有时一直等到半夜，才看到他垂头丧气地拖着疲乏不堪的身子，进门就往床上一倒。同房的三人，都为他受尽折磨而难过异常。

他是我们四人中受折磨最多最长久的一个。他坚持讲真话，而提审他的人，却硬叫他昧着良心诬蔑新四军一些领导。有次他被逼得实在受不了而与提审的几个人顶了几句，便遭到了他们又打又骂的侮辱。他气极了，决心和他们拼，结果不仅遭到一顿更厉害的打骂，还在当天又被关回到单人房间去。我难过得忍不住要大喊起来："不能这样折磨他！"但没有喊出声来，因为我估计到，喊也没有什么用，只好把一肚子的气用力憋住，泪汪汪地相互看了几眼，久久平静不下来。这是怎么回事啊！

我们四个人在一起的日子，真可说是无话不谈了，这种患难与共的交情，有时比亲兄弟还亲哩！他被带走后，我们三个人差不多有好几十天都是闷闷不乐地在想念他，替他担心，估计把他隔离开来，是为了更好地去折磨他。我十分钦佩他的为人，即使在那种情况，不论是提审人员的口中或报纸上，都不断听到看到那些过去新四军的领导人都已一一被打成了什么"最大的走资派"和"叛徒""特务""汉奸"等，但他绝不动摇，始终坚持说这些人是真正的抗日英雄。审讯他的人，没有能在他的笔下和口中捞到过一根稻草。这样的好党员，我真打从心眼里佩服与崇敬。我曾向他一再表示过："只要我们不死，将来出去，你不嫌弃我，我愿和你像兄弟一样往来。我要好好向你学习。"

1972年，我是四个人中第一个出狱的。隔了四年多，他才被释放出来，但仍然给他拖上许多尾巴，政治上不给他平反，不安排他的工作，不恢复他的党籍。他从上海到北京来的第二天就来找我，两人一见，真是悲喜交集。我告诉他，自

他和我们分手后，我们如何替他担心，替他难过……他也讲了他与我们隔离后，正如我们所料，是被关在隔壁新建的红色砖墙的监狱，一切待遇和我们在一起时大不相同，报纸也不让他看，天天叫他反省，强迫他写诬陷新四军领导人的材料。他仍然拒绝写，便天天折磨他，一直折磨到出狱前半年才好一点。他本来就瘦，看来更瘦了。我留他吃饭时，履行了我过去的诺言，亲自去厨房给他做喜欢吃的几样菜。此后，他每次来，只要求我为他添一个炒鸡蛋。我们就这样像亲兄弟一样有过几个月的相处。

他是为了平反来北京的。他从各方面找了许多有关的人给他写证明，请求平反，但主办他的案子的人却刁难他。他害怕一些费了九牛二虎之力才找到的证明材料被抄走，便交给我保存在政协文史专员办公室的大量档案材料中。

"四人帮"垮了一年多，他才得到平反。他异常高兴地把这一消息告诉我，并愿意履行他过去的诺言，要我去上海到他家做客。我正准备过些时候去上海看他，不料隔了不久，却接到给他开追悼会治丧委员会的一个通知。我惊呆了！他怎么会死的？正是为党和人民工作的时候，却提前结束了他的生命！这不正是"四人帮"对他这么多年的折磨造成的吗？多少优秀的共产党员不都是这样牺牲在"四人帮"手下的吗？我不只是难过，悲痛万分，而且是更加深了对"四人帮"的痛恨！

那位与我似曾相识的老党员，更是一位使我十分敬佩的人。他和江青等早在上海认识，江青怕他和他的夫人揭她的老底，便以莫须有的罪名把他夫妇俩囚禁起来，不断进行折磨。他很少被提审，但每提审一次，总是使他久久不安。同样，也是要他写陷害一些老革命干部的材料，他不写，便一再逼他。他曾用坚定的口吻告诉我："他们把什么罪名加在我身上，我都不在乎，但要叫我去诬陷别人，哪怕是一句话，一件小事，我宁肯把牢底坐穿，也不牺牲别人半点来换取自己的自由。"多么高尚的风格！真正体现了一个共产党员在生死关头难能可贵的崇高品质。他比我大，我处处对他以兄长待之。在监狱中，虽然都是犯人，可是我却一直对他的为人表现出十分尊敬。我经常感到，共产党能打垮国民党，主要是有这样一大批优秀的好党员，他们不谋个人利益，而且为了党的事业而不惜牺牲自己的一切。"正气磅礴，大义凛然"这八个字，是我对这位老党员出自内心的赞扬！

这位老党员值得我学习的，不只是他的崇高品德，还有他处处为别人打算的好习惯。他从不自私，在那种生活环境中，没有一点东西不是值得珍惜的，但为了别人，他经常宁可自己少吃少喝，也要让别人吃饱喝足。只有在那种情况下，在不知道明天将会怎样的种种情形下，才能真正看出一个人的道德、品质来。他这种一贯的风格，使我深深感到"伟大"两个字，加在他的身上是当之而无愧的！

不仅仅这样，他的学识渊博，常使我为之倾倒。我18岁离开学校没有再上过学。在旧社会中，我不只是为了面子关系，不常向人去请教，还因为自己反动地位越爬越高，别人发现我写错了字，读错了音，都不好意思告诉我改正。只有在这四年左右的时间中，他像严师益友一样，真心诚意地帮助我、指导我、鼓励我。这些，是我永远也不会忘记的。

他比我迟出来三年左右，也是一出来就和我联系上了。他和夫人每一次到我家来看我时，我老伴早就多次听我介绍过他的情况，所以我们非常热情地欢迎他们。见面时，两人紧紧地握手，久久不肯放开，直到高兴得都流出了眼泪。

"四人帮"被粉碎后，他也拖了一个时期，才得到彻底平反。这一段时期中，我们常常往来，我从未听到他发过牢骚或埋怨处理迟缓。每当我为他的事迟迟不作解决而感到不平时，他总是说："中央一些领导人的工作忙，应当先办当务之急的大事。我坚决相信党，一定会实事求是地解决我们的问题。"

正如他说的那样，在不算太长的时间里，他夫妇两人都同时得到彻底平反了。不久，报上公布了他们夫妇被捕的原因，是江青下的手令。不论是在"四人帮"的监狱中和出狱以后，这位可敬的老干部都是那样的谦虚诚恳。我一直认为，他的一切，是我一生也学不完的。

当他们夫妇兴高采烈地离开北京而去担任新的工作，我和他们话别时，他们却感到今后责任重大，担心不能很好地为党工作。我想：共产党有这样一大批优秀骨干，还有什么办不成的事和克服不了的困难呢？

单身牢房，度日如年

在"四人帮"横行时期，我糊里糊涂地被投进了监狱，思想上实在是想不通，加上在狱中，常常莫明其妙地受到呵斥和挑剔，思想上的压力和痛苦就更大了，整天如坐针毡，度日如年。

解放后，我虽在战犯管理所十多年，但从来也不感到寂寞。在昆明坐牢时，有那么多的同事和朋友以及部下，整天忙着和人来往，日子容易混过去。虽然夜晚上床后，成群结队的老鼠吵闹得睡不安宁，感到坐牢很难过，但是，一睡着了，便魂游天外，成了个自由人。加上那时也一直认为坐牢是暂时的，很快就会有出狱之日，忍耐一下也就过去了。

在重庆监狱时，也是与老朋友在一起。在共产党革命人道主义的照顾下，生活还很随便，天天聚在一起摆龙门阵，打牌下棋。有时，精神上虽然很苦恼、很抵触，有时也发过不少牢骚，与审讯人员吵闹得很厉害，但在不打骂不侮辱的政策下，也熬过了。到1956年战犯们集中加速改造，不但可在一定范围内自由活动，而且知道可以不杀不判，相信不久能恢复自由，日子更容易过去。

这是第二次坐牢。是在得到最高人民法院向全国、全世界公开宣布特赦以后，自己没有新的罪行，而且是在勤勤恳恳地工作时被捕入狱的。尤其是"四人帮"夺了公安部的权，把原来的负责干部都打成了什么"走资派"并实行所谓"军管"之后，十多年来公安部门的一套优良传统和好政策、好作风都被破坏了。

我一个人被关在单人房内，那种苦闷就甭提了。就是四个人关在一起，也无一不感到别扭。一天到晚，不是写材料，就是被提审。有时，其他的人夜里被提审时，我们都担心地坐在床上等候，直到见被提审的人回来了才睡觉。

上床睡觉，应该是可以做到"不怕铁门千万锁，梦魂仍是自由人"吧！没有那么让你舒服的，一夜不把全房的犯人吵醒几次，那就是可能变成"向敌人投降"的嫌疑。只要四个人当中有一个睡的姿势不合"新规定"，如不习惯整夜开着灯睡觉而把头蒙了起来，睡在两边靠墙壁的人不把头部仰卧或朝外侧，蒙眬中翻了一个身，把脸朝墙壁，夏天不穿上衣等等，只要犯了一条，看守的人就得敲门大叫"不准蒙头！""把脸转过来！""把上衣穿好！"……所以往往在好梦正甜、还在享受一点梦中的甜蜜生活时，被这种叫喊和斥责声惊醒之后，便因气愤而久久不能入睡。有次我睡在靠墙的床上，睡着了翻一个身，便被叫醒了。我气得和叫的看守吵了起来。我说："我坐过牢，没有听说连睡觉的姿势都有规定。"答复说："这和过去不同，是'新规定'！"也就是从"四人帮"夺权后的规定。我想大概是怕这些人受不了这种冤枉而自杀，死了太便宜了这些为他们所痛恨的人，还得让这些人活下来慢慢受折磨的原因吧！

最令人不解的是，夏天闷热极了，犯人既没有汗衫和背心，还得穿上上衣，好像是提倡"文明礼貌"。其实他们把一切都糟蹋得不成样子了。

吃一顿饭也是使人不愉快的。有那么几个管理人员在给犯人分菜饭时，犯人动作慢了一点要骂，多要点主食也要骂，送点好的菜更要先骂上一通："给你们这些家伙吃这么好的东西，还不好好认罪！"送开水时，更叫人生气。我是四个人中年龄最轻的，所以每次接饭菜、开水，都是我去。送开水的人往往故意把开水浇到我的手上，烫得手背红肿起来。我叫了一声："哎哟！"便立即听到："烫不死你，叫什么！"有意烫了人，连叫都不准人叫。

有次我的手背、手腕被烫肿了好几天，才被另一位送菜饭的干部发觉，他问我："怎么搞的？"我把经过说了后，只听到他说了一声："以后要注意点儿！"我想，这哪是我注意不注意的问题，不一会儿，他叫来一位军医，给我敷药包好。这使我又感到："天涯何处无芳草，狱中居然有好人！"

由于天天不停地写外调材料，白天写不完时，晚上还得在不太明亮的灯光下

写，我的眼睛便开始进行消极抵抗，一直发红，流眼泪，直到睁不开。眼药水发下来了，可是一到睡觉便要收回去。我再三说明，只有睡了多点上几次才会好。不行！因为眼药水瓶是玻璃的，怕我一时想不通，把这个玻璃瓶当成自杀的工具，所以非得收回不可。说来也是生得贱，眼睛疼痛得那么厉害，平日得好久才能治好，如今只白天点那么几滴氯霉素，居然也能继续写材料。不过它的后遗症却是相当痛苦的，我的一只右眼便成了半瞎。出狱后经过长期治疗，到现在还是没能恢复视力，写东西看东西，全靠一只有300多度近视的左眼。

五年中，我最感到不方便的，是不给剪刀让我修脚指甲。我两只脚的大拇指由于在旧社会老是让修脚的修剪，结果，脚指甲便向肉里面发展，非定期修剪，便不能走路。解放后，自己也能用小刀、剪子等挖出伸长到肉内的两侧趾甲，有时不慎连肉带血也挖了出来，但过一两天便又可以走路了。在狱中却没法解决这个问题，我常常为此而痛苦异常。特别是遇上"今天天气晴和，可以到放风场走走"的时候，不去吧，多么难得的放风机会，去吧，走一步痛一下。说这些人完全不顾犯人的死活，那也不见得，他们还是在每个月中，送来一把专门剪指甲的工具，规定在多少时间内，便要收回，同时把剪下的手指甲、脚指甲留下来，包在纸内收去当中药材用。但那种剪指甲的工具，好像钳子一样粗，开始几次，我实在没有办法使用它把长进大脚拇指肉内的指甲挖出来。后来我才懂得利用指甲刀上那一小片用来磨指甲的小铁片，伸进肉里去，连指甲带血肉一起撬出来。这虽然很痛苦，但几天以后，便可以恢复，并能维持一两个月走路不痛。

看报对每个人来说，不仅是学习，也是一种享受，但在牢里看"四人帮"横行时的那些报纸，却是使人产生厌恶与痛苦。每次报纸送进牢房，管理员总叫我们认真学什么"梁效"之类的文章。我对那些又长又臭的"四人帮"式的八股文毫无兴趣。有时一翻到那种文章，便向床上一搁。这时如果遇上那么几个"左"得出奇的人，便会把木门打开，要质问和斥责一番，还要叫我再拿起来认真细读。我也只好拿起来，装模作样看看。

有天，木门打开，走来一位干部，推了一小车《毛泽东选集》停在门口，叫了每人代号后，郑重其事地而且庄严肃穆地宣布："从今天起，准许你们学习

'红宝书'，要认真读，有些如老三篇和几篇哲学文章要读到能背诵出来。"当他双手把书捧着时，要每个犯人也恭恭敬敬地去接。那位因"重大历史问题"入狱的人，漫不经心地把"宝书"颠了一颠，这可惹得那个干部大发雷霆了，除了大骂一顿之外，还规定了"宝书"在牢房内放置的位置：白天学习时，放在床中央；夜晚睡觉，放在枕头边。临关门前又吩咐一遍，不能随便放置"宝书"。

对于毛主席的著作，打从心眼里说，我是希望能好好学习。当时看到报纸上揪斗这个那个老革命干部的消息，令人气愤，尤其是"四人帮"一伙每天在报纸上出现时，摆的位置那么高，越看越讨厌。所以《毛选》发下来，的确是件大好事。不过我们没有猜透：他们要我们学习《毛选》，是真要让我们改造思想，还是别有用心地表示他们的一切言行都是和毛主席的教导相一致？

四本《毛选》给我们带来了很珍贵的精神食粮，但也给我们添了不少麻烦与烦恼。头天晚上，那位老难友把它放在枕头底下，用来垫高枕头，这可犯下了"不可饶恕的原则性错误"！木门马上打开，走来两个人，轮番责骂他一顿。由于他们越骂越起劲，越骂理由越多，把一位小头头招引来了。这位我们一向认为是比较通情达理的小头头，虽有点中间偏左，但还能讲点道理。经过他再明确一下"红宝书"不能当枕头，也就大事化无了。我相信毛主席自己要是看到这一情况，他老人家也不会生气的，因为这并不是存心侮辱"宝书"。

接连发生的事，是这四本书一到夜晚睡觉就成了我们的包袱，规定要四本整整齐齐放在枕头左边，睡着了挤掉一本到地上，也得挨一顿训。本来睡在两边靠墙的人不会有掉到地上的危险，但总有一个得放在右边，那不是又成了不恭敬了吗？所以也得一律放在枕头的左边。最使人不理解的是，每当我们出去放风，在那一间小小的四面高墙无顶盖的圈圈内活动时，总有人到房内来检查一番，看看有没有人把书中的字句涂改或画上记号。有次又是那位老难友，在看过的地方夹了张草纸，以便下次翻时方便，结果，又挨了一顿批："草纸是解大便用的，怎么能夹到'宝书'里面？"可是，在什么都没有的时候，能从什么地方找到一个代替书签的东西呢？

尽管发生了诸如此类的不愉快的事情，但我们还是非常珍惜《毛选》。四本

《毛选》的确对我们有很大的教育作用。所以我在得到释放时，便请求管理所的领导人，让我把这四本书带回去作纪念，虽然我过去已有了两套。直到今天，我还经常学习。

我在监狱中写材料，除了少数来头大或来者凶狠的可以把我提出，一面审讯，一面把要写的材料提纲当面交我回房写之外，绝大多数是通过监狱中几个主管这一工作的干部，把我提到审讯室，一件一件地问我知不知道；知道的便带回去写，不知道的便退回去。这大都是外地来京的外调人员想直接找我谈而没有得到同意，便把提纲留下让我写的，也有些是从外地寄来的。我都得按提纲中指出的问题，如实写好，按期交出去。

坐了五年"四人帮"的监狱，真是过一天比熬过苦痛的一年时间还长。有没有一天半天高兴的时候呢？那也有过一次，就是在报上看到周总理和尼克松签署的中美初步达成的"上海公报"。我们也和全国人民一样为这一消息真正感到高兴过。别的事虽然偶尔会有，但一抬头看到房间内的铁栅门、铁窗与斜开着的几块不透明的玻璃时，马上就感到一种说不出的难受。现在，我才知道，"四人帮"横行之时，度日如年的何止我们呢？

总理逝世，山河同悲

五年监狱生活满了，还超过了 20 多天。突然有一位态度较好的小头头把我叫出去告诉我："你可以和家里的人通信了。"一边说，一边问我需要几个信封几张信纸。我有点激动，只轻轻地说了一声："给我两套吧！"我拿回信纸信封，便在房内的小床上，用正在写材料的笔，给我在国内唯一的女儿和结婚才两年多就离开了的妻子各写了一封信，告诉她们，我平安，也就是说还活着，让她们意外地高兴一下。我想她们接到信，也可能会比五年中不知我是死是活，将更会牵肠挂肚些。

1972 年 11 月 28 日，我第二次离开了监狱。与我同样情况并同时恢复自由的还有董益三专员。我们被接回政协时，我们两人的妻子都等在那里。许多老同事因听到我们那天下午要回机关，都不肯下班回去而等在那里。这一场面是非常感人的。大家五年不相见，都憔悴多了，彼此紧紧地握着手，久久说不出话来。谁都有满肚子的话想说，但此时此地，说什么好呢？

我抱着向监狱要来作纪念的四本《毛选》，跟着老伴走出专员劳动后的休息室，走向新搬的住宅。路上，老伴告诉我：自我被逮捕之后不久，她就被从三间附有卫生间的北房，赶到两间当西晒的东房；又隔不久，再从两间东房被赶到一间停放汽车的房内住了几年；直到我要回来的前几天，才在政协附近拨出两间东房，比一小间汽车间要宽敞得多了。

休息三天便得上班。过去文史专员是搞脑力劳动，现在是搞体力劳动，因为

天上的乌云仍笼罩在中国大地上。横扫我们这些被称之为"牛鬼蛇神"的人，只是一个幌子，"四人帮"的真正目的是加紧篡党夺权。周总理一经发现他们把特赦了的几个"特字号"（国民党的党、政、军、特）又抓去关了起来，便立即下令释放。于是我们这几个人又在周总理的笔下得到了第二次的自由。

过去的文史专员办公室，起码是每人一张办公桌和一张休息和学习时坐的舒适沙发。这次再上班，十多个专员只有一张办公桌，以便写外调材料时用用；此外便是几张破沙发和椅子，以便劳动后休息时用。主要工作是打扫政协机关和附近街道的卫生，管理花木，以及搬运、装卸等。我是专员中年龄最小的，当时还不满60，是新参加的，身体又结实，所以一些重活都有我。我也自己争取多干点，因为别的专员都比我大，有的大十来岁。但毕竟是久不干这活儿，有次与一个比我大几岁的一道卸一卡车块煤，我手不停地用锹把煤块向车下掀，忽然一阵头晕眼发黑，从车上栽倒在卸下的煤堆上，要不是卸下的煤堆堆到快与车厢一样高，那次可能就提前"安息"了。

过去在战犯管理所改造期间，虽然也参加一点体力劳动，但有一个原则："力所能及，量力而为。"这次劳动则是："尽力而为，力尽为止。"所以有次与人抬一大木箱上四层楼时，我一再说自己腿受过伤，抬东西上楼没有劲，宁可多提点，可以多歇歇。但不行，还得抬。而且抬东西上楼时走在后面，几乎绝大部分重量压在我的身上。我咬紧牙关，把木箱扛在肩上，一手扶着，一手用力抓住楼梯扶手，一步一挨往上顶，上一层换一次肩，喘几口气，再往上爬，刚爬到三层楼梯的一半，受过伤的左腿一下软了下来，跪在楼梯上，大木箱向我头上身上压下来。这次运东西的那位好心肠的司机，正帮着我们提些东西跟着上楼，一看到这情形，马上把手里的东西放下，冲了上来，把木箱和抬前面的那位一同扶住，才没有使我负伤。他又主动替我抬木箱，让我提他放在楼梯上的东西。在这种情形之下，我除了出自内心的感激外，还不敢说一声"谢谢"。因为怕被人指责这是"界限划不清"，反会给他带来麻烦。所以直到今天，我还没有忘记这位肯"助一臂之力"的优秀共产党员。

也许是"四人帮"篡党夺权的阴谋活动日趋激烈，慢慢放松了对我们这些旧社会来的“帝王将相”的专政，劳动的强度也在渐渐减轻。本来他们对“横扫”我们这些人，只是“虚晃一枪”，而真正要刺杀的却是党和国家的领导人。不但刘少奇、贺龙、彭德怀等革命老干部和开国元勋，被他们明枪暗箭刺倒了，连敬爱的周总理、陈副总理等也被刺成轻伤、重伤。等到恢复我们这批特赦战犯——文史专员半日学习半日劳动时，我检点了一下人马，不到 20 个残兵败将。在这场暴风骤雨中，除了几个因病得不到及时治疗而病故外，其余都还活着。这主要是我们不是当权者，又能一切听摆布，再加上政协毕竟是长期搞统战工作的，对我们这些人，绝大多数干部还是有形无形中给予照顾，特别是由于周总理常常惦着这些人，所以还能从死里逃生，肉体上没有受到什么冲击，只有我和董益三被不明不白关了五年，也算是躲过了一些灾难。

1976 年，沈醉夫妇与回京探亲的女儿沈美娟一家合影

我恢复自由后，最使我感到安慰的是女儿带着刚满 1 岁的男孩从内蒙古回来了。我被逮捕去的那天晚上，和她挥泪而别，一转眼便是五年多，她也由一个小姑娘变成妈妈了。我第一次、也是第一个见到的小外孙是那么可爱，使我感到了无限温暖。他们在家虽然只住十多天，却对我五年多心灵上的创伤给了一次很好的抚慰，我从来没有像今天这样感到天伦之乐趣。女儿外出访友而把这小家伙让我照顾时，他睡醒后我去亲他，被他重重地打了一耳光。虽然这是我平生第一次被人打的一耳光，我却感到格外高兴，因为他是自己的亲生骨肉啊！不管他小嘴噘得多高，我还是抱着他到处去玩，让他不感觉到外祖父是一个陌生人。几天时间，我们便混得很亲热了。

一年后，女儿和女婿带着第二个男孩和上次来过的外孙一同回家，家中一下

增加了四个人，立刻打破了原来的寂静，顿时显得热闹起来。我也特别高兴，不知疲倦地逗弄着两个小外孙。生活在他们中间，我感到年轻多了。两个多月很快地过去了，他们回去之前，决定把小的孩子留下来，这个刚满1岁的小外孙便成了我和老伴的心头肉了。我过去虽有过六个子女，但都不是自己照顾，这次补上了带孩子这一课。这对我来说，不但不感到麻烦，而且认为是一种极大的乐趣与安慰。也许这是一般老年人的心情，对第三代比对第二代要疼爱得多。

回来总算过上了一段比较"平安无事"的日子。每天按时上班去搞半天劳动，打扫一下机关卫生。机关外面的街道却不再让我们去打扫了，这是因为有一次杜聿明为了培养花木，到政协大门外去拾了一点儿马粪，一位领导人看到后，立刻关照，不能让我们这些人再去大街上扫街，认为对外影响不好。那时有这种看法的人，可以说政策水平相当高了。不过到大饭厅去扫地抹桌子的劳动，直到"四人帮"被粉碎之后，才经过研究，准许不再由专员们担任。又经过一段时期，我们的手才重新拿起笔杆子，搞我们的本行。只是拖一个小尾巴，机关花草树木仍由我们管理，理由非常充足：这些老头儿，在家不是也爱弄花养草吗？让他们搞搞这些，对他们的身体有好处。我们非常感谢地领受这种好心的照顾，又延续搞了一年多的花木工作。说句良心话，他们对杜聿明、罗历戎接枝的技术至今还在称赞，因为他们能在一株梨树上接上几个不同品种，结出的梨子、苹果等，是很适合许多人口味的。所以在他们看来，这项"轻微"劳动，让这些老头儿兼任一下，是完全正确的。但是一到修剪树枝与锯掉树上的枯枝等需要爬树高空作业时，老头儿们的手足就有点跟不上形势了，困难与摔伤的危险，一天比一天逼近。有次我和另一专员爬上一棵大树去弄掉几根粗大的枯枝，因把手伸得太远，脚便踏了空，一下从两丈多高的树干上摔下来，幸好下面是煤堆，只摔得青了一块，紫了一块，而没有骨折。经过一番研究，可能认为这些老头干儿这种"轻微劳动"，已经有点笨手笨脚了，所以索性把这一轻微劳动也免了，而让我们恢复专搞文史的专业。当然，我们这些人，大都建立了一点劳动观点，虽然不硬性规定我们的劳动任务，但对打扫办公室附近的卫生等，还是照样都爱搞一下，所以文史专员办公室，多次在全机关的卫生检查中，都得到了好评。特别是1975年3

1975 年，政府特赦全部在押战犯大会会场

月间，在押战争罪犯全部释放后，全国政协文史专员中，又增添了黄维、赵子立、文强、李九思等七人。专员室又恢复到"文革"前的繁荣景象。

在释放全体在押战争罪犯的时候，叶剑英副主席等党和国家领导人，还接见了来京参观学习的部分特赦人员。原有的十多位文史专员，也被邀参加接见和宴会。在全国许多报纸上，包括香港一些报纸上，又出现了我的名字，多年失去联系的老朋友，也敢和我通信了。

又是在周总理的关怀下，国务院拨了在永定门东街的一座四层楼的新建楼房，给留在北京的特赦人员和原来有住房但条件不好的文史专员使用。我和董益三被关押期间，家属住的房子被一换再换，这次也分得了这座楼房的一个单元，生活条件得到一些改善。

在我的内心刚刚感到一点点温暖时，不久，又突然听到了周总理重病的消息。这真像是一个晴天霹雳！它使我感到特别难受，情不自禁地天天为他老人家暗中祈祷。过去不相信有什么神，有什么上帝，现在，我却希望冥冥中真有一位主宰人类命运的神，能好好保佑他老人家早日恢复健康。如果需要付出什么代价来换取他老人家的健康时，我会毫不吝惜地把自己身体上任何部位的东西，直到心肝与生命，都立刻献了出来。有天下午，我在医院工作的老伴下班回来，她说，从许多医务工作人员那里传出了周总理的病越来越沉重的消息，我听了连晚

饭都吃不下去。极少失眠的我，那晚怎么也睡不着，心头像压着一块沉重的石头。第二天早上，我还得照常骑着自行车，从永定门到政协上班，在这十来里的路上，我几次都差一点点发生撞人与被人撞的车祸。我一向谨慎小心，从来没有出过岔子，怎么会变成这样心不在焉？原来我正在想，古代的孝子，有把自己股上的肉割下来去治疗父母的重病，而收到超出许多药物的疗效。我也真想能仿效这种做法。所以我一边在骑车，一边在这样胡思乱想，而且顺口占成一首七绝：

> 割股疗亲效若何？愿输肝脑起沉疴。
> 更捐十岁增公寿，好为人民造福多。

当我饱含着热泪，神魂颠倒地、高一脚低一脚地走进办公室的时候，几个先到的专员，一眼就看出了我心事重重。这些饱经风霜的老人，大都善于进门观颜色，出门看天色，所以都走过来搀扶我，怕我摔倒，而且一个劲儿地问我："出什么事了？"我几乎是一字一字地回答："周、总、理、病、加、重、了！"大家一听这话，也都控制不住自己的感情，都是热泪夺眶而出，如果不是在办公室，我相信都会痛哭失声！

我日夜不安，日夜在祈祷神灵保佑周总理，使他老人家能早日恢复健康，总希望真会有神灵来为十亿中国人和全世界热爱他的人解除心头的苦痛：请让他活下去吧！因为中国人民不可没有他，全世界热爱他的人也不可没有他！可是最害怕听到的不幸消息，终于在广播电台一阵哀乐之后公布了："周总理不幸病故！"那天我正骑车上班，这一使人震惊与万分悲痛的噩耗传出之时，马路上的人都哭了，连正在岗位上值勤的民警，也是带着哭声劝骑车的人，不要因为悲痛而不注意红灯，发生车祸。我长这么大，什么稀奇古怪的场面都见过不少，像这种一个人死去会使得人人哭、家家哭、全城哭、全国的人都哭的事，不用说看，连听也没有听到过。我读过中国历史，历史上曾有些人在为某一封建统治者或什么清官一类的人捧场时，也写过什么"国人皆为之举哀"，那是编造的，而像现在这样十亿人民出自内心的悲痛，肯定全世界都不曾有过。周总理之深为全国人民所热爱，是他老人家几十年来一贯地为了中国而孜孜不倦地工作，为中国的解放和建设做出了光辉灿烂的成绩，把毕生精力都毫无保留地贡献出来的结果。而他老人家的为人正直、诚恳、俭朴和一生光明磊落、从不计个人名位等高尚品德，是有口皆碑，深得全国人民敬仰的。他的逝世，使许许多多的人，包括我们这些不爱哭的特赦战犯，也伤心到比自己父母死去还要伤心，这更是历史上从来没有过的！在中国几千年的历史中，我认为只有周总理才称得上是"古今完人"！

遗憾万分的是，总理生前多次接见我们，而他老人家逝世后，与遗体告别时，竟不让我们去，因为"四人帮"把他的遗体安置在北京医院一间小小的房间内，故意不让多的人去，实在令人感到气愤。我只能从电视上看看，连看电视时也使人感到悲愤交集。江青在屏幕上出现时，竟傲慢得连军帽也不摘下来，这一起码的礼貌都没有，是什么居心？谁看了都气愤万分！

尽管"四人帮"使用了一切阴谋诡计，不让人去向周总理遗体告别，可是，当他老人家的遗体举行火化的那天，四面八方赶来的人群，从长安街到八宝山的大马路上排得满满的，为的是向载有周总理遗体的灵车告别。数也数不清的人群中，有白发苍苍的老人，有十多岁的红领巾，当然更多的是中青年。那天我也挤在广播大厦附近的马路上，和大家一样，流着眼泪，等待着灵车的到来。谁都知道，隔着车窗，是看不到遗体的，但只要看看载有周总理遗体的灵车，也表达了对他老人家无比的哀悼心情和敬意。这是出乎"四人帮"意料的。站在我身边的人群中，有一位从通县赶来的小学教员和一位从大兴县赶来的农村青年。当然，还会有从更远的地方赶来的。大家都是那么虔诚地等待着，虽然寒风凛冽，排列的人群还是不断增加。当灵车远远地徐徐地驶来时，一片哭泣声掩盖了汽车马达的响声，这一感人肺腑的场面，真是无法用笔墨来形容。灵车的驾驶人员，也似乎懂得两旁排得满满的群众的心情，他把车开得那么慢，好让大家多看上一眼。人们一直到看不见灵车和护送的车队了，还是照旧肃立在路两旁不愿离去，啊！原来他们还在朔风中等待灵车开回来，好再看它一眼。这种深情是任何东西都换不来的。我看到灵车哭了，看到这一场面也哭了！

由于"四人帮"的种种限制，不准许一些单位举行追悼仪式，但文史专员们

却在一次学习时间中，举行了一次怀念周总理的座谈会。一开始就有人在啜泣，溥杰带头放声痛哭，大家都一齐哭出声来。用不着多谈，这一切就足够说明我们对他老人家的无比敬爱与无限怀念之情了！

自周总理逝世后，我便不能再骑自行车上班，因为心情一直是悲痛的，几天时间中，不但被人撞倒过，也撞过别人，思想怎么也集中不起来，所以便买月票乘电车从永定门到天安门，再换乘7路公共汽车到政协。"天安门事件"发生前后，我每天都在那里换车，7路起点站在那几天变动过几次。在清明节前几天，我每看到一队队的人抬着花圈走向人民英雄纪念碑时，总是热泪盈眶，无法抑制心头的悲痛。我亲眼看到广场中万头攒动、泪痕满脸的群众，也去看过一些悼念总理的诗文，四周柏树、围墙上缀满了白色纸花，没有什么人发动，也没有谁在号召，相反，倒是有人在极力阻止，但群众还是如潮水一般涌来。最后"四人帮"凶相毕露，竟敢出动大批打手，用武力殴打驱散群众。那天，我正因小外孙生病，从寄托的那家接回来，由我照料，因得幸免于难。否则，我每次下班换车，总要在那些花圈堆中徘徊很久很久，免不了也要吃亏的。第二天我听到惨案发生后，便趁老伴照看孩子时，走去广场看看，结果老远就被军警阻挡住了，只远远地看到一些人在刷洗纪念碑石阶上的血迹。多少人为了悼念周总理而流出了自己的鲜血！印在石阶上的血痕可以用水冲刷掉，而印在人们心中的仇恨，却是无法能消除的。谁都清楚那是怎么一回事，但谁也知道还没有到清算这笔笔血债的时候。我不只是悲痛、哭泣，我完全相信，我也会有揭发这种暴行的一天！

不幸的事，一个接一个而来，使我们再一次感到无比悲痛的，是伟大领袖毛主席他老人家逝世的消息。毛主席是我们的救命恩人，是他老人家的改造政策，使我们能由鬼变成人；又是他老人家提出的统战政策与宽大政策，使我们能欢度幸福的晚年。那天，政协办公室通知所有的职工去机关听重要传达时，我们都准时赶到，一走进会议室，看到先去的一些职工，各个泪痕满面，不用问，是毛主席逝世了！我也禁不住热泪夺眶而出。从公布毛主席重病的消息以来，我也是每天在为他老人家的健康而在默默祈祷，明知这是一种迷信举动，但仿佛这样可以从中得到一点安慰似的。传达这一噩耗的人，一开始也是热泪盈眶，几乎是在一片哭声中读完这一不幸的消息。回去，我又是一夜不能成眠，想到他老人家为中国人民的解放事业和建设新中国，贡献了毕生精力，做出了史无前例的丰功伟绩，将永远受到中国人民的尊敬与怀念，而自己过去却是多年来一直跟着蒋介石来反对他老人家，心里无限悔恨。谁会料到，过去我认为是仇人的人，却成了我的最大的恩人呢！

政协这次不仅安排了我们所有专员去人民大会堂瞻仰毛主席的遗容，而且还安排我们参加了在天安门广场举行的追悼会。不知怎么的，这两次我都想起了周总理，我在为悼念毛主席而流出的热泪中，还有怀念周总理的眼泪在里面一同流了出来。这是我今生今世永远也忘不了的两位恩人！是他们使我获得新生，是他们给了我一个"人"的灵魂！

揪出罪魁，中国得救

　　自从周总理逝世之后，社会上的小道消息一天比一天多。全国人民对"四人帮"一小撮人的横行霸道，已经是愤恨至极，由过去的敢怒而不敢言，发展到敢于采取各种对抗行动了。"四人帮"对全国人民的这种反抗，恐惧万分，更加穷凶极恶起来。

　　有的人只说了"周总理逝世前留下了遗嘱"这样一句极普通的话，"四人帮"也怕得要死，恨得要命，别有用心地在全国各地"追谣"，仿佛要一追到底，才肯罢休。当时，我在心里嘀咕着：这下不知谁又要遭灾了。对"四人帮"的这种做法，用"做贼心虚"四个字来形容是再恰当不过的。同时，从他们追查这一句话，并把它指为"谣言"来分析，也不难看出，他们对于全国人民敬爱的周总理害怕到了什么程度！也不难理解，他们对周总理又仇恨到了什么地步！周总理逝世时的一个遗嘱，竟把他们吓成这样、忙成这样，这就足以显示出周总理的伟大，而他们是何等的渺小啊！

　　常言说："善有善报，恶有恶报。""四人帮"终于落得了可耻的下场。粉碎"四人帮"的消息，从中央公布15号文件的前两天，北京大街小巷就有不少人交头接耳，笑逐颜开地在互相传播。有些人见面，只是问一句："听到了没有？"问的人是那么兴高采烈，听的人如果已知道了，便也报之以兴奋的微笑。当然，说的人越多，越加证实了这一特大喜讯的真实性，便越传越起劲，好像没有什么比这件事更值得庆贺似的！当第一次听到这消息时，我是以极其兴奋的心情，从内心里轻轻喊出了："中国得救了！"对方也用万分激动的语气，补上一句："中国共产党也得救了！"

祖国的蒙难，中国共产党的蒙难，是多少亿人民所日夜为之不安的头等重要问题，一旦听到这样的好消息，除一小撮人外，谁又不欢呼跳跃！

尽管我正式听到这一消息是 1976 年 10 月 21 日在政协礼堂东厅传达中央 16 号文件时，但基本上都早已肯定不是什么"小道消息"了，因为平日最爱在报纸上出头露面的"四人帮"及其爪牙，从 10 月 7 日以后完全绝迹了。稍有点政治头脑的人，大都是心中有数，只差在公开场合来公开讨论、公开庆祝了！所以这一大快人心、人心大快的喜讯，一经中央正式公布，下午人们便开始庆祝游行，连举行座谈会都推迟，而是先上街庆贺。十多年没有用过的全国政协的大横幅旗帜，也高高地举了起来，我们能走动的专员，无不显得特别年轻，跟随机关领导和职工，从机关走到沙滩，与各民主党派的人，一同从沙滩向天安门走去。沿途游行的队伍和看热闹的群众，看到这一队老头老太太队伍走过时，都投以尊敬的目光，他们看着这群劫后余生的老人，今天也和青年们一道在为粉碎"四人帮"而欢呼！

第二天，政协和各民主党派、工商联等单位再次在沙滩集合，一直游行到西单。这样的特大喜讯，谁又不想多欢庆一次呢！

第三天，还是继续游行。机关照顾我们这些老头儿，劝我们不要去，但是我和另外四个人还是坚持去了。这样令人欢欣鼓舞的喜事，是可以使老年人也变得年轻，也能使疲劳被吓跑的。

在一连串的游行庆祝与开大会、开座谈会等庆祝之后，《人民日报》发表了《伟大的历史性胜利》，从此，开始进入了揭发与批判"四人帮"罪行的阶段。这时，我正在想尽力搜索一点"四人帮"中江、张当年在上海的罪行材料。我想起了第二次入狱后，有两批人来追问我，过去既认识崔万秋，为什么会不认识当时与崔有过往来的人。我一生中干过唯一的一次聪明事，就是坚决不承认我认识与崔往来的人，不论是假客气来劝，还是硬逼，我都顶过去了，没有幻想能认识什么"大首长有好处"，而宁愿坐牢，因此总算保全了这条老命。今天，要揭发他

们的滔天罪行，便得从他们过去的丑恶历史来一步步清算。我应当主动站出来，不能再不承认了。当我在绞尽脑汁，准备把过去我所知道的崔万秋如何在他主持的上海《大晚报》副刊上吹捧江青是什么"北国美人"以及他们之间的关系等写出时，意外地从《红旗》杂志上看到了一篇文章，说张春桥当年用狄克这个笔名在《大晚报》上写文章攻击鲁迅，与"反动文人"崔万秋相勾结，甚至叫鲁迅给他复信时，也由崔万秋转交……看到这一段，我不由得桌子一拍，高兴得跳了起来。同一办公室的几位专员以为我得了什么神经病，赶忙来问我："什么事？"我指着崔万秋的名字和狄克的名字，高兴地说："想不到当年狄克这小子就是张春桥！我在《我所知道的戴笠》一书中，不是早就指出，崔万秋是上海特区的直属通讯员吗？"几个专员也为我这一发现而高兴，鼓励我马上把这一段写出来，证实当年张春桥化名狄克而攻击鲁迅时，是与军统特务崔万秋勾结在一起，是受崔万秋的指使在为军统而工作的。当天，我什么事也不干，便匆匆忙忙把这情况写成3000多字的材料送给了政协的领导。

　　这时，文强也想起他和中统特务先大启在战犯管理所改造时，听他说过江青当年被中统特务在上海逮捕后叛变的情况，也写了报告推荐特赦后在四川的先大启来揭发叛徒江青。

　　我们都情不自禁地大笑起来。好家伙！"四人帮"这么凶狠残暴，原来两个大头目，一个是叛徒，一个是军统特务！难怪他们对革命老干部所搞的那一套，原是"家学渊源"，并且变本加厉。这就毫不为奇，一下使人得以理解了。我还补充了一句："当年蒋介石和戴笠挖空心思，想加害革命老干部，没有如愿。谁会想到这些开国元勋，在建设新中国中又做出了这么多的贡献后，竟会遭到'四人帮'的阴谋陷害！"

文强（左一）、黄雄（左二）、沈醉（左三）

　　我的材料送出之后，立即引

起了有关方面的重视。他们找出了当年的上海《大晚报》，在白纸黑字上，刊印了崔万秋吹捧蓝苹与刊登狄克文章的大量材料，并经过多方调查核对。还从国民党遗留下的旧档案中，清出了崔万秋参加军统特务组织的卡片，上面贴有崔万秋的照片及履历等。这样，我的这份材料便和先大启揭发叛徒江青的材料，以及曾任军统渝特区重庆组长的陈兰生写出的崔万秋抗战期间在重庆与军统有关的材料，一同刊登在有关揭露"四人帮"的材料上面。

"四人帮"虽已被粉碎，但极少数受过他们蒙骗的人，并没有觉悟过来。所以，我写出这份材料之后，还受到过一些小小的骚扰：一个咒骂我的电话，还有一两封恐吓信。但这对我说来，已是司空见惯的小事，比这更大更凶的波涛也闯过来了的人，对此只当置之一笑。可是政协和有关的领导，却很关心我的安全，当这些微不足道的小事发生之后，硬要我立即从永定门搬迁到政协机关来居住，因为不仅原住的地方偏僻，而且上班得跑这么远，怕万一遇到坏人。我虽满不在乎，但对领导上这种爱护，不能不衷心感激。尽管搬一次家很麻烦，我还是同意搬进了机关内部的宿舍。当时粮食、副食等关系仍在永定门，我有时还得回去一下，而机关的领导一再告诉我，要出去随时可向汽车队要车，不要单独行走。我是那些搞惯了暗害的人的"老师"，知道要对人搞什么，先要有所准备，不是随便敢动手的，所以我有时去永定门，便不向机关要车而搭乘电车或公共汽车。有次闹过这样一个小小的笑话：我刚刚从永定门东街粮食店把粮票等领到后，便打算从永定门内车站上 106 路电车到前门，准备换公共汽车回机关。我上车时，两个"长头发"和"小胡子"也跟着上了车。我从裤袋里掏出钱来买了票之后，又把皮夹子放回去，这两个小伙子便看中了我这个老头子。等车到珠市口，一大群人挤上来时，他们便紧紧靠着我。我的皮夹是用一根小链条系着的，车正向前门行驶时，突然听到很小的一声"嘎嘣"。我一摸，钱包不见了，只剩下一条被钳子剪断了的小链条。我很高兴，知道这是两位"内行"，不是偶然见财起意的，那就好对付了！我立即转过身去，用左手一下抓住紧贴在我身边的那个小胡子后面的裤腰带，狠狠地朝他腰上顶一下。我是可以用两个指头做几十次俯卧撑的人，一只手使点劲，对方是相当难受的。他正用力扭转身子想质问我的时候，我

的右手便伸到他面前："朋友，还给我！""你要干吗？""还给我！"我还是这三个字。他想抵赖并和我吵闹，我再用力在他腰上压了一下："你已转到他手中了，叫他拿出来，否则，你两人都别想走！"他知道今天碰到的这老头儿是此中老手，便向长头发使一个眼色，长头发马上叫了一声："你的钱包不是掉在车厢里吗？"一边说，一边指着他脚边的钱包。为了防止他们趁我弯下身子去拾钱包时，猛击我的头部，我又加紧用力再在小胡子腰上顶了一下。小胡子受不住了，说："你掉的钱包不是在吗？为什么还不放我？"这是带着几分恳求的口吻，希望我把手松开。他知道，我抓住他的地方是要害，他反抗不了；更重要的是，他的同伙能把扒走我的钱包丢出来，但他身上带的钳子丢不了，这是他作案的证据，我是可以把他送到派出所去，使他无法抵赖的，因我钱包上和裤带上被绞断的链条，正是他身上带的这一行窃工具造成的。可惜我当时只有一个人，而且还因有事急于赶回去，所以不想把他扭送派出所，只用命令的口吻回答小胡子："叫他把我的钱包拾起来，打开给我看看，我才考虑放不放你！"又是一个眼色，长头发完全照我的命令，拾起了钱包，打开给我看，我带的五元人民币和几张毛票，原封未动，我这才接过来，再用警告的语气训了他几句："下次再这样，饶不了你！天下比你们这两下高强的人多得很，还是早点洗手，好好做人吧！"车到前门，长头发跳下车拔腿就跑，小胡子用手捂着腰部吃力地跟着下了车。我慢慢地走向车门。坐在车中部门旁边一位胖胖的女售票员，用高兴的声调向旁边的乘客说："我当了十多年的售票员，还是第一次看到，这么快就原物奉还了！""这一回！是小偷遇上大偷了！"我一边下车，一边寻着声音回头一看，原来坐在那里的，是前几年被解雇了的一位曾在政协文史办公室"补差"的熟人。我对他这一似褒似贬的话，只能报之以微笑。下车后，我边走边想：我这个"大偷"在共产党的改造教育下都早已改恶从善了，而被"文革"所毒害的年轻人，为什么还不能收心转意呢？这是一个值得发人深思的问题。

"四人帮"被粉碎后，在人心思治中，政协机关的工作一天比一天好起来，组织日益健全，我们也逐渐恢复了正常的工作和学习。劫后余生，无不倍加珍惜，都愿在有限的余生，为祖国和人民做出一点点贡献。

　　出乎意外，1977 年国庆前夕，我和几位专员接到了邀请参加庆祝国庆的国宴的请柬，在人民大会堂 5000 人的大餐厅里，也有了我的一席座位。印有国徽的菜单，我在宴会后把它带了回来，这也是一个值得纪念的事。国庆日，我和溥杰夫妇与妻子及小外孙宝宝，同乘一辆小车去颐和园玩了大半天，在园中遇上杜聿明夫妇和许多老朋友，大家的心情都是异常轻松愉快。晚上，又带着妻子和宝宝一同到天安门的观礼台看焰火晚会。多年来没有这样过国庆节了！在"文革"中，真是几人欢乐亿人愁；今年却是普天同庆，举国欢腾。那么一小撮人，把一个这么多人口的国家弄得人人自危、鸡犬不宁，这是一个多么值得记住的惨痛教训啊！

　　"大难不死，必有后福"，这倒不一定。可是"四人帮"被粉碎后，特别是党的十一届三中全会以后，凡受过"四人帮"迫害而幸存的人，都能翻身，这确是事实。

　　拿我所经历过的事来做证明吧。

　　首先是补发我被关起来的五年的工资。虽然我过去先后所得到的稿费比这还

1985 年摄于全国政协大院 [前排左起：沈美娟、文强、杜建时、黄维、宋希濂、溥杰、赵子立、沈醉、吕光光；后排为全国政协工作人员及长春电影制片厂导演华克（后左三）]

杜建时（左一坐者）、文强（立者左一）、覃异之（左二）、
杨伯涛（左三）、沈醉（左四）

要多，但大手大脚花惯了钱的我，是不可能把它积蓄起来慢慢去花的。

文史办公室的领导人，为文史专员请求增加了工资一半数额的生活补助费。单身老头，一个月有 150 元的收入，是可以天天上馆子的，这不能不说是在欢度幸福的晚年吧！

在"文革"期间，被"四人帮"取消了的干部看病制度又恢复了。这对老弱多病的文史专员们来说，是一件最方便的事了。

离开我十多年的女儿，全家四口，在党的关怀下，从内蒙古调回北京。这对照顾我的晚年生活来说，是使我十分感激的。我在台湾与海外的其他几个儿女和大量近亲，听到这一消息，都一致为之高兴万分。一个人可以影响到一大片，过去我没有这种体会。受党的这种恩情而无限感激与感动的，又何尝只限于我一家人呢！敌人无论怎样对党进行恶毒攻击，造谣中伤，但铁一般的事实是怎样诬蔑也改变不了的。

更出我意料的是，30 年前，我被迫参加了云南起义的全部档案，经过我从云南以要犯身份解送重庆、又转到北京这么多年，仍被保留下来，而且在"文革"中没被烧毁，完好地保存着，1979 年 9 月间，居然被清理出来送到了北京。中央有关部门一经审定，立即宣布：把我由特赦战犯改为起义将领，家属也由过去旧军人家属（更坦率点说，过去她们是被人指为大特务的老婆与女儿的）改为革命干部家属。党的这种实事求是精神、错了就改正的光明磊落的作风，怎能不使人感到钦敬！有人问我："为什么 30 年都不请求改正？"答复是诚恳的："过去我犯过那么多对不起党、对不起人民的重大罪行，而被迫做了这么一点小事，我有什么脸去争这一名义！"又有人提醒我："快去最高人民法院，要求撤销对你的特赦，改换一张起义将领证明。"回答是出自内心的："像我这样过去做了那么多恶事的人，得到党和人民给我以'确已改恶从善'的高度评价，我非常珍惜，不用说，我自己不会去请求改换，就是通知我改换，我也会以感激的心情加以婉谢。我将永远保留这张最珍贵的特赦令，而不想要起义将领的证明书。"

更使我感到惭愧的是，随着这一情况的发现，我的工资又提高了。我能不感激？

1980 年 8 月 28 日，《北京晚报》第一版下半部刊出了石肖岩、黄国平两位写的《访文史专员沈醉》，报道了我一些情况。许多老朋友和旧部都写信给我，为我的身体很健康而高兴。当然，我应当把这健康的身体投入到祖国"四化"建设中，用来报答爱护我的中国共产党和关心我的人们。这一报道，对我是鞭策和力量！

我的下半生，特别是"四人帮"横行十年被粉碎之后，能亲眼看到林彪和"四人帮"这一伙人被押上特别法庭的被告席，我心里感到从未有过的高兴。

1980 年 11 月 11 日和 17 日，我得到通知，先后去京西宾馆，听取有关领导人讲审讯问题。这对我有很大的启发，进一步了解了特别法庭审讯这些人的意义。这是举国上下一致的要求，是中国人民政治生活中的一件大事。

这是我下半生中难忘的时刻，我真感激党给我这样一个好机会，于 11 月 20 日下午能去公安部大礼堂，旁听公开审讯林彪死党与"四人帮"。我们专员中，有好几位都得到了极其难得的一张中华人民共和国最高人民法院特别法庭的"旁听证"。我的座位是 27 排 3 号。我们按照旁听证上的注意事项，提前 30 分钟到达，从公安部西侧门进入由大礼堂临时改成的特别法庭。这时，审讯台下面的 10 个被告席还空着。在这庄严的特别法庭上，每个人的心情，我相信都是一样，想到过去"四人帮"是那么横行霸道，无法无天，人民敢怒而不敢言，今天总算是亲眼看到他们落到这一可耻的下场了。

800 多个座位的礼堂内，座无虚席。在庄严肃穆的气氛中，3 点整，特别法庭庭长和审判长等法庭工作人员准时入庭。当审判长宣布开庭后，即令法警将 10 名

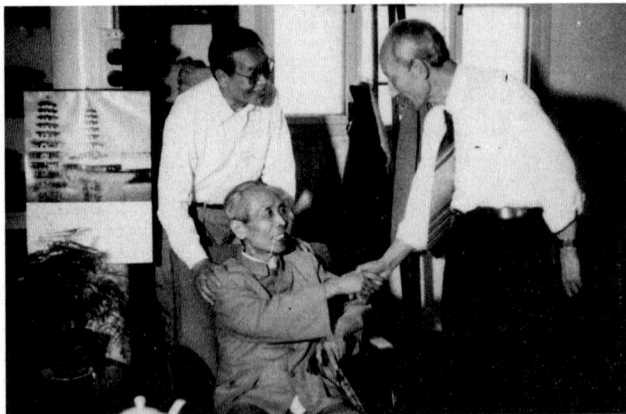

沈醉、文强探望病中的郑庭笈

被告一一押出，让他们站在被告席位上，面对法庭。江青、张春桥虽故作镇静，但不难看出他们内心的恐惧和惊慌。他们可能估计审判会像他们过去"公审"革命老干部时那种混乱和一片叫骂，心情不免有些紧张，但从旁门被法警押上法庭时，他们看到场内秩序井然，才又装模作样起来。当审判人员向他们宣读起诉书，一条条指出他们过去的滔天罪行时，他们都很明白，这些经过长期调查核实过的、铁一般的具体事实，是无法否认的。最后的命运将是怎样，事实已告诉了他们。他们也都明白这是什么场合，谁也不敢不听从审判长的指挥，叫他们坐下，才敢坐下。他们过去的威风，已是一去不复返了。

他们当中，有的可能过度紧张，站都站不住，在场的医务人员立即上去把他扶住。这和他们过去对待老干部拳打脚踢，侮辱谩骂，不是一个十分鲜明的对比吗？党的革命人道主义精神，只有在他们被粉碎后，才又恢复了，而且使用到了他们身上。我不知他们看到这些，会有什么样的感想？

公审这些"国贼"，是全国人民的心愿，我真庆幸自己能在这仅有的800多座位中占有一席。能亲眼看到这场面的人，没有不感到高兴的，所以每一个人都能遵守秩序，没有人喧哗、鼓掌或喊口号。

当起诉书都一一当他们的面宣读完毕后，审判长便宣布退庭，法警又将他们一个个押了回去。这时我们才依次退出。在停车场上，闻风而来的群众有好几千人，都想看看被押送出来的"四人帮"。维持秩序的民警虽一再说"被告不从这里押出来"，可是，群众还是不肯走，总以为旁听的人走完后，就会最后把"四人帮"押出来。公安部的门那么多，他们想看一下的机会是没有了，幸好电视转播了当场的实况录像，可以在家里看到这一小撮"国人皆曰可杀"的人的种种丑态。

我乘坐的汽车，费了好大的劲，才从人群中钻了出来，一抬头，便看到了象征中华人民共和国的巍峨雄伟的天安门城楼。我又和第一次听到粉碎"四人帮"的消息时一样，再次用极其兴奋的心情，轻轻喊了一声："中国得救了！"那位朋友补上的一句"中国共产党也得救了！"的声音，仿佛又一次在我的耳边响了起来！

香港探亲，共叙天伦

　　中国共产党第十一届三中全会以后，祖国呈现出一片安定团结、建设"四化"的景象。我和孩子都坚信，过去"四人帮"搞的那一套"有海外关系就有特嫌"的日子再也不复返了；与海外亲友通信、往来，再也用不着担惊受怕了。孩子的母亲常常来信说很想念她，希望她能去香港玩玩。女儿当然也很思念母亲，希望能去香港一趟，叙叙30年母女阔别之情。

　　1980年中秋之夜，我和女儿在新住宅的阳台上，看到团圆的明月，此时此刻，谁不会产生"每逢佳节倍思亲"之感呢？女儿告诉我，她妈妈又有信来，希望她能去香港看看。我立即主张她写个申请报告试试。她久久地凝视着那团圆的明月，然后，点点头说："明天就写申请。"当时，我的心又何尝不激动呢？我想，要是我也能去，那该多好啊，30多年没见到在台湾和美国的儿女了！离开我时，他们一个个还不懂事，如今都已长大成人，成家立业了。我若能在香港与台湾和美国的儿女见见面，共叙天伦之乐，那……我不愿再想下去，我十分清楚自己是怎样一个人，何必去自找烦恼呢。

　　女儿思母心切，第二天就把申请去港探亲的报告写好交给我，我拿着去找文史办公室的领导。他看完之后，望了我一眼，好久没有作声，像在考虑什么。我想一定是"吹了"，女儿又得伤心一番。出乎意料，他竟不疾不徐地问上一句："你为什么不一同申请去呢？""我？我能得到批准吗？""我虽不主管这一工作，但是我认为按照党的政策和有关规定，你也有条件可以申请的。""那我就试试！"

说完，我回到办公室，立刻就把申请报告写好交给了他，他答应马上给我们转上去。

三个月不到，女儿兴高采烈地拿回了两张"港澳通行证"，注明"有效期一年"。她还说，领导上考虑到我需钱用，决定给我预付一笔为数不小的稿费，等我的《回忆录》出版后再扣回。

这一切竟是真的吗？我一再问自己。我很清楚，这不只是个别领导对我的照顾，而是党对我的信任。我和女儿在决定离开北京之前，便都已下了这样一个决心：党这样信任我们，我们决不能做出任何对不起党和人民的事。一个十分鲜明的对比是，在云南解放前夕，蒋介石和毛人凤要我把全家老幼八口送走，这是不信任我，怕我背叛他们，而把我全家拿去做人质的；今天，党让我把身边唯一的女儿带出去，对我这样信任，我不只是感激，而且感到无比光荣！

为了买一套合身的西装，我乘车跑遍了北京几家大商店，都没有买到，便只好穿上哔叽中山服，匆匆走了。这套服装，在大陆无论是参加国宴、上天安门观礼，还是和国外回来旅游的华侨等往来，都很可以对付了。可是一到香港，我走进九龙尖沙咀一家中等旅馆，就被他们看成"土佬"（乡下佬）。我这个早在1949年便把全家迁往香港的老户主，30年后重来，被人看成"土佬"，这并不足怪。不仅仅是在服装上，而且在许多生活习惯上，我和他们也已完全不同了。

到香港一开始就发生这样一件有趣的事：我和女儿一走出出租小汽车，旅店的服务员就立即跑过来给我们开车门、提行李；等住房手续办好之后，他们又把我们的行李分别送到两个房间内。我仍旧用在北京通常的方式，和这两位服务员握了握手："辛苦你们了，谢谢！"如果在北京或祖国别的地方，服务员一般都会很客气地回答一声："不用谢了，看看你们的行李对不对？"可是我没有听到他们任何一句回答，只站在那里一动也不动地望着我，似乎在等待什么。这时我才灵机一动：小费！连这一点都忘记了，人家怎么不把我当成"土佬"！我立即从口袋里掏出几元硬币分给他们，这才看到他们笑容可掬地向我弯一弯腰："谢谢！"他们刚一转身，女儿便笑着说："这就是资本主义社会吧？您给了他们钱，他们才反过来向您道谢！他们替我们争着拿东西，不是要您一句话，而是要钱！"

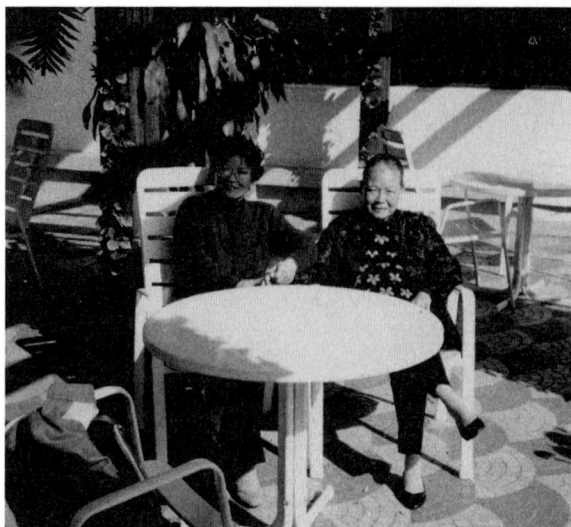

沈美娟与母亲粟燕萍摄于珠海

可笑的事并不止这一件，比这更可笑的事还多，不过这是后话，我要谈的，是我此行的主要目的："会亲访友。"

到香港的第二天，女儿一起床，就给她妈妈去电话。妈妈急于要见女儿的心，也和女儿想见妈妈一样迫不及待，一会儿，她就和后夫一道把女儿接走了。我只听到从女儿房内传出欢乐的笑声。我不便急着和他们见面，分别30年了，彼此的心情都不了解，要先通过女儿去试探和转达我的情况，再做决定。女儿一开始并没有告诉他们我到了香港，而只说我送她到广州，先问一下，看她妈妈愿不愿意见我，如果她想见见，我再去香港，否则就回北京。因为这样安排，有让对方考虑的余地，不会感到突然和措手不及，弄得双方都不好。

女儿被接走后，我就一个人开始去找与我常有联系的亲友。他们一看到我出现在面前，又惊喜，又担心！有的几乎叫了起来："你怎么能来的？""堂堂正正得到许可来的，不是偷渡客，用不着替我担心。"我一边说一边掏出"港澳通行证"。"哟！好极了，为期一年。只消住上半年，就可以申请长期居住下去。""我只是来看看亲友们，不打算作长期居住。""怎么？你在大陆苦还没有吃够，好不容易能出来，难道还打算回去？""正因为好不容易才得到这种信任，所以一定得回去！"

凡我遇到的亲友，几乎十有八九是上面这些对话。他们这种盛情，我并不感谢，只是向他们做些说明，不过彼此的观点很难统一。但有一点是可喜的，即使为类似的一些事争得面红耳赤，结果老朋友还是和过去一样无话不谈。

　　由于事前没有考虑周到，不该用真实姓名去填写"通行证"；要是用我的别号，可能少一些麻烦。这主要是自己主观上认为：这么多年来，在国内像我这样一个无名之辈，根本不会有人再注意了。但我自己也想过一下，在香港，特别是台湾，还有那么多亲朋故旧，我出来，多少会引起一些人的注意。所以我在旅馆里用了一个英文名字，因那家旅馆住的多半是到香港旅游的外国客人，这样可以省事一些。没有想到，我从深圳到罗湖，在办理入境签证手续时，被天天在那里找从祖国大陆去香港的人的名单的记者把名字抄去了。

　　香港新闻界中，我有一些老朋友和新朋友，还有私交特别深的老朋友。其中有的人是解放前夕，从别处被赶到昆明的。他们正感到上天无路、入地无门、害怕被解放军活捉当俘虏时，知道我在云南能控制飞往各地的飞机票，便来找我帮忙的。当时我只要一个电话或一纸便条，通知昆明航空检查组，他们便可以坐上去台湾、香港或缅甸等处的飞机。我对这些朋友，照例除送飞机票一张外，还得附上一点钱作礼物，为的是减少麻烦。旧社会的新闻记者，是被列入惹不起的"五毒"之一的（另外四毒是"社会贤"达、"国大代"表，"青年从"军、"妇女协"会，一般只叫前面三个字，谁都会知道指的是什么人了）。我也是抱着交朋友与不愿惹的心情送走他们。当然，有些与我有过患难生死之交的，就不属于这一情况了。

　　当年被我送走的新闻界的朋友中，有的已去台湾，有的在香港仍操旧业，有的已死去或在国外。幸好在香港的为数不多，但他们对我的热情还是十分使人感动的。

　　香港新闻界之所以对我的名字并不陌生，还因为自粉碎"四人帮"后，我在香港几家报纸上写过一些揭露蒋帮罪行的文章。去香港前后，我写的《我所知道的戴笠》一文，香港《新晚报》将其改名为《戴笠秘史》，正在逐日连载，《东西方》月刊也以同样的标题，每月在刊登，《立报》月刊还刊出了我写的《保密局内幕》。所以我在罗湖办了入境签证手续后，许多人便希望和我见见面，这也是一种可以理解的人之常情。不过，有些人的盛情，我不但不领受，而且发生过争执。例如有人拟好一些报道我到香港的标题是什么"虎口余生"啦、"脱险来

港"啦。我不只是反对使用这类字眼，而且警告他们，如果随便发这种标题的消息，我一定会向法院控告。因我对这一点早就估计到了，也做好了准备，就是：决不能有半点含糊，态度一定要很坚决，不能任他们摆布！

一些人听到我即将与我的前妻见面，便认为一定会发生一场"全武行"的打斗，这肯定是可以轰动一时的好新闻，争着想要抢拍这一镜头和抢发这一消息。然而我和我的前妻及其后夫见面时，却大出他们意料，彼此相互谅解，十分亲热。他们便又认为这是比打斗更为新鲜更能吸引人的消息。当时我一再说明，今后都要做人，特别是还要在香港蹲下去，绝对不能报道这一经过。即使他们认为这是罕见的事，也不能在报上登出来。我知道，一件事经他们一渲染就会走样，对方如何做人，他们是不管的。其实，也不过是一段"第二次握手"，有什么值得大惊小怪呢？不信，请看看就是这样简单：

三天过去了，女儿打电话给我："妈妈和叔叔（我的孩子都这样称呼继父）都希望同你见见面。"不难想象，女儿是从中做了一番说服工作的。我过去的凶狠残暴，我的前妻比别人更清楚，她不仅仅是做过我十多年的妻子，更是受过我

1981年底，沈醉携沈美娟去香港探亲与前妻粟燕萍及从美国赶来的二女儿沈逸云合影

那一套训练的学生，有很多顾虑也是很自然的。当他们夫妇出现在我住的旅馆房门口时，我赶紧走上前去，紧紧地一手握住一人的手，把他们拉了进来。女儿把房门关上后，我轻声对前妻说："我很抱歉！没有尽到做丈夫的责任，使你吃苦了！我更没有尽到做父亲的责任，孩子们都是由你们抚养成人，今天，我是特地来香港向你们道谢的！"她听后，也许是感到有点儿意外："你既能原谅我，那我们以后就做朋友好吧！""不！不是做朋友，我们两家原是一家，你是我的妹妹，你（指她的后夫）是我的弟弟，你们今后都叫我三哥吧！""三哥这次远道而来，我们应当对三哥敬奉一点……"没有等他说完，我便插上一句："我这么远来，绝不是为钱而来，只是看看你们和孩子。"第二次握手，就是这几句话，以后便是相互往来如一家。我们一道出去游公园，上馆子，"弟弟"特地新买了一部照相机，为我们拍了不少的照片。就这样，我们亲如家人一样过了20多天。我几次去他们家时，他们也不把我当外人看待。他们认为至少应送点东西给我做纪念，如果这也拒绝，那就太不近情理而太做作了。礼尚往来，我便用比他们更加贵重的礼品还送了他们。她只悄悄地说了一声："你给我争了面子！"我一时体会不出她这话的意思，过后我想，可能是有一句不用说出的下文："瞧瞧我过去的丈夫！"

在美国经商的女儿，也经台湾赶来香港。这是我过去最喜欢的一个女儿，我的一辆汽车的挡风玻璃上，都写上一句英文"我亲爱的熊熊"。离开我的时候，她还梳着两条小羊尾巴辫子。她经台湾赶来的那天，我正忙着应酬，她只好在她妈妈那里等我。当我在傍晚赶去见她时，她妈妈听到门铃声，把木门打开后，隔着铁栅门看到是我，一面开门一面叫："熊儿，你爸爸来了！"这个30年不见的女儿，竟是全副美式打扮，手上还夹着半支未吸完的香烟。她从客厅沙发上跳起来，一路大声叫着："爸爸，爸爸！"飞快来到我的面前，两只手一齐出动来抓（不是握）我的手。刚一接触，我就"哎哟"一声，她急忙把手收回。她妈妈把我的手举起一看，我的左手大拇指给她的美国香烟烫起了一个小泡。她妈妈正在埋怨她，我便高兴地笑着说："这是我过去最喜爱的孩子给我的见面礼！"说得她笑得前仰后合，话都说不出来，其余的人也都跟着大笑了一阵。然后我们才开始

言归正传，略叙别后之情。

由于谈话忘记了时间，我一看那块"江西老表"，快11点了。女儿立刻认出了我用的表，还是她小时候曾经抢着戴过的自动游泳表ROLEX（北京人叫劳力士），她便笑我为什么带了30年还不换一块？我说，这只表是跟我同过患难的，舍不得换。我这次把它带出来，还想说明一个问题：我这只表，不仅当年买的时候是很名贵的，现在在北京也是名贵的，从它身上，可以证实一个问题：解放军不搜腰包，共产党不没收个人财产，即使是战犯或犯人的贵重东西，也是归自己。这只表是过去你们都认识的，所以戴出来让你们看看。它在国内是为人称赞和羡慕的名贵物品，我还能保留下来，这可以说明多少问题！所以我不想换，这不是我没有钱，我住一天旅馆的钱，在香港就可以买到一只相当不错的表了！

女儿总还是女儿，她是走南闯北惯了的，生怕我一个人太晚回去发生意外（其实香港是夜生活世界，半夜两三点舞厅还是热热闹闹的），便自告奋勇护送我回去。我前妻的后夫争着要送，小女儿也要送，她都不同意，理由是他们送过我，她刚来，这次得归她送，并说有话要和我谈。这样，别人就没有话可说，让她一个人送我。

一走出来，她就迫不及待地问我："您和妈妈、叔叔之间，真是没有一点芥蒂了吗？""已经达到相互尊敬，相见以诚，由冤家对头变成亲如一家了！""真是这样？""你以后就可以看出来了，事实会让你相信，让你放心的。""感谢上帝！这样一来，我们做儿女的也就感到太高兴了！"

这件事，不仅我的儿女们有过怀疑，连在香港的亲友和回北京后遇到的亲友，都是开始有点不相信，过后又对我称赞，认为我在这个问题上处理得很好。我总是告诉他们：这第二次握手，我是没有经验的。我虽然坐牢都坐过两次，奇怪的事也见得不少，可是这样的事我连听也没听过。亲友中也没有有过这样的经验的，我无处可请教。而能有此圆满结果，主要是他们两人气量大，而且都有诚意，这样才能配合得好。三个人当中，只要有一个不愿意，就不可能有今天。他们占了2/3，我只占1/3，如果我邀请他们，即使女儿从中做了不少说服工作，但他们一想到我的过去，要没有很大的决心和诚意，是不会来见我的。特别是我新结识的那个"弟弟"，他如果不同意，那一切就吹了。虽然他现在是经营商业，但旧军人那种爽朗痛快的脾气还是存在，而生意人的市侩气味，在他身上却找不出来，所以彼此能开诚相见。

女儿所怀疑的事，终于由许多具体的事实而使得她完全相信：不是当面笑脸相

粟燕萍（中）与三女儿、四女儿及外甥在台湾合影

迎，背地里怨气冲天、咬牙切齿。我的前妻也仿佛没有发生过她改嫁、我另娶这样的事，还是和从前一样，当着两个女儿和她的后夫，常常一面笑，一面似骂非骂地数着说，过去我哪件事不听她的话，哪件事又是当面答应她，转背不照她的话去做，她不喜欢的人，我还是往来……数着数着，一句话说漏了嘴："你是个天生怕老婆的命！"好像她过去不是我的老婆似的。我还和过去一样，洗耳恭听。这句话给她的后夫听到了，立刻走到我面前："我这可怜的三哥呀！你真是徒有虚名，你不但是甲寅年生的属虎，而且你过去搞的那一套，也是使人谈虎色变，她是乙未年生的属羊，只有羊怕老虎，今天我才知道也有老虎怕羊的怪事！"他这一席话，引得在场的人无不捧腹大笑。

连我都感意外的，是20多天中，我们在一起吃过好几次饭，每次吃饭，我总是挑点清淡的东西吃，而且吃得少，因为我对那些山珍海味已不感兴趣了。我的前妻每次总是挑些好吃的给我送过来，我立刻暗示她，不能这样做。她的个性，是不考虑这些的。我担心坐在她身边的后夫不高兴，便躲闪着不让她给我夹菜。相反，他却诚恳地说："三哥爱吃什么，我不知道，敬的菜不合三哥口味，反而不好。她是知道三哥的喜爱的，就请她替我来敬吧！"其实，我这些年已习惯吃些清淡的东西，广东菜馆连吃一碗粥都得放一些鱼片、鸡片、肉丸……我一看就不想吃，所以我感到生活上很不习惯。

沈醉（右二）与儿子沈笃礼（左一）、粟燕萍的丈夫（左二）在北京某饭店合影

还有，只要是有我在场，我的两个女儿和她们的妈妈，都用满口的家乡土话和我谈话。我那个"弟弟"是浙江人，我总是用浙江口音和他聊几句。她们都不让我讲外省话，他不但没有半点不愉快，而且学着我们讲几句湖南话。所以到我快回来时，我的美国籍女儿才认为我与她妈妈和叔叔之间，确已无半点隔阂。她高兴地告诉我："妈妈背了20年的包袱，叔叔担了多年的心，现在这疙瘩都解开了，我们做儿女的真感到高兴。过去我们几个姊弟在一起时，有一个心愿，既希望还有妈妈，也希望还有爸爸，现在能两家变成一家，我们又都既有妈妈，又有爸爸和叔叔了！我们是多么快乐啊！""这应当感谢你妈妈和叔叔，是他们成全了这一好事，我也一样地感谢他们。"女儿沉思良久，似乎感慨万千，一语双关地说："小时离开您，30年前的印象，爸爸的身材是高高大大的；这次再见到您，虽然我从离开您时只有您一半多一点高，今天已长得和您一样高了，但您的形象，却比我想象的更高大了！"

"苦海无边"，岸在北京

在香港，与自己的亲生骨肉在一起谈笑、游玩，共叙天伦之乐，实在是一件最愉快的事情。美中不足的是我在台湾的儿女未能前来，不免感到非常遗憾。

我这个解放前过惯了花天酒地生活的人，现在来到香港，居然也感到不习惯，最感苦恼的是应酬。亲友们的热情招待，上千港元一桌的酒席，能不去领这份情意吗？我对那些高档食品实在不感兴趣，尤其是每请一次，总得有陪客；这一顿还没吃完，陪客就提出下顿归他请了。这样循环地请下去，真吃不消！当然，更难应付的是亲友的善意挽留。有的愿提供宽敞的住房；有的保证生活费用无问题……对于这些，我除了口头上婉言谢绝外，并在记者访问时明确表示：只准备"小住"些时日，与大陆以外的子女们见见面就回北京去。香港《新晚报》于1981年1月6日在头版头条用套红大字标题刊出了"沈醉将军偕女抵港小住，大陆以外子女前来团聚"的消息以后，又有亲友认为，既是"小住"，也得半年、一年，不应再住旅馆，须得安排住处。为此，我又对《大公报》等记者再次明确表示：准备在春节前回北京。也就是说，回北京去过春节。所以《大公报》等在显著地位刊登我偕女抵港的消息时，便明确报道了我准备春节前回北京的打算。这一消息，既使许多亲友感到失望，也使一些人感到诧异。

关于我决定在春节前回北京的消息，引来了许多亲友的询问，我明确地回答说："理由很简单。我来是想见见大陆以外的子女，他们既不能来，我就不能再等下去。我对目前的应酬已感到吃不消，春节大家都休假，应酬更多，连老命也

1990年，沈醉夫妇与女儿沈美娟（左一）、儿子沈笃礼（右一）、儿媳林月清（右三）、女婿张万银（右二）及两个外甥张强（左四）、张弘（左三）合影

会断送，所以必须在春节前回去。"

一些别有用心的熟人，知道我连春节都不过就要回北京去时，便对着我单刀直入地质问："你不怕别人骂你叛党叛国，投降敌人吗？"我说："这骂得好！"他们说："骂你，还说骂得好，是不是神经失常了？"这时，我用严肃的口气肯定地回答："正因为我神经正常，才说你们骂得好、骂得对。不过，我要说明一下，并请问你们一句：全国十亿人民唾弃了的国民党和全世界都不承认的中华民国，我该不该叛？全国人民热爱的共产党，全世界都承认的中华人民共和国，我应不应该投降？"这一问，问得他们面红耳赤、哑口无言。

又有一些老朋友责怪我老说北京比香港好，有天专找我辩论。他们邀集了十来个人，事先说明：谁辩输了谁请客。我满口答应了。

他们提出："北京街道太脏，主要是各个随地吐痰。"我说："随地吐痰是一些人还没改过来的坏习惯，现正在改。如果各个吐痰，王府井大街会成口水河，但我认为北京街道比香港还是干净些。"他们说："你这是强词夺理。"我说："请问，北京街道有一些口水，香港街道上常见到狗屙的大小便，难道口水会比狗屙的大小便还脏吗？"他们只是"这个""这个"地答不上来，于是我胜利了！

几位有私人小汽车的又提出："北京交通总比香港落后。"我说："交通落后不落后，不能仅以小汽车多少为标准。"他们说："那还能有别的标准？"我说："当然有，主要是看交通工具落不落后，而不是汽车多少。香港有最落后的有轨电车，这种落后的交通工具，不但噪音太大，而且不能让别的车辆，一辆出故障，全线都得停车。这种落后的交通工具，北京早已拆掉了！"我越说越起劲："还有在北京只有博物陈列馆才能看到人拉洋车，可是，香港马路上还能看到，这种交通工具已落后到几十年了。"他们说："香港马路上的人力车是供外国旅游客人坐在上面照相用的。"我说："照相的地点是在香港而不是在北京，这总不能否认吧？"又问得他们哑口无言。

　　另有一位拿出一张照片，照的是北京冬天雪花飞舞时，排着一个取牛奶的长队，在寒风中，老人小孩缩着颈，抄着手，腋下夹着奶瓶。他得意扬扬地说："北京喝牛奶总没有香港方便吧？香港用不着像过去买平价粮一样在寒风中排长龙。"我说："这正说明人民的生活提高了。"他说："人民生活提高到喝一瓶牛奶得那么吃力吗？"我说："因为奶牛场产的奶，跟不上喝奶人增长的速度，所以得排队。"他说："照你这样说，香港上百万人喝奶，东京近千万人喝奶，香港与东京附近，该建立多大的奶牛场才供应得上？"我正在考虑如何回答时，另一个人提出："这是社会制度问题，也是官僚主义衙门作风问题。香港和东京都是商人经营牛奶，相互竞争，北京是政府机关经营，只此一家，赚钱亏本一样领工资，不必费神费力想办法，所以30年还不能解决。到北京想找个落后面实在不容易，但这个取奶长龙，义务提供了好材料……"我不愿听下去，便打断他的话说："北京喝奶有困难，绝不是社会主义制度下的产物，官僚主义衙门作风固然要改，但不能同社会制度混为一谈。社会主义制度是优越的，一个重要表现是衣、食、住、行有保障，30年来波动极小，甚至可以说没有波动。这是任何别的社会制度所不可能办得到的，就连你们认为最发达的资本主义制度最有代表性的美国，在这四个方面也没法和中国比……"他说："我们只谈喝牛奶，别的不扯上去。"接着，一张照片又接着一张照片从他的皮夹中取出来，照的都是北京一些时候买食品排长队的镜头。我知道这一问题，是需要在今后加以解决的，不想再辩下去，但我内心不服输，我深信"四化"建设对于我们祖国发展的前景是辉煌灿烂的，现在解决不了的问题，今后一定会得到解决。

　　从上午9点多开始辩论，到11点半了，我理直气壮地像连珠炮一样地发射着："香港有乞丐、妓女、鸦片烟、公开的赌博场，以及跑马等倾家荡产的玩意，

北京总找不到了吧！"这是事实，他们没法否认。我又说："今天的辩论，还是我胜了，按照刚才的协定，应当罗汉请观音，你们做东道主。但我想把祖国关于比赛方面的一贯标准介绍一下，那就是我们常用的'友谊第一，比赛第二'。今天我胜了，还是由我请客。因为我来自首都，应当把祖国这种风气带出来，请接受我这一邀请。"于是皆大欢喜，快快乐乐地来了一次观音请罗汉。

　　由于经常出入一些餐馆，也曾发生过一件意想不到的事。有天一位老友请我吃晚饭。进餐馆后，我刚跨出电梯，一个大腹便便的人老是打量我。我刚和东道主谈了几句，这人也跟了进来，把我的那位老友拉在一边，问了一下，立刻走到我面前，恭恭敬敬地向我鞠了一躬。我的那位老友指着那人向我介绍说："他就是这家大酒家的老板。"没等他说完，那人就急着对我说："老长官，您不认识我了，我曾是您的旧部下呀！"这时，我记起他来，便招呼说："啊！你发财了！"他赶忙接着说："全仗老长官的栽培，才有今天！"这是 30 年前一段小小的往事：他跟我工作多年，原来我只知道他家过去开过菜馆，却不知道他会做菜。1949 年9 月间，毛人凤来到昆明，住在我家。我怕家里厨师做出的菜口味不好，便叫他去雇一个厨师来帮忙。他于是毛遂自荐，说自己会做菜。我叫他试一下。果然，他的菜做得很好，毛人凤很满意。一个多月中，都是由他做菜给毛人凤吃。云南解放前夕，我在昆明的家属都已送往香港，我一个人吃饭，用不着他做菜。有天，我想到将来打游击，有什么吃什么，这人既有这么一手本领，不如让他去香港另谋出路，于是给了他一张飞机票，并送了他一点钱，这样，他就飞到了香港。想不到今天再见面时，他竟变成了一个大老板！那天去的客人大都认识他，进去都很客气地与他打招呼，他却很恭敬地指着那块闪光的大招牌对我说："请老长官看看这块招牌，就知道我始终没忘记您。这上面的一个字是您的名字，下面的一个字才是我的名字。我看到报上说您来香港，就是不知道您的住址，没法去看您，今天总算有幸看到您了。明天晚上我请客，您一定要来，请把住址告诉我，好叫人去接您。"

　　这种盛情当然不可却。第二天，他叫人开车到旅馆，把我接去了。我一看，一张大圆桌上只有一副餐具。他却穿上白色工作服，走过来招呼说："等会儿菜就做好，请休息一下。"果真只一会儿工夫，他便双手端着四菜一汤走进来，恭恭敬敬地放在我面前，说："请老长官尝尝，是不是和当年您喜欢吃的口味一样？"我愣住了："怎么你还下厨给我做菜？"他才说明，他已多年不亲自动手做菜了，今天是请我，所以才下一次厨。我当然要他和我一道吃，他一直不肯。我说："如果你不陪我，我就不吃。"他这才坐下，并亲自给我盛饭。最使人感动的是，在吃完饭、用过水果之后，他叫人把隔壁一个套间的门拉开，叫一声："都出来！"一下就走出七八个人，他一一给我介绍，谁是他的妻子，谁是他的儿女，谁是他的媳妇……之后，他又亲自领着一个六七岁的男孩，走到我面前，恭恭敬敬地说："老长官，我不能给您行礼了，叫我的小孙子代我向您磕头！"他把小孩刚按下，我感动得热泪盈眶，急忙把小孩抱了起来，用责备的口吻问他："你为什么这样，我受得了吗？"他说："没有您对我的栽培，我能有今天吗？这种深恩，我是永远不会忘记的！"

　　临走，他坚持要送我回去，一走出房门，几个人站在房门口等着他，他把手一挥："等我回来再说。"我说："你有事就不必送我了。"但他还是坚持要送。坐上他那漂亮的小汽车后，他才告诉我：这么大的一家餐馆，是他一点一点创立起来的，对这份家业，他十分爱惜，所以事必躬亲，手下虽有几个分工的经理，他还是不放心，稍大一点的事都得问他，得到他的许可才行。上百名工作人员，他都叫得出名字来。当他得意扬扬地向我夸口时，司机掉头问他一声："过海吗？"他说："过海！"从这一问中，我可以肯定这是个一毛不拔的吝啬佬，因为汽车从海底过去，来回一趟，比乘地铁过海要多花好几倍的钱，可见平日他是不轻易乘汽车过去的。

　　到了我住的旅馆，他问明住一天要 200 多元，便请我搬到他家去。我说，好几位亲戚邀我，我都不去，因为我没有多久就要回北京去了。他听了，显得很不以为然，结结巴巴地对我说："老长官，有句话只听人说过，我不大懂，请老长官指教。"我说："什么话？"他说："有人讲什么'识时务者为真杰'，这话不知如何解释？"我听了，暗自好笑，也很可怜他全部时间和精力都放到赚钱上面去了。接着我就对他说："过去我读书也很少，你是知道的，不过我一直坚持自

学，你记得不？我那么忙，每天一定得看书、看报、写日记。你问的这句话，可能是'识时务者为俊杰'吧？"他马上说："是的是的，我一时念错了！所以也不懂得做何解释。"我继续说："按照我的认识，就是作为一个中国人要热爱自己的祖国。比如，目前祖国要统一，就应当在这方面尽力多做贡献，要坚定不移地站在十亿人民一边。这样，人民才会承认他是个爱国的俊杰。如果有钱便想去入外国籍，忘掉自己的国家和祖先，就会遭到人民的唾弃和历史的谴责！"他说："是！是！是！"我说："你应当订一份《人民日报》看看，多了解祖国一点情况。"他说："老长官，订那种报纸看，许多老主顾就不敢来了。"我正想开导他一番，电话铃响了。我在电话里回答对方："是我，我不出去，请马上来吧。孩子们愿来，也很欢迎！"他问："老长官，谁要来？"我说："前年从北京出来的一个朋友，想带孩子来看看我。"他一听是从北京来的朋友，马上起身告辞，不用问，我便起身送客。其实要来看我的，是以前在北京社会主义学院工作过的熟人，他从前年去香港后，好不容易才在一家钟表装配工厂找了一个工作，爱人还是做临时工，女儿生病，在香港无钱治，还是送回北京治好了才又回去的。

对这位口口声声不忘我这个"老长官"的人，我除了在他的酒家做过一次客外，便没有再去了。临走那天，我给他写了一封信，告诉他我已回北京了。

由于多年的生活习惯，我每天早上5点便起床，洗完一个冷水澡，再运动一下；早饭后，小睡片刻才起来工作；午餐后，午睡一会，这样，下午便精神振奋；晚上10点左右上床睡觉。可是，到了香港，这一切都被打乱了。香港的人，起得迟，睡得晚，上午10点后才开始活动，中午饭后继续工作，从不午睡，晚上一般都在11点以后才上床。根据这个情况，我便利用早上的一大段时间来写东西，首先把我和溥仪相处的几年中一些有趣的事写了出来，香港的几家报纸和杂志都想要，日本的《中央论坛》也想要。接着，我又把在战犯管理所改造过程中一些有趣的事写了出来，这主要是用大量具体生动的事实来说明共产党改造政策的伟大，借以驳斥某战犯特赦后所写的一本旨在诬蔑与攻击共产党改造政策的《战犯自述》。我的标题是《战犯改造所趣闻》。有的老朋友看了这个标题就质问我："当了战犯，住进监狱，除了牢骚，还会有什么乐趣？"我告诉他们说："集中成百名国民党的将军、省长、特务头子等在一起生活、学习，全世界的历史上也找不出吧！这些过去都是高高在上、一呼百诺的大官，光是他们自己料理生活中笑话百出的事，就可以写成一本几十万字的书。其中有的人，过去连刷牙都是由姨太太先把牙膏挤好；入狱后，第一

原《中央日报》名记者陆铿（左一）与沈醉摄于北京家中

次自己挤牙膏刷牙，竟把牙膏一下挤出尺把长。看到这样一些笑话，谁又不会哈哈大笑，而去发牢骚呢？"总之，我知道的许多事，对香港与海外的人来说，都是闻所未闻的。比起他们天天看腻了的那些黄色下流的东西，不但新鲜得多，而且有趣得多。我写这些趣事，并不仅仅是为了适应他们的好奇，主要是借此来帮助读者对共产党的政策能有一个正确的了解。事实胜于雄辩，任何造谣中伤都是徒劳的。

开始，许多人不相信我能写东西，因为他们过去只看到我能够双手打枪，而从没看到我拿过笔杆。过去连我出面编写的一本在军统许多训练班使用的《行动术教材》，我也只是指点指点该如何编，顶多讲讲，做做示范动作，就算是我编写的了。所以他们对我所写有关戴笠的情况，在香港报上发表后，认为虽然都是事实，但不会是我写的，一定是我讲别人写。现在听说我在香港写东西，都想来看个究竟。他们看到我连底稿都不打，在稿纸上一气呵成，很感惊异。我便开玩笑地说："'士别三日，当刮目相看。'何况我们分别30年了，能不取掉有色眼镜，睁大眼睛，仔细看看吗？"

在香港和在国外发表的东西，别人是不能随便转载的，版权所有，用了就得付钱。在那种金钱第一的世界里，我写的东西也就不客气地要钱，连过去他们刊登过的我的东西，也都付给了我优厚的稿酬，所以我只要每天写上几千字，就不愁吃和住等问题了。有天我正午睡，一个老朋友来，看我刚从床上爬起，便说："你中午怎么不写东西就睡觉？不是把钱都睡掉了？"听了这句话，真使人感到太

可笑了。我告诉他："我到香港不是为了来赚钱的，有空才写点东西。如果为了赚钱，叫我连午睡都放弃，这种钱再多，我也不想要。"更有那样几个自称"关心"我的朋友来劝我说，写这些东西，别人给你的稿费虽然是"从优付酬"，但还是太少，如果能写写"小骂大帮忙"的东西，就不是论千字计酬，而是论字计酬了！我一听就火了，但既然是天天在喊"友谊第一"的北京客人，总得有点风度，我便用开玩笑的口吻说："前几年，我在香港几家报上都写过一些'小骂'的文章，不知你们看过没有？"他们摇摇头，我便随手抽出 1975 年 8 月 14 日香港《大公报》和《文汇报》第一版刊登的我写的《从蒋帮暗杀手段看张铁石之死》（张铁石是 1975 年获得特赦后，请求去台与亲人团聚被阻于香港的 10 个人中的一个，后被害于香港富都酒店）与《揭露蒋帮的卑鄙手法》，以及 1978 年 2 月 13 日、14 日、15 日在《大公报》头版连续刊登我写的有关揭露蒋帮解放前迫害爱国人士和知识分子的文章，并刊出的我的签名照片等给他们看，他们却说："这些早就看过了，我们是请你写写小骂一下北京的……"我立即义正词严地予以驳斥："啊！你们是要我骂中国共产党吗？请问：中国共产党把中国从那样贫穷落后建设到今天这样，使十亿人民都有吃有穿，解决了几千年来历朝历代所不能解决的大问题，在国际上也享有很高的威信，有什么值得骂的？这只能歌颂，该骂的不是他们……"我的话还没有讲完，便有人插嘴："骂骂对你不好的人总可以吧？"我说："共产党对我好，个别人没有认真执行政策的情况当然有，但用不着我来批评，《人民日报》对不认真执行政策的个别干部经常批评，谁都可以看到，共产党从不官官相护，用不着我来骂。再说个别对我有过不好的人，是他们对共产党的政策不够了解。我过去做过那么多对不起共产党的事，杀过那么多的共产党人，个别人一时想不通，这也是情理中之事。可是他们对祖国、对人民所做出的贡献比我多得多，我能因一星半点小事来损害他们的积极性吗？如果我利用出来的机会搞这些小动作，这对国家和人民是有利还是有害？"当然，几句话是不容易说服这些人的，提这种要求的人还是有，我便用斩钉截铁的态度表示："要我写文章骂中国共产党，即使是一字千金，也买不动我。因为这不是个人利害问题，也不只是恩将仇报的问题，这是出卖自己的人格与灵魂的可耻行为，是大是大非都不分的问题，连子孙后代将来都要责备的。一篇文章可以流芳百世，也可以遗臭万年。"碰过这种钉子的人，自然会恼羞成怒。

我在香港，他们是怎样看待的呢？我想还是抄下蒋帮在香港办的《香港时报》1981 年 1 月 17 日用红底大字标题刊登的《戳穿沈某可耻目的》中的几小段，可以说明一些问题。这篇东西是以"一群热爱贵报的读者"的名义写成的，写的人自称"都是忠于国家的人"。他们首先说明写这篇东西的用意，是"近闻本港几家×刊，对党国叛逆，共×统战走狗沈×来港小住之消息，大登特登，使我们极为气愤，我们当中与沈过去有相识者，曾访沈于旅舍，向其晓以大义，劝其迷途知返，回头是岸，而能在此反戈一击，痛改前非，为时未晚，岂料此一走卒竟到了不可救药之程度，我等对其已仁至义尽矣，现为戳穿其可耻目的，并促其认真考虑前途，欲借贵报一角，发表我辈对此走卒一篇逆耳忠言，兼警顽愚"。在作了这样别有用心的说明之后，他们以"沈×来港想要干什么？"为题大做文章，咒骂我"全不念及戴将军对其海洋之深恩，为了博取×共之欢心，不惜丑化戴将军，是可忍孰不可忍也，不知此人还有什么人性？更令人气愤的，是某某等报均称：沈×偕女来港系欲会晤其在大陆以外之子女，直言之，就是要会晤其在台之众多子女"。并以此骂我不知"已故老总统"的"深厚恩情"，"今尚欲妄图勾引其子女充当共×统战走卒之走卒，不惜出卖骨肉以进一步讨好共×乎？真是不知人间尚有羞耻"。随后，笔锋一转，说什么"沈×如人性尚未全失，真有点父子之情，欲叙天伦之乐，只要真心改悔，回头还是有岸可登，若以往种种均系被迫，则可乘此良机，选择自由道路。百世流芳乎？万年遗臭乎？全在今日一念之间，望慎择之！深思而熟虑！"这一篇连骂带拉、又骂又拉的妙文。用不着我多费唇舌，明眼人一看就知道他们的真实用意所在。"冰冻三尺，非一日之寒。"对这些人的嘴脸，我是已经看透了。所谓"流芳百世"与"遗臭万年"，要由历史来评断，不是任何人以自己的主观意志所能强加于人的。

我在香港，每天买几份报纸看，却从来不买这份日报，因为我太了解"中央社讯"那一套编造的东西了，连我好端端地活着，竟可以说成是"惨遭杀害"，好像亲眼看到我被共产党杀了，而且杀得很惨。出乎意料地，这天一早，这份报

沈醉在台湾的大哥沈玉龙（中）、二哥沈仲雄（左一）、四弟沈季龄（右一）以为沈醉被共产党镇压，在寺庙里祭奠他及沈母的灵位

纸一印好刚送到报摊，就有一位老朋友到旅馆来找我。一见面，他便得意扬扬地举着这份报纸。我问他："这么早来有什么急事？"他说："送报给你看！"我说："一定有好消息吗？是不是台湾回归祖国了？"他说："骂你的文章！好好看一看，想一想！"我"啊"了一声，把报纸接过来，向书桌上一放，继续修剪我的指甲，只笑了一声："谢谢！"老朋友生气了："人家（肯定包括他）骂你，你还满不在乎，还笑什么？"我说："一个人一生中如果不被人骂骂，那未免太没意思，也就太庸庸碌碌了。不过要看看骂我的人是少是多，如果是少数人骂骂，这是我做了对多数人有益的好事，对这种骂，应当高兴地笑；如果是多数人在骂，那就应当好好检查一下，自己做了什么对不起人民的坏事。"他说："当然是多数人骂你！"我说："多到什么程度？"他说："所有的老朋友，加上全台湾的人民。"我说："台湾的人民也会骂我吗？"他说："当然会骂！"我说："我相信台湾省的人民不会骂我。全国十亿人民不会骂我，所以我应当笑！"可能是认为我真的到了"不可救药之程度"，前几天还称赞我"开口闭口，友谊第一"的老朋友，竟一点礼貌都没有；进来时还喊了一声"Good morning"，走时连一声"Good bye"都忘记叫，气冲冲地连门也不带就走了。等我剪好指甲，打开报纸一看，原来如此！说明我完全笑对了。

礼尚往来。北京来的客人，更应当有礼貌，别人既在报纸上骂，总得答复一下。我正抽出笔来准备写一篇书面谈话，忽有两位老朋友走来，一看我写的开头几句话，就问："你不先请示一下，就发表书面谈话？"我说："按照宪法规定，人人都有出版、集会、结社、言论……的权利，这些个人的事，为什么还要请示?"他说："起码得送给什么首长看看吗?"我说："写了就送给报馆。"他说："我们等你写好，一同去吃早点。"我说："行!"我一边写，他们一边看，可能还怕我是做样子吧，又打开照相机，写一张，照一张，这真比当年考秀才举人还严格，我总算没有丢人，能满足他们的好奇心了。

由于应酬越来越频繁，我患有心脏病，发作起来相当麻烦。通过亲友们与台湾联系，知道我在台湾的儿子、女儿、女婿都出不来。儿子虽然自己有辆汽车可以送亲友到飞机场，但却不能去海边，可能是因为他是游泳健将，怕他泅水到香港和我一同回北京吧!其实，他对家乡没有一点印象，让他回来，他也不一定有多大兴趣，更不用说偷渡了。所以我早不想再在香港等下去。女儿也看不惯、过不惯那种生活。两人一合计，还是早点回去。在加拿大的弟弟也因病不能来，只派他的儿子、儿媳带着小孩来看了我。此行目的不能完全达到，又赶上心脏病慢慢在发作，亲友们劝我在香港就医。我不是不相信香港的医院，他们的医疗设备都很先进，医药都不差，不过我怕万一死在香港，我这一辈子就洗不清了，别人可以随便造谣，我也没法再辩。只要能坐上火车，死在广州，就算保持了我的晚节。

在香港，不止一次向一些好心留我的亲友表示过，人对物质生活的享受是有限的，连古人都知道"大厦千间，夜眠七尺"。一天能吃多少、穿多少、用多少呢?而精神生活则享受无穷，它是不能用金钱作比的最高尚的东西。特别是一些亲友老劝我留在香港享享福，说什么"两边都不沾，两边都不会得罪"。我很认真地回答他们说："政治立场不是货物，可以摆在天平上两边一样重。现在全国人民都希望祖国早日统一，可就是有人不愿意，不从国家民族利益出发，而斤斤计较个人得失。作为一个中国人，在这样大是大非的问题上，怎能不表态?我是坚决主张统一的，我能两边不沾、两边不得罪吗?那种对国家民族利益的大事都不管的人，活下去，活得再好，又有什么意义?将来子孙后代要问起来，在祖国统一问题上，当年你是持什么态度?你怎样去回答他们?你能说得出，我当时只顾个人生活得好，还和过去一样去唱'国家事，管他娘，搓搓麻将'，受人咒骂一辈子吗?"

决定提前回京。我因住旅馆，可以随时走，女儿同妈妈、姐姐住在一起，就

不那么容易走了。虽然她在妈妈、姐姐多次强留不让走的时候，再三表示不愿享那种现成的福；也不认为那种生活就是美好，更相信十亿人民的祖国，在共产党领导下，决不会没有真正美好的前途，只有经过自己努力，有自己一份力量在内创造出来的幸福生活，过起来才有意义。但这些话，有些人听起来，是无法理解的。所以当她告诉妈妈"爸爸走，我也走！"的时候，回答是"爸爸走，你不能走！"这也算是一场斗争吧！女儿坚持下去，最后还是胜利了："同意你和爸爸一起走！"

对许多关心我的老朋友，临走前，不便去告辞，只好写些信去告别一下。信中大致上都有这么几句："喜未迷途，尚能知返。苦海无边，不敢再跳！回头有岸，岸在北京。来日有便，旅游探亲，均极欢迎。依依惜别，后会期多，请加保重，临行致谢，恕未登门，敬请原谅。"

直达广州的特快列车闪电般地奔驰着。我的心啊，却早飞回了祖国的首都——北京。

尾 声

回到北京，有些亲友对我们准假一年而一月不到就回来，感到不大理解。他们认为，有的人没有条件居住海外，都不惜降格求一安身之处；而我们有那么好的条件，不到期就往回跑，究竟是为什么？我的回答是：共产党和祖国人民关心我们，爱护我们，给予我们最大信任，我们怎舍得抛弃自己的祖国，辜负党和人民的期望，寄居在外国人统治下生活呢？我作为一个爱国人士，这只是一点起码的、应有的爱国表现啊！

回来后，接到不少香港亲友的来信，有的说："你过去不会下象棋，可是你这回却给对方将了一军。"我在回信中也风趣地说："过去我不会下象棋；今后，我一定要勤学苦练，学点本领，好再将他们几军。"这是在说笑话，也是我的心愿。

在老友中，我第一个要去看望的就是杜聿明。因为香港一些新闻界的老朋友都很关心他。过去他是个新闻人物，自己还专门办过一份报纸。特别是他和国民党元老于右任是陕西老乡，他常常去看于，于大胡子又最爱与新闻界人士打交道，所以香港许多办报纸刊物的人，听我说杜聿明正在生病，都要我回去看他时转达他们对他的问候和关心。受人之托，应忠人之事。更重要的是有几位虽在台湾领取美元薪俸（工资）却很希望祖国早日统一的爱国者，他们告诉我，现在北京全国政协一些原国民党高级军政人员写的东西，在香港发表后，台湾虽不准许入口，但在香港居住的一大批"钱在台湾拿"的人，都很爱看，看后有些还能传到台湾去。所以我想请杜聿明写点东西寄到香港发表，便特地去探望他。

见到杜之后，我才知道他的病情相当严重，虽然他女儿杜致礼从美国为他买了新的医药器材，北京最好的医生在为他治疗，但仍难根治。我一连去了三次，最后一次才得到医生允许去看他。前两次

沈醉（左一）、蔡端（蔡锷之子左二）摄于政协大会会场

他正在做输血手术，不准见客。第三次去时，他已经能下床。他一见我，便把我紧紧抱住，急于想知道我在香港看到一些老朋友的情况。我告诉他：许多亲友要我问候他，都很关心他。他听了很高兴，连连说："去信时代我谢谢他们。"后来我说许多亲友虽然 30 年不见面，而且长期生活在海峡两岸，但见面之后，并没有因为天然的海峡和人为的阻碍，而影响到彼此过去的私情。他们还和从前一样亲热，并互相关怀，畅所欲言，没有什么顾虑。他听后非常高兴，连说："这和我的估计基本上是一致的。大家都是中国人嘛！我们私人之间又没有半点仇隙。老朋友毕竟是老朋友，什么都可以坦诚地谈谈。"他停了一下，又笑着说："我这几天都在等你来，想你帮我写一篇东西去香港发表……"

他的话还没说完，我就抢着和他开起玩笑来。我说："你让我这个'快工出粗活'的人来代你这'慢工出细活'的人写东西，我不敢接受。因为我写出的东西，准不能使你满意。"他又和过去一样，在我背上击了一掌："快工快久了，熟能生巧，也就变成又快又好了！"这是多年来我和他开玩笑说惯了的两句话。他写东西，一向是字斟句酌，坐着一写就是半天。写好后，改了又改。他不论是写历史资料或发言提纲，都是这样严谨，一天也写不了三几千字。而我却与他恰恰相反，只要事先考虑好了，心中有了准备，便坐下边想边写，从来懒得打草稿，

所以一天有时能写上七八千字，少也得写五六千字。因此，他常常笑我是"快工出粗活"；并经常指出我因快而写错别字和丢三落四的地方。而对于他写好的东西，我就像"从鸡蛋里挑骨头"那样去挑剔毛病，也不易挑出什么大毛病来。所以我和许多人都称他是"慢工出细活"。

我看到他的病刚好一点就想写东西，心里很难过，又很感动。除了开玩笑说不代他写外，还很诚恳地劝他："现在唯一的是把身体养好，写东西以后再说。"出我意料地，他竟严肃地对我说："我急于想要写的，是有关祖国的统一问题。你能不代我写、劝我不写吗？"我被他这几句话感动得眼泪都快要流出来了！看到他这种热爱祖国、忠于祖国的满腔热忱，我有什么理由不接受他的委托呢？虽然我知道自己写的东西远不如他写得好，但也愿意勉为其难地来献丑一次！他看到我有同意写的表示，才又高兴起来。他说，从我回京，他便有此打算，准备要我代他写。因我是刚从香港回来，总算是亲自接触到一些台湾方面有关的亲友，比他能够更理解台湾老朋友、老同事们的心情。他昂起头来看着窗外，几滴老泪从他眼眶里滚了出来。我当时吓了一大跳，忙问是什么事？他很有感慨地说："老弟，祖国的分裂，过去数以千万计的人民的死亡，现在许多同胞骨肉不能团圆，甚至连通一封信都不可能……这一切我们都要负责任的。我是想告诉台湾的一些老长官、老朋友、老同事和旧部，希望大家共同努力，一定要把祖国的统一大业，在我们这一代人手中完成。这是一个既复杂而又简单的问题，不能让它留到下一代去解决，否则，那会让后人永远不能原谅我们，历史将谴责我们。今天趁我们还活着的时候，我们就有责任、更有义务把这一光荣任务挑起来，这才符合祖国和人民的眼前利益与长远利益，所以要用只争朝夕的精神，立刻动手，再拖下去，就更对不起人民了！"

听了他这一番话，谁又会不为他的热爱祖国的无比深情而万分激动？我马上问他："用什么题目呢？"他说："就用我刚才说那些话中间的两句吧：'祖国统一大业，一定要由我们这一代人来完成。'我是考虑了很久的，你看怎样？"我连说这个标题很醒目，一看就能吸引住人。我答应回去就动笔。

我回家后，没想到这次香港之行，会引起很多人的注意，除了客多、信多之

外，还有一些记者和杂志的编辑来找我写东西，我都一一婉谢。而一些来信中，不少是托我打听在香港、台湾等地亲人下落的。亲人离散的苦痛，我是饱尝过的，对这些陌生人的请托，我都愿意托海外亲友向台湾等地探询，希望他们能与亲人取得联系，进而能与亲人团聚。这是一项相当繁重的额外负担，但我心甘情愿，尽力之所及去做。因为我既得到了党和人民的信任，使我能去香港与亲人见面，虽没有全部见到，但总算是见到过一些，我应当把党和人民赐给我的恩情与温暖，分享给所有托我寻找亲人的人。我怎能独享而不帮助别人呢？何况这也是我工作的一部分啊！

由于香港之行太累，回来没能好好休息，又急于想把杜聿明要我写的东西赶出来，因此我的心脏病常常发作，加上长期靠药品维持，肝区也出了问题，写东西的事便拖了下来。等我带病再去看望杜聿明，准备和他谈一次就动手写的时候，杜聿明连说话都很吃力，我怎么好忍心再去让他动脑想东西？他看我说话的语气也是有气无力，便劝我休息几天再写。

回到家里，隔几天就得上一趟医院。杜聿明刚刚又好一点，便要他的夫人曹大姐来家看望我。我心里明白，他是急于想把那篇东西写出去，可是我却不能起床。

1981 年 5 月 7 日上午，我的病好一点，便去政协汽车队要车，准备去看杜聿明。谁知一个晴天霹雳！政协一位工作人员也正在要车，他告诉我，杜聿明已于凌晨去世！我听了立刻头晕目眩，刚说出一句"我跟你们一道去……"便一下坐在地上。幸好有人扶着，没有倒下。他们都劝我不要去，马上扶我回到办公室休息。

由于等杜聿明在美国的女婿杨振宁博士来京，直到 5 月 23 日才举行遗体告别。我在老伴和女儿搀扶下去到北京医院，看到他的遗体，我不由得痛哭失声。25 日下午，我再次由人搀扶参加了他的追悼大会，当政协主席邓小平、人大副委员长邓颖超和方毅、乌兰夫等党和国家领导人都来了之后，由萧克将军致悼词。其中写道："20 多年来，杜聿明同志力求进步，热爱祖国，做了许多有益于祖国和人民的工作。"这是党和人民对他做出的最光荣的结论，肯定了他解放后对祖国和人民做出的贡献，生前死后，都给了他应有的荣誉。这对我们这些来自国民党的人，真是一种极大的鼓励。

追悼会结束了，我还站在他的骨灰盒和遗像前，默默表示：他生前想写而没有谈完的东西，我将一字不漏地写出来；他没有完成的遗志、没有能亲眼看到的祖国统一，我也将同海峡两岸的老长官、老同事、老朋友一起，在中国共产党的英明政策下，努力来完成。等到那天到来，我一定会赶到他的灵前，向他报告这一特大喜讯。

我回家后，再也支持不住了，便睡在床上，考虑一定要写一篇悼念他的文章，把他的后半生，从十年改造到特赦后的工作、生活等情况，特别是他在病中尚念念不忘祖国统一所讲的那些话，都写出来，让在台湾和国外的许多亲友看看。我刚能起床，便动笔写，不料写不到几百字，我患的室性期前收缩的心脏病又大发作，二连律一个接一个，便只好停下来躺在床上；待到每分钟停止跳动的次数不超过10次时，我又背着家里的人，以需要安静为借口，关紧房门，伏在枕上写起来。这样，写一天也写不上1000字，但我仍然坚持写。到了1万字左右时，我实在支持不了，连校对一下都没有气力了，只好送请中国新闻社向港澳和海外发出去。

5月30日，家里的人看我实在支持不住了，便送我去阜外心脏病专科医院复诊，因我去年在这里住院治疗过。一照心电图，大夫立即留我住院，连坐车回去一趟都不准，病情发展到这么严重的程度，以致大夫一再地埋怨我太大意了。

6月中旬，悼念杜大哥的文章先后在香港《文汇报》《新晚报》以及美国等地《华侨日报》发表了。有的报是分几天刊登的，最多的是《新晚报》，分成11天才登完。亲友们把海外刊登这篇文章的报纸剪下寄给我时，还特地把台湾在香港办的《香港时报》7月3日用"申公"署名的"返璞集"一文也寄给了我，那上面写了"统战走卒沈醉，又写淮海战役始末歌德文章。如果把名字改为沈不醉，文章的作用可能更大一点"。不管是骂还是讽刺，至少他们得看一遍，才知道我写的内容，在许多铁的事实面前，他们也无法否认与反驳，顶多只能骂我又在歌功颂德。我认为共产党对我们这些人的深恩厚德，我是要歌颂一辈子的。我现在是一个行不更名、坐不改姓的人了，决不能像过去，一天可以用几个化名，

干出许多见不得人、伤天害理的事。现在我这个名字在十亿人民中,不会再有人骂我,我也用不着再改了。

我在阜外医院治疗期间,由于医师们精心医治,护理人员耐心护理,不到两月基本上康复了,只是不能看东西和写东西,大量的来信,都由女儿代阅代复。曹大姐在悲痛尚未消失之时,听说我为了杜大哥的逝世而重入医院,感到很过意不去,一再表示要到医院看我。家里人一再劝阻,她也不听。7月24日下午,曹大姐终于在侄儿搀扶下到了医院。两人一见,又是一场痛哭!她把从国外带回的一些治疗心脏病的药送给我,我把她送到电梯边,两人热泪盈眶。相互劝慰之后,电梯刚一关门,我的心脏病又发作了。经过抢救,才慢慢恢复过来。从那以后,医生严格规定不让我再见客人。

9月5日,我的身体完全恢复正常出院了,几位为我操劳的医师再三叮嘱:以后对于至亲好友的遗体告别与追悼会等,千万不要再参加,过度的悲伤,又会犯病。我很感激他们的照顾,也准备尽可能避免去这类使人伤感的场合。

有几位对我感到有点好奇的朋友,曾不客气地问我:过去你不但经常看到死人,而且还曾亲自动手杀过人,为什么现在向一个老朋友遗体告别,就会生病几个月,是不是老了的缘故?我的回答很简单:"是共产党对我的教育改造,使我恢复了人性!"

回家不久,慢慢可以看一点东西了。当我看到上海《青年报》6月19日题为《脉脉恋情系何处》、6月28日香港《文汇报》《沈醉父女访问记》;10月20日香港《新晚报》《沈醉父女香港探亲记》,以及《湖北日报》7月26日《楚风》增刊《我从北京来,我回北京去!》……许多对我香港之行的报道后,我感到万分惭愧!像我这种人,做了这样一件微不足道的小事,有什么值得报道的地方呢?当然,这些是对我的鞭策和鼓励,督促我应当尽力去多做对祖国和人民有益的事。

出我意料之外,1981年11月23日,全国政协第五届常务委员会第六次会议上,通过了特邀我为全国政协委员。我真没有想到,党和人民会给我这么崇高的荣誉!我将以什么来报答这种恩情呢?我认为,在11月下旬,五届政协第四次大会期间,我在小组会上发言中的两句话,可以表达我的感激和决心:"过去我既

中国人民解放军北京军区于 1986 年为沈醉开具的起义人员证明书

能为反动派而卖命，今后我也一定能为祖国和人民而卖力！"

一想到过去，我会很自然地联想到 1947 年间，国民党竞选国大代表的一幕往事：我花了 40 两黄金，托人在家乡为我竞选，70% 以上的选票都归我了。与我竞选的对手，是清末有名的一位文学家的后裔。当名单送给蒋介石做最后决定时，他看到我那时才 34 岁，对方是 70 岁左右的人，便告诉毛人凤，要我下一届再选，这次就让出来。他的笔一圈，就成了当时很流行的两个字："圈让"，就是经他一圈，别人都得让出来。我听了正感到一肚子气无从发泄，毛人凤却带着一种不知道该怎样说才好的口吻对我说："你这次给圈让掉了，因为你年纪轻，有的是机会。"接着又说："谁教你在家乡和有名的名士后裔去竞选？你看，有些人就做得很聪明，北平市选出的国大代表，不是我们的一位浙江籍同志吗？下次你找一个别的县去竞选，反正警察局等都是抓在我们手中，谁不买账？还会愁选不出来？"我当时越听越气，便顶他一句："我这一辈子也不再去竞选这个国大代表了！"谁会想到我这一句话真的实现了呢！谁又会想到，共产党和人民，不要我再花钱竞选，而特邀我当上了全国政协委员呢！

1981 年 12 月 11 日，除了由中央电视台向全国播放了我在小组发言时的录像外，《人民日报》也在当天第四版上，登出了该报记者胡思升同志写的《我懂得了做人的道理——访新增补的政协委员沈醉》。天下偶合的事，在我身上不知出现过多少次！1949 年 12 月 11 日，《云南日报》不也正是刊出了我起义的通电和命令部下停止抵抗的手令吗？

　　曲折离奇的 30 年过去了！党使我从一个卖国集团的骨干变成了爱国人士；从反共反人民的军统特务变成了热爱共产党和人民的人。这是一个多么巨大的变化啊！新的 30 年又已开始。为了报答党和人民对我的恩德与信任，今后的担子是更加重了，我决心用全力挑起来！为了祖国的"四化"建设和祖国的统一大业做出一点贡献，以便把我另一个 30 年的历史写得好一些。这就是我的决心和愿望。